上海市教委科研创新重点研究项目（批准号：BR518354）资助

上海基本养老保险替代率风险评估
模型与实证

Risk Evaluation for
Urban Pension Insurance Replacement
Rate in Shanghai

郭秀云 | 著

中央编译出版社
CCTP Central Compilation & Translation Press

序

　　社会养老保险是世界各个国家和地区普遍实行的一种社会保险制度。自20世纪90年代开始，我国对社会养老保险体系进行了多方面改革，最终形成了"城镇职工基本养老保险"和"城乡居民基本养老保险"两大板块。城镇职工基本养老保险采取"社会统筹和个人账户相结合"的部分积累制模式。养老金替代率是养老保险制度设计的关键参数，也是影响养老保险政策设计的核心要素。它不仅关乎微观层面每个退休人员基本生活的保障水平，也是影响宏观层面的全社会养老金发放总体规模的决定性因素。养老金替代率看似一个具体的、技术性的问题，实际上却影响着养老保险制度运行的全局。

　　在全国而言，上海是经济发展较快、养老保险制度改革实施比较完善的地区。1978年，上海的养老金替代率高达78.3%，这是因为当时工作时期的收入主要用于衣食住行，为保证退休后的基本生活，必须有较高的替代率。改革开放以来，养老金替代率呈明显的下降趋势，2000年上海基本养老金替代率为57.90%，2006年下降到40.31%，目前基本在50%左右波动。上海先于全国10—15年进入老龄化高峰，在未来30年内老龄化问题将日趋严重。今后，伴随人口老龄化趋势的加剧以及制度转轨成本的日益显现，养老保险制度的可持续发展面临严峻挑战。近期内基本养老保险的低替代率基本已成定局，但其水平必须控制在社会可承受的范围之内。因此，在养老保险改革与发展中，必须综合考虑各种因素，确定基本养老保险替代率的警戒水平。养老金替代率的实际值越接近警戒值，隐含的社会风险越大。

本书主要基于风险评估与风险控制的视角，研究上海城镇职工基本养老保险替代率问题。研究发现，根据上海城镇职工基本养老金替代率的现有水平，基本养老保险的"保基本"目标已经实现；养老金替代率现有水平与警戒值尚有一定差距和调整空间，近期内不会触及警戒线，但应继续保持基本养老保险替代率适度水平，控制养老金替代率持续下降的风险。人口老龄化水平的不断提高将对上海基本养老保险制度的财务可持续性产生巨大压力，加剧养老金替代率下降的风险。值得注意的是，尽管从近期看，外来从业人员是养老保险制度的贡献者，但从长远看，随着就业地改变和养老保险基金转出，以及常住者未来给付压力增加，基本养老保险制度的财务长期可持续发展必须予以关注。一个基本判断是，宏观政策对未来养老金替代率具有全局性和决定性的影响，未来养老金替代率的调节将主要依靠外部资金特别是财政资金的投入，经济发展及财政对养老保险的支撑能力极为关键。控制基本养老保险替代率风险，需要从完善多支柱养老保险体系、积极推动延迟退休政策、改善制度赡养结构、提高养老基金投资收益率，以及控制制度设计和制度运行的风险因素等多个方面入手。

目 录

第一章 研究缘起 …………………………………………… 1
一、选题背景与研究意义 ………………………………… 1
  1. 选题背景 …………………………………………… 1
  2. 研究意义 …………………………………………… 3

二、文献综述 ……………………………………………… 5
  1. 关于养老金替代率的概念与内涵界定 …………… 5
  2. 关于现行养老保险制度替代率的测算分析 ……… 10
  3. 关于基本养老保险替代率水平合理区间的研究 ……… 11

三、研究思路与主要内容 ………………………………… 14
  1. 研究思路 …………………………………………… 14
  2. 主要内容 …………………………………………… 14

第二章 基本养老保险与风险评估的相关理论 ……… 22
一、概念界定与理论基础 ………………………………… 22
  1. 概念界定 …………………………………………… 22
  2. 理论基础 …………………………………………… 28

二、养老保险模式及运行机理 …………………………… 35
  1. 养老保险筹资模式 ………………………………… 35

2. 养老保险制度各融资模式的运行机理 ………………… 38
三、基本养老保险替代率确定的理念和原则 ………………… 41
　　1. 基本养老保险替代率确定的理念：从"福利救济观"到
　　　 "贡献或权利观" ……………………………………… 41
　　2. 基本养老保险替代率确定的原则 ……………………… 42

第三章　上海基本养老保险制度发展和替代率演变 ………… 47
一、上海基本养老保险制度发展历程 ………………………… 47
　　1. 1991 年以前 …………………………………………… 47
　　2. 1991—1999 年 ………………………………………… 49
　　3. 2000—2009 年 ………………………………………… 50
　　4. 2010 年至今 …………………………………………… 52
二、上海市基本养老保险基金现状 …………………………… 54
　　1. 基金收支状况受人口结构、制度转轨等多个因素
　　　 影响 …………………………………………………… 54
　　2. 转轨成本由谁承担未得到合理解决 ………………… 57
　　3. 基金投资渠道狭窄，保值增值目标难以实现 ……… 58
三、影响养老保险基金运营的主要因素分析 ………………… 60
　　1. 影响当年基金积存量的因素 ………………………… 60
　　2. 影响养老金发放水平的因素 ………………………… 66
四、上海基本养老保险替代率演变分析 ……………………… 71

第四章　上海人口老龄化态势及其对养老保障的影响 ……… 76
一、上海人口老龄化影响因子的基本判断 …………………… 77
　　1. 政策性因子 …………………………………………… 77
　　2. 非政策性因子 ………………………………………… 81

二、上海人口老龄化中长期预测（2018—2030 年） ………… 85
 1. 模型的选取 ………… 85
 2. 预测参数的假定 ………… 87
 3. 上海老年人口规模的变动趋势分析 ………… 92
 4. 上海老年人口结构的变动趋势分析 ………… 97

三、上海常住人口老龄化态势对公共服务和养老保障的
 影响 ………… 103

第五章 上海基本养老保险替代率警戒值与满意度分析 ……… 112
一、上海市基本养老保险替代率警戒值的测算 ………… 112
 1. 基本养老保险替代率警戒值的内涵 ………… 112
 2. 基本养老保险替代率警戒值模型构建与测度标准 ………… 114
 3. 城镇居民消费结构的计量经济分析 ………… 116
 4. 城镇职工基本养老保险替代率警戒水平的测定 ………… 123

二、基本养老保险替代率满意度及其影响因素分析 ………… 129
 1. 研究设计 ………… 129
 2. 调查数据的描述性统计 ………… 132
 3. 影响因素与政府养老金发放标准满意度的交叉
  分析 ………… 139
 4. 政府养老金发放标准满意度影响因素的方差分析 ………… 145
 5. 养老金满意度的 Logistic 回归模型及结果分析 ………… 177
 6. 研究结论 ………… 183

第六章 上海基本养老保险替代率风险测度与评估 ………… 184
一、基本养老保险替代率风险的孕育与形成 ………… 184
 1. 转轨成本问题未能合理解决构成基本养老保险替代率

  下降的风险要素 ………………………………… 185
  2. 部分积累制下养老金替代率与相关指标的逻辑
   关系 …………………………………………………… 185
  3. 从制度设计看替代率下降的内在机理 ……………… 188
 二、基本养老保险替代率风险评估指标体系的建立 ……… 190
  1. 制度设计风险 ………………………………………… 191
  2. 制度运行风险 ………………………………………… 196
 三、基本养老保险替代率风险评估 ………………………… 202
  1. 构造判断矩阵 ………………………………………… 202
  2. 求解特征向量 W ……………………………………… 204
  3. 一致性检验 …………………………………………… 205
  4. 计算第二层次的权重集 ……………………………… 206
  5. 层次总排序 …………………………………………… 206
  6. 结果说明 ……………………………………………… 207

第七章　基本养老保险替代率风险的化解策略 ……………… 209
 一、延迟退休与基础养老金替代率风险化解 ……………… 209
  1. 延迟退休与基本养老保险制度发展 ………………… 209
  2. 延迟退休对基础养老金替代率的影响 ……………… 212
 二、个人账户养老金替代率的影响因素及风险化解 ……… 227
  1. 模型的建立 …………………………………………… 227
  2. 基准情景的参数设定 ………………………………… 230
  3. 各因素对个人账户养老金替代率的影响 …………… 233

第八章　研究结论与对策建议 ………………………………… 243
 一、研究结论与趋势判断 …………………………………… 243

  1. 主要研究结论 …………………………………………… 243
  2. 我国未来调节养老金替代率的基本趋势 ……………… 246
 二、控制基本养老保险替代率风险的对策建议 ……………… 248
  1. 继续完善多支柱养老保险体系，发挥第二支柱和第三支柱养老保障作用 ……………………………………… 248
  2. 加大政府工作决心和力度，积极推动延迟退休政策的实施 ……………………………………………………… 249
  3. 建立城镇退休职工基本养老金动态调整机制 ………… 251
  4. 以养老金入市为契机，提高养老基金投资收益率 …… 253
  5. 推进全面二孩政策的落实，缓解人口老龄化、改善制度赡养结构 ………………………………………………… 255
  6. 明确各级政府在制度转轨成本和做实个人账户方面的责任 ……………………………………………………… 256
  7. 严格控制缴费年限、缴费基数、养老金计发办法等风险因素 ……………………………………………………… 258
  8. 引导劳动者做好个人养老规划，强化自身和家庭养老责任 ……………………………………………………… 259

附录 1   1993—2018 年上海市养老保险相关政策文本 ………… 261
附录 2   上海市基本养老保险状况及满意度调查问卷 ………… 273

参考文献 …………………………………………………………… 279

第一章　研究缘起

一、选题背景与研究意义

1. 选题背景

年老是人生不可避免的自然规律,特别是进入现代社会之后,随着社会经济的发展和生活水平的提高,20世纪大发展的两个标志——生育率的下降和人口平均预期寿命的延长,使得人口老龄化发展态势不断加剧,老年风险日益社会化、普遍化,养老成为当代世界各国面临的主要社会问题之一。上海自1979年进入老龄化以来,老龄化程度不断提高,由其带来的影响已逐渐凸显,形势日趋严峻。截至2016年底,上海户籍人口中60岁及以上老年人口规模达到457.79万人,占户籍人口的比重为31.6%,65岁及以上老年人口规模达到299.03万人,占户籍人口的比重为20.6%。

现阶段上海人口老龄化的主要特点表现为:第一,低龄老年人口占老年人口比例增长明显。统计数据显示,60—69岁低年龄段老年人口占60岁及以上老年人口比例自2010年开始超过50%,2016年底已达到58.8%,其中60—64岁人口占老年人口比例在2013年底超过三分之一,并逐年增长,2016年底达到34.7%。这主要是由20世纪50年代的生育高峰所导致。第二，高龄老年人口平稳增长。2016年，80岁及以上高龄老年人口为79.66万人。由于近年来低龄老年人口的快速增加，80岁及以上高龄老年人口占60岁及以上老年人口比例自2014年开始下降，2016年为17.4%。第三，老年人口抚养系数进一步增高。60岁及以上老年人口的抚养系数自2015年超过50%以后，2016年进一步上升到54.1%。这意味着上海户籍人口中，每1.8个15—59岁的劳动适龄人口要负担1个60岁以上的老年人。从总抚养系数来看，这个比例已经超过70%，即每1.4个15—59岁的劳动适龄人口就要负担1个60岁以上或0—14岁人口。第四，人口预期寿命不断提高。2016年，上海户籍人口预期寿命超过83岁，其中，女性平均预期寿命为85.61岁；男性平均预期寿命为80.83岁。上海户籍人口的平均预期寿命不仅遥遥领先于全国2015年的76.1岁，而且紧追全球最高的日本的83.7岁和瑞士的83.4岁。

　　社会养老保险是世界各个国家和地区较为普遍实行的一种社会保险制度，该项制度的建立可以保证社会成员在年老退出劳动领域后获得相对稳定的养老金收入以维持其基本生活的需要，这样既能够使在职的劳动者消除对未来老年生活的担忧，又能够为退休的劳动者提供基本生活保障，因此对社会稳定和发展具有积极作用。自20世纪90年代开始，我国对社会养老保险体系进行了多方面、多层次的改革，最终形成了"城镇职工基本养老保险"和"城乡居民基本养老保险"两大板块。1995年，国务院决定我国城镇企业职工基本养老保险制度采取"社会统筹和个人账户相结合"的部分积累制模式。在改革过程中，为保证养老保险制度的合意性，需要进行必要的参数调整，而影响养老保险制度合意性的关键参数包括养老金替代率、缴费率、法定退休年龄等。一般而言，参数调整应该着重考虑两方面因素：一是要确保养老基金的长期收支均衡,二是要满足老年人的基本生活需求。由此可见,养老金替代率是养老保险制度设计的关键参数,也是影响养老保险政策设计的核心要素。

2. 研究意义

养老保险制度是国家和社会根据一定的法律和法规,为解决劳动者在达到国家规定的解除劳动义务的劳动年龄界限,或因年老丧失劳动能力退出劳动岗位后的基本生活而建立的一种社会保险制度。自20世纪90年代,我国城镇职工养老保险逐步建立起包括基本养老保险、补充养老保险(企业年金和职业年金)和个人储蓄型养老保险的多层次、多支柱新型养老保险体系。但是,从我国城镇职工养老保险体系发展现状看,三支柱发展失衡非常明显。也就是说,基本养老保险发展得比较快,目前基本覆盖城镇就业人员;机关事业单位已经全员建立强制性的职业年金制度,并且已经开始缴费,而与之对应的企业年金发展缓慢,制度覆盖面较低,不足全国企业法人单位的10%[①];个人储蓄型养老保险发展落后,规模极小。绝大多数的退休人员主要依靠基本养老保险,保障方式比较单一。因此,基本养老保险作为养老保险体系最主要的支柱,必须保障退休者基本生活水平。

在全国而言,上海是经济发展较快、养老保险制度改革实施比较完善的地区。自1986年起上海逐步推行企业职工退休费社会统筹,实现养老保险基金收缴的社会化,1993年引入个人缴费机制,在全市城镇职工中推行"社会统筹和个人账户相结合"的养老保险制度改革。养老保险制度的不断完善为促进转型期上海经济社会稳

---

① 郑秉文:《中国养老金发展报告(2016)——"第二支柱"年金制度全面深化改革》,北京:经济管理出版社2016年版,第111页。

定发展发挥了重要作用,但伴随市场经济体制建立和老龄化程度的加深,养老保险制度也积累了不少矛盾和问题。

养老金替代率是反映养老保障水平的重要指标。1978年,上海的养老金替代率高达78.3%,这是因为当时工作时期的收入主要用于衣食住行,为保证退休后的基本生活,必须有较高的替代率。改革开放以来,养老金替代率呈明显的下降趋势,2000年上海基本养老金替代率为57.90%,2006年下降到40.31%,目前基本在50%左右波动,略高于全国平均水平,但明显低于60%的目标替代率。即使如此低的替代率,在外来从业人员综合保险与城镇企业职工社会保险并轨之前,地方财政每年需要填补的养老金缺口均在100亿元以上。上海先于全国10—15年进入老龄化高峰,在未来30年内老龄化问题将日趋严重。今后,伴随人口老龄化趋势的加剧以及制度转轨成本的日益显现,养老保险制度的可持续发展面临严峻挑战。

近期内基本养老保险的低替代率基本已成定局,但其水平必须控制在社会可承受的范围之内。因此,在养老保险制度改革与发展中,必须综合考虑各种因素,确定基本养老保险替代率的警戒水平。替代率的实际值越接近警戒值,隐含的社会风险越大。本研究主要基于风险评估与风险控制的视角,研究上海城镇基本养老保险替代率问题。

首先,本研究通过建立模型和政策仿真,可以为改革完善城镇职工基本养老保险政策体系与科学决策提供实证支持。在统账结合模式下,基本养老金的替代率由基础养老金替代率和个人账户养老金替代率两部分组成。基础养老保险替代率注重公平,个人账户替代率注重效率,基本养老保险替代率必须注重公平与效率的有效结合,保持两者在数量、结构上的优化。同时,养老金替代率水平又涉及企业、个人的利益和地方财政兜底能力,政策设计需要做理论上的充分论证和实践中的积极探索。

其次，本研究有利于城市和谐社会建设的需要。一方面，在社会事务中，特别是关系到公民切身利益的社会事务中，老年人是一支不可忽视的影响力量。如果利益分配过程中忽视了老龄人口这一弱势群体，矛盾、冲突和碰撞就难以避免，老年群体甚至会成为社会的"压力集团"；另一方面，老年人口在年轻时为国家和社会做出了巨大的贡献，他们在年老时理应享有与其他人群共享经济社会发展成果的权利。因此，保持适度的养老金替代率水平可以在一定程度上减少社会震荡，促进国家政治稳定。

二、文献综述

1. 关于养老金替代率的概念与内涵界定

在国外退休养老计划中，计算养老金替代率时，通常区分毛替代率和净替代率，含义有所不同。通常，毛替代率使用总收入作为对比指标，而 Jacob、Yehuda（1987）认为一个人的生活标准更多是与可支配收入相关，而不是总收入，总收入不能计算出一个符合意愿的退休收入，可支配收入代表退休收入更有意义，所以他们认为净替代率（退休前后可支配收入之比）更能体现价值。为了衡量劳动者退休若干年后的养老金水平及其变化趋势，欧盟社会保护委员会指标小组计算净替代率的总平均值、第一支柱的毛替代率、第二支柱的毛替代率等指标，对退出劳动领域 10 年之后的养老金替代率进行测算。退休 10 年后的养老金替代率指的是退休 10 年以后的养老金水平与 10 年以后新退休职工退休时的工资的比值。毛替代率所对应的平均工资包括工资收入以外的社会收益，净替代率所对应的平均工资则不包括工资收入以外的社会收益。

国内使用的养老金替代率有多个口径，包括自我工资替代率、社会平均工资替代率、制度缴费替代率、制度待遇替代率、目标替代率、合意替代率、潜在替代率、实际替代率等多个概念①（见表1-1）。其中，较为常用的有两个：自我工资替代率和社会平均工资替代率。自我工资替代率也称为养老金最后收入替代率或个人替代率，指的是退休人员领取的养老金与其退休前工资收入的比值，该指标以退休者个体为研究对象，反映的是个人退休前后收入的变化，研究目的是为了使退休者的养老金收入保持在退休前收入的合理比例之内。国际劳工组织1952年通过的《社会保障最低标准公约》，规定了养老金最低支付水平为退休前收入的40%—45%，1994年又将该标准提高到55%。社会平均工资替代率是指城镇退休人员的人均养老金给付额与在职职工人均工资收入的比值，该指标将退

---

① 王清：《有关基本养老金替代率需澄清的几个问题》，载《天津商学院学报》，2000年第5期，第30—32页。王晓军：《对我国城镇职工基本养老保险制度收入替代率的定量模拟分析》，载《统计研究》，2002年第3期，第27—30页。褚福灵：《养老保险金替代率研究》，载《北京市计划劳动管理干部学院学报》，2004年第3期，第17—21页。米红、邱晓蕾：《中国城镇社会养老保险替代率评估方法与实证研究——兼论不同收入群体替代率的比较》，载《数量经济技术经济研究》，2005年第2期，第12—18页。贾洪波、温源：《基本养老金替代率优化分析》，载《中国人口科学》，2005年第1期，第81—87页。褚福灵：《论养老保险的缴费替代率与待遇替代率》，载《北京市计划劳动管理干部学院学报》，2006年第1期，第8—12页。贾洪波、高倚云：《基于帕累托优化的基本养老金替代率测算》，载《市场与人口分析》，2007年第1期，第56—62页。孙博、雍岚：《养老保险替代率警戒线测算模型及实证分析——以陕西省为例》，载《人口与经济》，2008年第5期，第66—70页。张光先：《基本养老保险合意替代率研究——基于杭州市的调查分析》，载《地方财政研究》，2011年第3期，第60—68页。李珍、王海东：《基本养老保险目标替代率研究》，载《保险研究》，2012年第1期，第97—103页。王晓军、米海杰：《澄清对养老金替代率的误解》，载《统计研究》，2013年第11期，第52—59页。林宝：《平均替代率、目标替代率与养老金压力估计》，载《人口与发展》，2013年第6期，第11—18页。

休职工作为整体，与在职职工进行收入比较。

表1-1 养老金替代率概念、内涵的不同表述

研究者	养老金替代率定义
王 清 （2000）	目标替代率是指单个职工退休后的养老金收入与退休前一年工资收入的比率，表示职工个人退休前后收入水平的变动情况。该指标以个人为研究对象，研究的意义是为了保持退休者的养老金收入与退休前工资的适当比例。平均替代率是指社会平均养老金与社会平均工资的比率。其中，社会平均养老金是指全体退休者的人均养老金收入；社会平均工资是指全体在职者的人均工资收入。这一指标表明了同一时期退休者与在业者的收入对比关系。
王晓军 （2002）	养老金替代率是指养老保险提供的收入替代水平用收入替代率来衡量，是退休后得到的养老金占在职期间收入的百分比。根据研究目的，退休后的养老金收入可以用养老金总收入，也可以用可支配养老金收入；可以用社会平均养老金水平，也可以用不同人群或个人的养老金水平。在职期间的收入可以用退休前一年或几年的平均工资、在职期间的平均工资或社会平均工资等，也可以用在职期间可支配收入，即总收入扣减收入税、养老金缴费或税后的净值。
褚福灵 （2004）	替代率既可指养老金对退休前工资的比例（即自我工资替代率），可称为静态的替代率，也可指养老金对社会平均工资的比例（即社平工资替代率），可称作动态的替代率。
米红等 （2005）	养老金替代率又称为替代水平，在保险理论中，是用来对老年生存危险所导致的经济损失的估算，表示养老保险人在领取期的生活水平对领取前生活水平的替代程度。
贾洪波等 （2005）	城镇基本养老金替代率界定为：从期望标准看，属于政府规定标准的养老金替代率；从养老金来源看，包括基础养老金替代率和个人账户养老金替代率；从养老金合意程度看，既包括养老金合意替代率，又包括不一定具有合意性的养老金潜在替代率和养老金实际替代率；从财务制度安排看，属于部分基金制下的养老金替代率；从比较内容看，以退休者在职期间最后一年工资为基础计算，属于目标替代率。

(续表)

研究者	养老金替代率定义
褚福灵（2006）	制度设计的缴费替代率，是指按照制度规定的缴费率缴费时所应当实现的替代率，简称制度缴费替代率。制度设计的待遇替代率，是指现行待遇计发办法所能够达到的替代率，简称制度待遇替代率。
贾洪波等（2007）	基本养老金合意替代率是指能使养老保险制度优化发展的养老金替代率，是从需求方面来衡量基本养老金替代率的数量指标。基本养老金潜在替代率是指在其他条件不变的情况下，基本养老保险体系所能提供的最大限度的养老金替代率，是从供给方面来衡量基本养老金替代率的数量指标。基本养老金实际替代率是在养老保险实际发展过程中形成的替代率。
孙博等（2008）	养老保险替代率是指某时期内退休职工养老保险金水平与在职职工工资水平的比值。
张光先（2011）	从个人角度来说，养老金替代率是城镇退休人员领取的养老金占其退休前工资收入的百分比；从国家或地区角度来说，养老金替代率是指国家或地区城镇退休人员的人均养老金给付额与在职者的人均工资收入的比率。
李珍等（2012）	目标替代率也称为养老金最后收入替代率，指养老金与雇员个人退休前工资收入之比，反映的是个人退休前后收入的变化。该指标背后的价值观是，退休金是保证退休人员不因退休而使其收入和生活发生大的变化。
王晓军等（2013）	实践中存在不同口径的养老金替代率指标，常用的有：个人总替代率、个人净替代率和平均替代率。前两个指标为纵向替代率，用于研究个人养老金维持其退休前生活水平的程度以及个人终身消费的平滑程度；第三个指标为横向替代率，用于研究同时期养老金领取者相对工资收入者的收入地位。
林宝（2013）	在传统现收现付制养老金制度中，制度承诺实现的替代率称为目标替代率。不同的养老金制度，可以采用不同口径的替代率来设定目标替代率水平。制度设计时以哪一种替代率为口径，就可以将该口径下制度承诺达到的替代率水平作为目标替代率水平。

可以看出,关于社会平均工资替代率的概念基本没有歧义,但与养老金替代率合理值相关的两个概念:目标替代率和合意替代率,理解方面存在歧义。部分学者将目标替代率等同于个人替代率,而主流观点则认为目标替代率是指理论上要达到的养老金替代率。郝勇(2015)认为,目标替代率是综合考虑经济发展、社会进步、收入水平、社会消费、生活保障等多维度因素而设定的平均替代率的适度水平。[1] 贾洪波等(2007)认为基本养老金合意替代率是指能使基本养老保险制度优化发展的养老金替代率,是从需求方面衡量基本养老金替代率的指标。张光先(2011)认为基本养老金合意替代率能使基本养老保险制度优化发展,使基本养老保险资源优化配置,所有参加者从基本养老保险制度中获益并达成合作博弈的均衡状态。从宏观层面上看,基本养老保险合意替代率不仅影响着国家宏观经济的健康运行,而且关系到微观经济的稳定发展。就当前养老保险制度模式来看,基本养老保险合意替代率的评估应当结合三个方面:一是保持养老保险基金长期收支平衡的总量尺度,基本养老保险合意替代率首先要最大限度地避免未来可能发生的支付危机,保证基金长期收支平衡;二是保证养老金合理的支出尺度,基本养老保险合意替代率应符合国家经济状况,最大限度发挥其保障作用的同时,应尽量减轻企业成本负担和维持个人可支配收入;三是保证养老金保障效益的效益尺度,基本养老保险合意替代率必须保证养老金的保障效益,保障退休职工的退休生活。

---

[1] 郝勇:《养老金替代率适度水平的确定研究》,北京:高等教育出版社2015年版,第44页。

2. 关于现行养老保险制度替代率的测算分析

国外对于如何确定养老金替代率的定量研究并不多，近期文献主要侧重于对养老保险替代率水平的评价，以及养老金替代率影响因素的研究。Schreiber（2004）通过分析对比美国的养老金收入与生活支出，指出制度设计的养老金替代率水平较低；Levy & Young（2002）通过长寿风险与医疗开支等因素的统计分析，认为老龄化与医疗费用等因素，使得美国养老保险替代率水平降低；Harris 等人（2005）的分析表明，由于养老保险基金投资收益的变化，致使养老保险替代率的不确定性增强。Antler 等人（1987）认为有许多因素影响净替代率，首先是社会保障和福利，影响表现在两个方面：一是作为退休后的额外收入来源，二是退休后停止了社保缴费；其次是各种税费，退休后缴纳较低的税级和优惠税；最后是退休后各种收入不再会有扣除（所得税、社保费等），这意味着退休收入保留了总收入的较大比例。Steuerle 等人（2000）基于近期收入模型对同一老年群体退休后若干年内养老金替代率的变化进行了测算。Biggs 等人（2008）基于退休之前的不同收入层次测算养老金替代率的不同水平，均为国内养老金替代率研究提供了有益参考。

国内学者对养老金替代率水平进行了大量研究。王晓军（2000，2002）通过对关键参数设置取值区间，对 2000—2050 年的养老金替代率进行了精算评价，结果表明，个人账户养老金替代率对加入年龄、退休年龄、缴费率等因素变动敏感；由于通货膨胀同时作用于名义利率和名义工资增长率，因此，养老金替代率主要决定于实际利率和实际工资增长率的差额。褚福灵（2004）区分缴费替代率和待遇替代率，根据 1999—2002 年的统计资料对实际替代率进行了测算，研究表明，中国基本养老金替代率由 1999 年的 77.3% 下降到

2002年的63.43%，企业养老金替代率由1995年的70.13%下降到2002年的59.28%，已经达到目标替代率而且还在逐年下滑，实际替代率偏低并持续下降，其主要原因是制度设计的待遇替代率偏低以及基金增值率明显低于工资增长率所致，之所以出现局部地区养老保险基金收不抵支，主要是历史债务所致，试图把历史欠账转嫁到参保者身上的任何做法都是没有理论依据的。柳清瑞（2005）利用给付模型来模拟"统账"结合模式的养老金替代率在给付期间的变动状况，参考物价指数、平均工资增长率等因素，认为低收入群体的养老金替代率逐年降低，有可能无法满足正常的生活需要，并提出应当建立养老金替代率自动调整机制。褚福灵（2006）的研究发现，如果缴费率保持不变，制度设计的缴费替代率远高于制度设计的待遇替代率，说明制度本身已经为未来发展留出了巨大的支付空间，实际替代率偏低并持续下降的原因，是制度设计的待遇替代率偏低，以及基金增值率明显低于工资增长率。宋世斌（2006）认为，无论是新制度还是旧制度，未来30年的养老金替代率都远远小于管理部门的目标替代率58.5%，并主张采用生存年金方式发放养老金，以实际寿命低的个人账户余额来补偿实际寿命高者，从而提高退休金的实际保障水平。李珍等（2009）、沈小芳（2010）依据养老金计发办法，测算养老保险替代率，提出应高度重视当前个人账户低收益率所带来的严重后果。

3. 关于基本养老保险替代率水平合理区间的研究

国际劳工组织1952年通过的《社会保障最低标准公约》，规定了养老金最低支付水平为退休前收入的40%—45%，1994年又将该标准提高到55%。国际劳工组织1967年《残疾、老年和遗属津贴公约》（第128号）规定，缴费和就业年限满30年，并有一个符合养老条件的配偶,正常的养老保险金不得低于原工资收入的40%—50%。美国劳工统计局曾经做过一个测算,以食品支出与收入之间的关系为基础对不同规模与年龄的家庭提出了一个"等值换算法",根据估计结果,对中等收入的职工来说,适当的养老金替代率大约为其总收入的65%—70%。

国内学者对我国基本养老保险替代率水平合理区间进行了系统的定量研究。张莉(2002)从保证退休人员的基本生活和维持恰当的供款率角度进行论证,认为中国以60%作为基本养老保险的目标替代率是偏高的。米红、邱晓蕾(2005)根据英国计量经济学家斯通(Stone)需求函数的线性支出系统LES模型,通过对不同收入水平群体的各类支出以及需求量,计算得出高、中、低三类人群的替代率,认为在制定社会养老保险方案时,有必要对我国不同收入群体区分不同的替代率与缴费率,以真正实现社会共济的目的,同时减轻政府的财政压力。贾洪波、温源(2005)运用消费结构、局部均衡与保险精算理论相结合,确定合意替代率上下限并提出应实现基本养老金实际替代率、基本养老金合意替代率、基本养老金潜在替代率三者的对接。孙博等(2008)以扩展线性支出系统ELES模型为基础,构建养老保险替代率警戒线的测算模型,并结合退休职工的生活支出特点选取测算指标,以陕西省为例进行实证研究。杨再贵(2008)根据萨缪尔森"世代交叠模型"(OLG模型),在考虑人口增长率的基础上,考察个人账户养老金替代率、社会统筹养老金替代率和人口增长率对资本劳动比、社会统筹养老金、个人账户养老金、工作期消费、退休期消费和效用的影响,测算最优的社会统筹养老金替代率。郝勇等(2010)以待遇确定型和缴费确定型作为制度基础构建模型,引入工资增长率、记账利率、缴费年限、年龄等作为参数,计算得出养老金替代率的适度区间为39%—56%,

并且认为我国养老金替代率的现实水平下降过度。张光先（2011）基于杭州地区进行调查分析，引入扩展线性支出系统 ELES 模型，实证测算了基本养老保险合意替代率的数量与结构。

综上所述，国内外对养老保险替代率的研究时间不长，但取得了较为丰硕的研究成果。大部分研究基于特定的养老保险制度模式和体系结构，采用统计分析、精算模型等定量分析方法，对养老保险替代率的实际水平、适度区间及影响因素进行系统研究。但现有研究也存在一些不足：一是在养老金替代率内涵及外延的界定方面，学者之间存在意见分歧，甚至同一学者也有多种定义，使用中存在界定不够严谨、混淆概念的情况；二是未能厘清养老金给付水平与养老金替代率的逻辑关系及现实作用，对养老金替代率的功能作用认识比较模糊；三是在测算养老保险替代率时所使用的模型涉及多个参数，存在参数设定不完善、随意性大或者数据不合理的情况，使养老金替代率产生偏差。

养老金替代率是养老保险制度的基础参数和关键变量，是反映老年群体基本生活水平的社会经济指标。从养老保险制度运行看，养老金替代率是确定养老金缴交和给付水平的基准点，是影响养老金计发和调整机制的关键指标，关系到能否实现基金供需平衡；从保障老年群体基本生活角度看，养老金替代率应该与经济发展和收入水平相关联，与消费结构和收入结构相适应，确保老年群体的相对消费水平和基本权益，让他们与在职人员共享经济发展成果。因此，从逻辑关系上讲，应该先确定养老金替代率的适度水平，再确定养老金给付水平，这样才能更好地发挥养老金替代率的功能作用。本研究认为，无论是自我工资替代率，还是社会平均工资替代率，基本养老保险替代率应该以满足老年人的基本生活需求为目标，城镇基本养老保险替代率合理水平的测度，应该充分考虑居民消费结构和收入结构的变化及其影响，现实中以社会平均工资为基数计算的养老金替代率持续下降存在很大的风险。

三、研究思路与主要内容

1. 研究思路

本研究基于上海地区，研究城镇职工基本养老保险替代率演变过程中的风险表征及其控制思路。研究的基本假设是：改革开放以来，基本养老金替代率呈现明显的下降趋势，制度转型、人口年龄结构变化、预期寿命延长等因素可以对该现象进行一定解释；基本养老金替代率是影响老年人口生活质量的重要变量，实际替代率应与警戒水平保持合适的偏离度。

本书为应用研究性课题，按照"先现状后问题、先理论后实证"的逻辑思路展开。以改革开放以来上海基本养老保险替代率的下降态势为切入点，对上海基本养老保险制度发展历程进行回顾，并就基本养老保险替代率演变轨迹及其影响因素进行分析，重点研究了人口老龄化对基本养老保险制度可持续发展、基本养老金替代率所产生的影响，通过问卷调查对上海市基本养老保险状况及满意度进行研究，梳理与基本养老保险替代率相关的风险清单，建立风险评估模型，并从延迟退休年龄和提高投资收益率两个视角，研究基本养老保险替代率风险化解策略，在对未来调节养老金替代率的基本趋势进行研判的基础上，提出控制基本养老保险替代率风险的对策建议。

2. 主要内容

本书共包含8章内容。

第一章，主要介绍研究背景、研究意义、文献综述，以及研究思路和主要内容。

第二章，基本养老保险与风险评估的相关理论。老年人面临收入风险、疾病风险、失能失智风险等多重风险，养老保险主要是应对老年时因丧失劳动能力而带来的收入风险。自20世纪90年代以来，我国逐步建立起多层次的养老保险体系，"社会统筹与个人账户相结合"的基本养老保险制度是我国在世界上首创的一种新型制度。养老金替代率是国际上通用的衡量养老金待遇保障水平的相对指标，可以更好地在通货膨胀、社会平均收入水平以及社会发展状况等因素的影响下，较为直观地体现不同时期、不同群体的养老保障水平。在养老保险制度改革过程中，为保证其合意性，需要进行必要的参数调整，而影响养老保险制度合意性的关键参数包括养老金替代率、缴费率、法定退休年龄等。养老金替代率是养老保险制度设计的关键参数，也是影响养老保险政策设计的核心要素。生命周期理论、世代交叠模型、公平与代际公平理论、风险与风险管理理论构成了基本养老保险制度和养老金替代率风险评估的理论基础。养老保险融资模式不同，其运行机理及养老金替代率的影响因素存有差异。基本养老保险替代率确定的理念经历了从"福利救济观"到"贡献或权利观"的转变，确定基本养老保险替代率，既要保障老年人基本生活，兼顾公平和效率，又要使得保障水平与经济承受能力和生产力发展水平相适应，并建立起适当的养老金替代率调整机制。

第三章，上海基本养老保险制度发展和替代率演变。在全国而言，上海是经济社会发展水平较高、人口老龄化较早、养老保险制度改革实施比较完善的地区。与国家层面的养老保险制度变革相联系，上海的基本养老保险制度发展呈现明显的阶段性。养老保险制度的不断完善为促进转型期上海经济社会稳定发展发挥了重要作用，但伴随市场经济体制建立和老龄化程度的加深，也积累了一些矛盾和问题，主要表现为：城镇职工养老保险基金收支状况受人口结构、制度转轨等多个因素的影响，制度抚养比下降；转轨成本由谁承担未得到合理解决；基金投资渠道狭窄，保值增值目标难以实现等。尽管制度并轨扩面后上海养老保险基金出现盈余，但是新覆盖人群以青壮年劳动力为主，若干年后上海养老保险基金支付能力必然日趋下降，依然存在基本养老保险基金收不抵支、基金结余日趋减少乃至无力支付养老金的风险。考察全国和上海的基本养老保险替代率演变过程，结果显示，从1997年到2015年，全国的基本养老保险替代率总体呈下滑趋势，近期的最低水平为2012年的43.91%，上海的基本养老保险替代率水平总体变动趋势是先降后升，基本在44%—55%之间徘徊。

第四章，上海人口老龄化态势及其对养老保障的影响。人口老龄化水平及其态势对基本养老保险制度可持续发展及基本养老金替代率具有重要影响。上海人口老龄化的影响因子主要有两类：一类是政策性因子，包括人口调控政策、户籍制度改革和居住证制度及积分制管理、外来人口公共服务政策等；另一类是非政策性因子，包括经济转型及阶段性特征、全国人口及劳动力发展态势、城市化发展等。上海常住人口老龄化的演化趋势为：（1）老龄人口规模持续扩大，2030年之前呈单边递增趋势，2016年上海60岁以上的常住老年人口突破500万人，2030年将增至650万人以上。老龄人口主要由户籍人口所贡献，户籍老龄人口规模已进入加速增长期。（2）总和生育率的有限回升对缓解上海户籍人口老龄化的作用较小，户籍人口深度老龄化态势已成定局，且高龄化趋势愈加明显。（3）如果假定外来人口滞留与更新保持目前的模式不变，常住老年人口规模会有所增加，但老龄化程度有较大改善。上海人口老龄化已成常态，人口老龄化对公共服务和社会保障影响较为突出的是养老和医疗两个方面。养老资源和医疗资源配置面临总量和结构布局的双重压力。老年人口数量的急速增长将从根本上改变医疗卫生资源的代际分配格局，对基本养老保险制度的财务长期可持续发展造成巨大压力，政府部门必须高度重视资源配置和相关制度建设。本研究测算人口老龄化对上海基本养老保险带来的压力，区分基本养老保险支出的两种效应："规模效应"和"待遇效应"。"规模效应"指的是由于离退休人员绝对规模增加，导致基本养老保险支出增长的幅度；"待遇效应"指的是由于养老金待遇调整，导致基本养老保险支出增长的幅度。结果显示，因为将外来从业人员综合保险和小城镇社会保险纳入城镇职工社会保险，前期扩面效应较为突出，2016年基金征缴收入与养老金支出的差额为220亿元，但随着退休人数增加，制度赡养率提高，养老金支出的年增长额均在200亿元以上，离退休人数增加导致规模效应的贡献率在25%—40%左右，多数年份待遇效应的贡献率在70%左右，2019年开始，基金征缴收入与养老金支出的差额由正变负。

第五章，上海基本养老保险替代率警戒值与满意度分析。理论上讲，基本养老保险的适度保障水平应该是一个有上限和下限的合理区间。退休职工养老保障水平的高低主要取决于养老保险替代率的大小，养老保险替代率警戒值就是能够维持退休职工基本生活的替代率水平的下限。基本养老保险的目标定位在保证退休人员最基本的生活需要，本研究将居民消费支出与收入相结合，利用扩展线性支出系统模型（ELES模型）测算基本养老保险替代率的警戒水平。本研究设定三种口径的养老金替代率警戒值。结果显示，第一口径的替代率警戒值相对稳定，2004—2011年的替代率警戒水平基本在22%—28%之间，2010年以后降到20%以下；增加转移性支出和借贷支出后，第二口径和第三口径的替代率警戒值稳定性减弱、波动幅度变大。这进一步说明，如果从满足退休职工最基本生活支出的角度考察基本养老金替代率警戒值，消费支出中的稳定的部分仍然是最基本的支出，在测定养老金替代率的警戒值方面最具有指标意义。2003—2014年，全国基本养老保险替代率水平下滑趋势明显，而上海养老金替代率的实际值先降后升，基本稳定在47%—52%之间，近期不会触及警戒线。因此，除完善投资机制以提高养老基金投资收益、建立养老金指数化调整机制外，大力发展第二支柱的企业补充养老保险、第三支柱的个人储蓄型养老保险，是保证养老金替代率水平、提高养老保险效率的有效途径。本研究采用问卷调查法对上海市基本养老保险状况及满意度进行研究，调查结果显示，8.6%的人对政府养老金发放标准非常满意，29.6%的人感到满意，51.3%的人感觉一般，有10.6%的受访者不满意；65.2%的人是担心未来养老问题的，仅有34.8%的人不担心。绝大部分的受访者希望政府财政对基本养老保险进行再补贴。绝大多数的受访者在养老方面对政府的依赖程度较高，虽然也愿意通过自身努力和其他渠道改善退休生活，但仍希望政府增加财政补贴和及时调整养老金，对商业养老保险的兴趣和信任度不高。

第六章，上海基本养老保险替代率风险测度与评估。鉴于现行制度中以社会平均工资测度的替代率主要表现为不断下降或在低位徘徊，本书侧重研究基本养老保险替代率过低的风险。转轨成本问题未能合理解决构成基本养老保险替代率下降的风险要素。部分积累制下的基本养老保险替代率风险取决于该指标与其他指标的逻辑关系。从我国城镇职工基本养老保险制度设计看，本身隐含了替代率下降的内在机理。基于基本养老保险建立和运行的程序安排，基本养老保险替代率风险包括两个方面：制度设计风险和制度运行风险。制度设计风险包括缴费基数风险、缴费年限风险、缴费率风险、计发系数风险和老龄化风险；制度运行风险包括扩大制度覆盖面风险、基金征缴难度风险、市场通货膨胀风险、个人账户的记账利率风险、职工工资增长率风险、投资风险和外部环境风险。根据专家对各项指标权重的评价结果，缴费率风险、计发系数风险和个人账户的记账利率风险权重较高，其次是老龄化风险、职工工资增长率风险和基金征缴难度风险，这说明这几类风险对基本养老保险替代率，乃至基本养老保险制度本身有着较直接的影响。

第七章，基本养老保险替代率风险的化解策略。"统账结合"的养老保险模式下，养老金替代率由两部分组成：基础养老金替代率和个人账户养老金替代率。基础养老金替代率和个人账户养老金替代率的风险机理及化解策略有所不同。基础养老金由统筹基金支付，而统筹基金的财务筹资模式为"现收现付制"。现收现付制下，基于社会平均工资替代率与缴费率、制度赡养率的逻辑关系，在人口老龄化背景下，如果保持社会平均工资替代率水平不下降，势必需要提高缴费率或降低养老保险制度赡养率。在我国养老保险缴费率已处于较高水平的情况下，较为可行的办法是通过延迟法定退休年龄，降低制度赡养率。本研究的思路是，将赡养比确定为某一合理水平，退休年龄则呈现动态变化，在人口呈现老龄化的趋势下，退休年龄逐步提高，称之为"动态退休年龄"，作为渐进延迟退休年龄的参考标准。个人账户养老金替代率受多个因素的影响，初始工作年龄、给付年限、预期寿命和工资增长率为负向因素，养老保险缴费率、退休年龄、记账利率（或投资收益率）为正向因素。从能否进行政策干预和控制的角度看，初始工作年龄、预期寿命为不可控因素，退休年龄、记账利率或投资收益率、工资增长率为可控因素，而工资增长率的影响是双向的，工资增长率的变动对个人账户养老金的影响是正向的,而对个人账户养老金替代率的影响则是反向的。因此,本研究认为,基于精算模型视角,延迟退休、提高养老金投资收益率或记账利率,是控制基本养老保险替代率下降风险的有效措施。

第八章,研究结论与对策建议。本研究主要结论如下:(1)根据上海基本养老金替代率的现有水平,基本养老保险的"保基本"目标已经实现;(2)人口老龄化已成为常态,人口老龄化水平的不断提高将对上海基本养老保险制度的财务可持续性产生巨大压力,可能加剧养老金替代率下降的风险;(3)基本养老保险替代率风险包括"制度设计风险"和"制度运行风险",风险控制策略的选择应结合两类风险的影响因素及其表现;(4)我国现行"统账结合"养老保险模式下,延迟退休、提高养老金投资收益率,是控制基本养老保险替代率下降风险的有效措施。从我国未来调节养老金替代率的基本趋势看,宏观政策对未来养老金替代率具有全局性和决定性的影响,未来养老金替代率的调节将主要依靠外部资金特别是财政资金的投入,调节幅度取决于经济发展及财政对养老保险的支撑能力。如果要控制基本养老保险替代率风险,提高养老保险替代率总体水平,必须继续完善多支柱养老保险体系,发挥第二支柱和第三支柱的养老保障作用,积极推动延迟退休政策的实施,推进全面二孩政策的落实,从更长远的角度缓解人口老龄化程度、改善制度赡养结构,同时,建立起城镇退休职工基本养老金动态调整机制,并以养老金入市为契机,提高养老基金投资收益率,明确各级政府在制度转轨成本和做实个人账户方面的责任,解决历史遗留问题,严格控制缴费年限、缴费基数、养老金计发办法等风险因素。此外,还要引导劳动者做好个人养老规划,强化自身和家庭养老责任,充分发挥家庭养老保障的作用。

本书的研究思路和逻辑框架如图 1-1 所示。

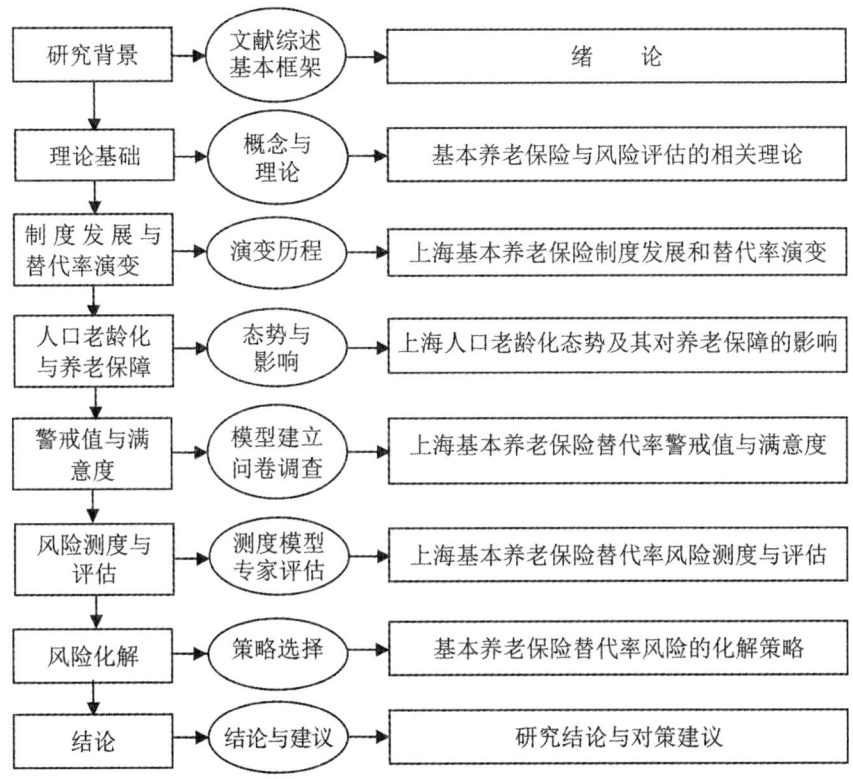

图 1-1　本书的研究思路与基本框架

第二章　基本养老保险与风险评估的相关理论

一、概念界定与理论基础

1. 概念界定

（1）养老保险与基本养老保险

老年人面临收入风险、疾病风险、失能失智风险等多重风险，养老保险主要是应对老年时因丧失劳动能力而带来的收入风险。养老保险又称老年保险，是指国家立法强制征集社会保险费或税，形成养老基金，当劳动者退休后支付退休金，以保证其基本生活需要的社会保障制度。

世界各国实行的养老保险制度有三种模式，可概括为传统型、国家统筹型和强制储蓄型。传统型的养老保险制度又称为"与雇佣相关性模式"或"自保公助模式"，最早为德国俾斯麦政府于1889年颁布养老保险法所创设，后被法国、美国、日本等国家所采纳。该模式以劳动者为核心，围绕劳动者所面临的年老、疾病、工伤、失业等风险设置保险项目，强调雇主与劳动者个人分担社会保险缴费责任，国家财政给予适当支持，强调"权利与义务有机结合"。具体到养老保险而言，个人领取养老金的权利与缴费义务联系在一起，即个人缴费是领取养老金的前提，养老金水平与个人收入挂钩，基本养老金按退休前雇员历年指数化月平均工资和不同档次的替代率来计算，并定期自动调整。国家统筹型的养老保险制度又分为两种类型：一种是福利国家普遍采取的"福利型养老保险"，最早为英国创设，包括瑞典、挪威、澳大利亚、加拿大等国家也采用此类型，其特点是养老保险费全部来源于政府税收，个人不需缴费，享受养老金的对象不仅仅为劳动者，还包括社会全体成员，养老金保障水平相对较低，通常只能保障最低生活水平；另一种是苏联创设的"国家保险型养老保险"，后为东欧各国、蒙古、朝鲜以及我国改革开放以前所采用，该类型与福利国家的养老保险制度类似，都是由国家来包揽养老保险事务和筹集资金，实行统一的保险待遇水平，劳动者个人无须缴费，退休后可享受退休金，不同的是，其适用的对象并非全体社会成员，而是在职劳动者。强制储蓄型主要包括新加坡模式和智利模式：新加坡模式是一种公积金模式，为东南亚、非洲等一些发展中国家所效仿，其主要特点是强调自我保障，建立个人公积金账户，由劳动者和雇主共同缴纳养老保险费，劳动者在退休后完全从个人账户领取养老金，国家不再以任何形式支付养老金，积累基金由中央公积金局统一管理和运营投资；智利模式也强调自我保障，采取了个人账户模式，但与新加坡模式不同的是，养老金缴费仅限于劳动者个人，个人账户的管理完全实行私有化，即将个人账户交由私营基金管理公司投资运营，同时实行养老金最低保险制度，该模式于 20 世纪 80 年代在智利推出后，也被拉美及部分东欧国家所效仿。强制储蓄型的养老保险模式最大的特点是强调效率，但忽视公平，难以体现社会保险的保障功能。

从世界范围看，养老保险制度改革经历了较为复杂的过程。20世纪 70 年代，由于石油危机的冲击，西方发达国家的经济都面临着相当程度的衰退，同时随着人口老龄化问题的逐步加剧，尤其是

"福利国家"思想而建立的养老保障体系所需要的公共养老支出不断扩大,加重了政府财政负担,因此,各国政府开始着眼于养老保障制度的改革。改革初期,主要是在现有体系上进行一些"开源节流"的参数式调整,如,提高缴费率、延长法定退休年龄、降低养老金的调整系数,希望在不改变养老保障基本模式的情况下,通过参数式调整减少公共养老总支出,维持社会保障体系的健康运行,减少政府日益加重的社会保障财政支出压力。进入20世纪90年代之后,为了加强养老保障体系的持续健康运行,提高养老保障制度的权利义务对等性、公正性的同时,注重效率和促进经济发展,西方各国在瑞士等国试行三支柱养老保险模式的启发下,纷纷开始适合本国的养老保险制度结构性的改革。一些国际组织,如国际劳工组织、国际货币基金组织等也都提出自己关于养老保险制度结构性的改革意见和对策,其中引人注目的便是世界银行在1994年发布的《防止老龄化危机:保护老年人及促进增长的政策》中提出的养老保险三支柱体系。

世界银行提出的养老保险三支柱内容主要包括:第一支柱是强制性的公共养老金计划,目标是在一定程度上缓解老年贫困,提供各种风险保障,主要是政府通过税收筹集资金,强制实施,一般采取现收现付制,其主要作用是通过代际转移为老年人提供一定程度的长寿保险;第二支柱是强制性的完全积累养老金计划,通过"以收定支"将养老金待遇水平与职工在职时缴费水平相挂钩,打破了原有现收现付制度之下代际之间的转移,体现的是劳动者的代内自养,旨在减轻人口老龄化对养老保险制度的负担,将个体的养老金水平与自身缴费相关联;第三支柱是自愿性个人储蓄养老金计划,强调自由支配的灵活性和自愿性,旨在增强个人的自我保障意识,扩大养老保险经费来源,为那些希望在老年时想得到更多收入保障的人提供额外保护,政府应当为这种养老储蓄计划提供税收优惠。

世界银行提出三支柱养老保险模式之后，参与了多个国家的养老金制度改革并对部分国家提供了资助，世界银行专家增进了对养老金改革的了解与认识，进而达成了共识，即，"多支柱的制度设计具有明显优势"，"较多的选择有助于有效保护老年群体并保证财政可持续性"，"只有通过多种途径和渠道才能为老年人有效地提供退休收入"①，等等。2005年，世界银行在原有三支柱模式的基础上，增加了零支柱和第四支柱，提出五支柱模式的改革意见。其中，零支柱为非缴费型养老金计划，是一种"普享型"的国民养老金形式，旨在消除老年贫困，为终身贫困者及没有资格领取正式养老金的退休者提供最低水平保障。第四支柱是指家庭成员之间及社会对老年人的非正式支持，因为一部分退休者的消费可能来自于非养老金资源，如家庭内转移支付及赡养医疗和住房方面的服务等。可以看出，与三支柱相比，五支柱体系主要有如下变化：第一，进一步关注基本收入对弱势老年群体的保障作用，通过零支柱，把养老保障扩大到所有老年人口。第二，认识到第二支柱和自愿性支柱能有效补充基本养老金，为高收入人群提供进一步养老保障需求。第三，认识到改革途径的多样性，支持各国进行制度创新。②

基本养老保险亦称国家基本养老保险，它是按国家统一政策规定强制实施的为保障广大离退休人员基本生活需要的一种养老保险制度。在我国，20世纪90年代之前，城镇企业职工实行的是单一的养老保险制度。1991年，《国务院关于企业职工养老保险制度改革的决定》中明确提出："随着经济的发展，逐步建立起基本养老保险

---

① 罗伯特·霍尔茨曼、理查德·欣茨：《21世纪的老年收入保障——养老金制度改革国际比较》，郑秉文等译，北京：中国劳动保障出版社2006年版，第8—56页。

② 董克用、孙博：《从多层次到多支柱：养老保障体系改革再思考》，载《公共管理学报》，2011年第1期，第1—9页。

与企业补充养老保险和职工个人储蓄型养老保险相结合的制度"。从此,我国逐步建立起多层次的养老保险体系。在这种多层次养老保险体系中,基本养老保险被称为第一层次。"社会统筹与个人账户相结合"的基本养老保险制度是我国在世界上首创的一种新型的基本养老保险制度。这个制度在基本养老保险基金的筹集上采用传统型的基本养老保险费用的筹集模式,即由国家、单位和个人共同负担;基本养老保险基金实行社会互济;在基本养老金的计发上采用结构式的计发办法,强调个人账户养老金的激励因素和劳动者的贡献差别。因此,该制度既吸收了传统型的养老保险制度的优点,又借鉴了个人账户模式的长处;既体现了传统意义上的社会保险的社会互济、分散风险、保障性强的特点,又强调了职工的自我保障意识和激励机制。

(2) 养老金替代率

养老保险制度的重要作用之一是确保劳动者"老有所养",一方面保证劳动者在因年老被依法解除劳动义务之后能够获得基本生活保障,让退休职工得以分享社会经济发展成果,实现体面养老和有尊严养老;另一方面对于在职劳动者而言,参加养老保险意味着对将来年老后的生活有了预期,免除了养老的后顾之忧,激发起劳动者的工作积极性。那么,如何衡量社会养老保险制度对于老年人生活的保障水平?一般分为绝对指标和相对指标。绝对指标指的是职工退休后领取养老金的绝对数额,由于职工个体在地区、行业、单位、退休前工资待遇等方面存在显著差异,绝对指标在衡量和比较不同职工个体、不同行业、不同统筹地区之间的养老保障水平时,不具备充分的可比性。相对指标即为养老金替代率,指的是养老金与工资水平的比例,是国际上通用的衡量养老金待遇保障水平的指标,该指标可以更好地在通货膨胀、社会平均收入水平以及社会发展状况等因素的影响下,较为直观地体现不同时期、不同类型职工的养老保障水平。因此,养老金替代率成为养老保险政策制定中不可忽视的关键指标。它不仅关乎微观层面上每个退休人员所领取的养老金数额,即每个退休人员基本生活的保障水平,而且从宏观层面看,在养老金领取人数既定的情况下,该指标也是全社会养老金发放总体规模的决定性因素,关系到养老保险体系的承受能力。养老金双轨制背景下,我国机关事业单位工作人员和企业职工养老金水平的巨大差距,其实质也是不同阶层、不同群体养老金替代率的差距,从某种程度上体现着社会公平的程度。替代率看似一个具体的、技术性的概念,实际上却影响养老保险制度运行的全局,是养老保险制度研究和设计的基础环节。

养老金替代率是客观反映我国养老保险水平的重要参数之一。由于统计口径和参考标准的不同,养老金替代率的内涵和外延也会存在很大差异。从参考标准的角度来看,养老金替代率既可以指养老金与退休前工资的比例(即自我工资替代率),又可以指人均养老金与社会平均工资的比例(即社会平均工资替代率)。从需求和供给的角度来衡量,养老金可以分为合意替代率、潜在替代率和实际替代率。从养老金筹资来源看,养老金替代率可以分为基本养老金替代率和个人账户养老金替代率。本研究所讨论的养老金替代率,警戒值估算部分使用的是社会平均工资替代率,该指标以退休职工和在职职工两个群体为研究对象,为了控制退休职工和在职职工工资收入的比例适当,从宏观角度保持这两个群体之间的利益平衡;分析延迟退休以及投资收益率对养老金替代率的影响,使用的是自我工资替代率,目的是探寻职工个人在退休前后收入的适当比例,这有利于"量化"职工个人养老保险的权利和义务,充分发挥个人账户激励约束机制的作用,即"多缴多得"的原则,并反映养老金替代率对投资收益率的敏感性。

2. 理论基础

（1）生命周期理论

生命周期理论，又称为生命周期假说，是关于消费—储蓄行为的主流的经济学理论，由诺贝尔经济学奖获得者 F.莫迪利亚尼（Franco Modigliani）、美国经济学家理查德·布伦贝格（Richard Brumberg）和艾伯特·安东（Alberto Ando）共同提出。[①] 在私有制经济中，一切收入都构成个人收入。生命周期假说在微观经济学的消费行为理论基础上提出自身的前提：第一，消费者是完全理性的，他们会按照收入合理地安排自己在一生中的消费；第二，消费者的消费行为追求的目标是效用最大化。消费者在安排自己一生的收入、储蓄和消费的关系时，会尽量追求消费效用的最大化。

生命周期的消费理论认为，在个人和家庭的生命周期的不同阶段，其针对消费的计划和整个生命周期的预期收入存在着一定的函数关系。生命周期理论针对家庭和个人的长期和短期消费行为进行研究，在个体的整个生命周期中，对其收入、储蓄和消费行为进行记录，分析在生命周期中的不同阶段个人消费和储蓄选择的倾向，并通过边际效用分析方法来证明理性的消费者及家庭会根据其一生中的预期收入对生命中不同阶段的消费和储蓄进行合理的安排，以达到效用最大化。

该理论将理性人的一生分为两个周期：青壮年阶段和老年阶段。在青壮年阶段，个人的收入曲线会高于消费曲线，处于"正储蓄"阶段状态；当个人退休进入老年阶段时，由于丧失了经济收入来源，只能依靠过往的储蓄生活，消费会超过收入。理性的消费者会追求

---

① Modigliani F., Brumberg R., *Utility Analysis and the Consumption Function: An Interpretation of Cross-section Data*, The Collected Papers of Franco Modigliani, Cambridge: The MIT Press, 1954, pp.3-45.

整个生命周期内效用的最大化,即通过工作期间进行的"正储蓄"和退休后的"负储蓄"实现一生各个时期的平滑消费,见图2-1。

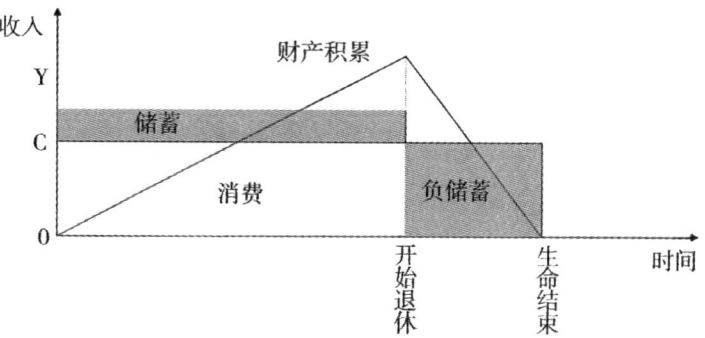

图 2-1　生命周期不同阶段的储蓄与负储蓄

生命周期的消费假说不同于凯恩斯的消费行为理论,凯恩斯的消费行为理论只强调消费者当前的消费水平与其当前的收入水平之间的联系,而生命周期假说则考虑消费者一生的收入和财产预期对当前消费行为的影响,也就是说,消费者在任何年龄阶段的消费支出并非取决于即期收入,而是依赖于其一生的全部收入。从生命周期理论引申出来,社会养老保险制度是一项重要的制度安排,它将消费者为年老进行的个人储蓄行为深化为整个社会的一项制度,并通过集体性的管理和筹划来为退休人员提供退休收入,这在很大程度上减少了中年人的储蓄量,保障了老年人的消费能力,从而促进了社会整体效用的最大化。

(2) 世代交叠模型

世代交叠模型由阿莱(Allais, 1947)、萨缪尔森(Samuelson, 1958)和戴蒙德(Diamond, 1965)等人在生命周期理论上发展而来,是新古典养老金经济学的主要理论工具。世代交叠模型引入不同代人之间的交易,该模型的出发点是:在任一时刻,都有不同代的人生存,每一代人在其生命的不同时期与不同代的人进行交易。

世代交叠模型作为宏观经济学的微观基础模型之一,主要目的是确定社会的最优消费、储蓄和投资。根据世代交叠模型确定的最优行为,可以分析其与养老保障经典模式之间的关系,以及在现收现付制和基金积累制两种基本的社会养老保险财务筹资机制下,养老金增长的物质基础何在。世代交叠模型的基本形式为跨时的一般均衡。其基本假设是:人口是不断新老交替的,即新人不断出生,老人不断死亡。在任何时点上,经济均由年轻人和老年人两代人组成。如图2-2所示,在t时期同时存在两代人,即年轻人Y(t)和老年人O(t)[也是t-1时期的年轻人Y(t-1)],并且这两代人之间存在交易。年轻人的主要行为是工作、消费和储蓄,而老年人的主要行

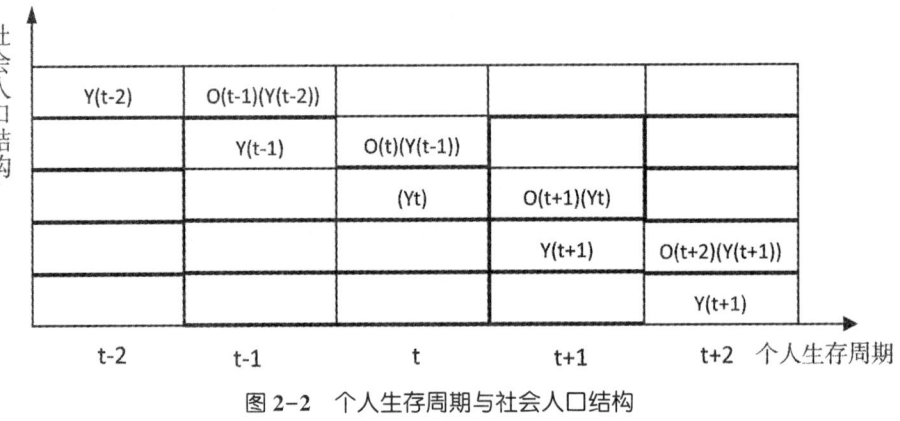

图2-2 个人生存周期与社会人口结构

注:Y(t-1)表示t-1时期的年轻人,也是t时期的老年人O(t)。

为是消费和负储蓄。在t时期,老年人积累的资本和年轻人提供的劳动结合在一起,资本和劳动的报酬均为其边际产品,老年人同时消费其资本收入和现有财富(假设不存在遗赠动机),死亡后便退出该模型;年轻人的劳动收入一部分用于当期消费,一部分作为储蓄带入老年时期,这一过程不断持续下去。行为人的最优行为是:在t时期,行为人自觉或被迫计划其在两个时期内的消费数量,并在收入约束下实现效用最大化。就整个社会而言,若年轻人所创造的收入

被迫按照某种社会规则在自己生存的两个时期之间实现跨期转移，这就形成了基金制社会养老保险模式；若年轻人的收入被迫按照某种社会规则在整个社会的两代人之间实现跨代转移，这就形成了现收现付制社会养老保险模式。

(3) 公平与代际公平理论

公平理论也称为"社会比较理论"，是由美国心理学家亚当斯(J.S. Adams)于1965年提出的一种激励理论。该理论主要探讨人的工作积极性和知觉（心理满足感、公平感）的关系。该理论认为人的工作意愿、动机既受个人实际报酬（绝对奖酬）的影响，也同样受到人们对报酬分配的公平性和合理性（相对报酬）的影响。人们往往会不自觉地将自己的报酬分配的合理性和公平性与他人进行比较，进而做出公平与否的判断。① 对劳动者而言，他的工作态度、积极性不仅与付出劳动代价所得到的实际工作报酬有关，也与其通过与他人比较对自己的报酬分配的公平感有重要的关系。本研究认为，退休人群养老金水平与在职人群工资水平的差异（即养老金的社平工资替代率），同一行业不同个体以及不同行业、不同群体之间养老金水平的差距，直接关系到退休者的心理满足感和公平感。对于在职职工而言，基于现有养老制度安排的预期，"多缴多得、长缴多得"原则强调职工个人收入的纵向再分配，个人账户养老金替代率的高低在一定程度上能够激励在职职工的工作积极性。

代际公平（intergeneration equity）是当代可持续发展的经济学领域中强调的一个关于经济、社会、自然资源的分配的概念。代际公平理论关注当代人和后代之间在社会概念上的公平性问题，要求当代人类在进行经济建设和获取自然资源时不仅要考虑自身的利益，

---

① 孙伟、黄培伦：《公平理论研究评述》，载《科技管理研究》，2004年第4期，第102—104页。

也要考虑后代的利益，在经济发展中要注重不对后代的生存和发展构成威胁。学术界存在着许多针对代际公平的理论，最著名的是罗尔斯的正义论和公共信托理论。

约翰·罗尔斯在其著作《正义论》中表达了关于代际公平的观点：人类各世代分布在不同的时间中，他们之间的交替是顺应时间在一个方向上进行的，这属于自然的不可改变的真理。我们可以服务和影响后代，但后代并不能为我们做什么，因此在自然中不存在代际的正义问题。然而，当人类具有社会的属性后，"只要是具备了最低的道德人格，一个人就有权获得全部的正义保证"①，在社会属性上，当代的人类和我们的后代都是具有相同道德属性和地位的人，代际正义的核心就是要寻找"不计时间地同意一种在一个社会的全部历史过程中公正地对待所有世代的方式"。所以，代际正义不同于一般的个人之间的正义关系，而是一种社会正义。

公共信托理论的最早提出可以追溯到罗马法时代，罗马法认为：依据自然法，空气、流水和海洋是属于所有人类的公共资源。显然，在此的所有人类不仅包括当代的人类，也包括后来者。此后，英国哲学家洛克依据自然法的原则发展出了二重公共信托理论。美国学者萨克斯·约瑟夫提出了环境资源的公共信托理论，其公共信托理论的本质是强调以托管的方式将本应由当代公民行使的对属于全人类（包括不同时间上的人类）的环境资源进行处置的权利转移到民众选举的政府身上，该政府机关应当对民众（当代和后代的）负责。

不局限于资源和环境的视角对代际公平进行探讨，代际公平的本质是通过一定的社会安排来实现资源、利益或者成本在不同时代人类之间的分配，它要求人类正视自己的社会属性，并在基本的道

---

① 约翰·罗尔斯：《正义论》，何怀宏译，北京：中国社会科学出版社1988年版，第493页。

德基础上保证此种社会安排既能够满足当代人对发展和自由的要求，又不会导致后代人失去追求自由和全面发展的机会。在社会养老保险领域，代际正义亦是必须要强调的基本观点。由于社会养老保险制度涉及的人群广泛，且其缴费和领取养老金的周期长、时间跨度大，涉及从当前到后世的多世代人群，因此在基本制度安排方面必须保证代际之间的公平。

（4）风险与风险管理理论

风险的存在是保险得以产生、存在和发展的客观原因与条件，风险与保险之间存在着密切的联系。风险是指在某一特定环境下，在某一特定时间段内，某种损失发生的可能性。换句话说，是在某一个特定时间段里，人们所期望达到的目标与实际出现的结果之间产生的距离称之为风险。通常，风险有两种定义：一种是强调风险表现为不确定性；而另一种则强调风险表现为损失的不确定性。若风险表现为不确定性，说明风险产生的结果可能带来损失、获利或是无损失也无获利，属于广义风险，金融风险属于此类。而风险表现为损失的不确定性，说明风险只能表现出损失，没有从风险中获利的可能性，属于狭义风险。

风险是由风险因素、风险事故和风险损失等要素组成。风险具有以下7个主要特征：（1）风险存在的客观性。即，风险是客观存在的，是不以人的意志为转移的。风险的客观性是保险产生和发展的自然基础。人们只能在一定的范围内改变风险形成和发展的条件，降低风险事故发生的概率，减少损失程度，而不能彻底消除风险。（2）风险的损失性。风险发生后必然会给人们造成某种损失，然而对于损失的发生人们却无法预料和确定。人们只能在认识和了解风险的基础上严防风险的发生和减少风险所造成的损失，损失是风险的必然结果。（3）风险损失发生的不确定性。风险是客观的、普遍的，但就某一具体风险损失而言其发生是不确定的，是一种随机现象。(4) 风险存在的普遍性。风险在人们生产生活中无处不在、无时不有,并威胁着人类的生命和财产的安全。随着人类社会的不断前进和发展,人类将面临更多新的风险,风险事故造成的损失也可能越来越大。(5) 风险的社会性。没有人和人类社会,就谈不上风险。风险与人类社会的利益密切相关,时刻关系着人类的生存与发展,具有社会性。(6) 风险发生的可测性。单一风险的发生虽然具有不确定性,但对总体风险而言,风险事故的发生是可测的,即运用概率论和大数法则对总体风险事故的发生是可以进行统计分析的,以研究风险的规律性。风险事故的可测性为保险费率的厘定提供了科学依据。(7) 风险的可变性。世间万物都处于运动、变化之中,风险也是如此。风险的变化,有量的增减,有质的改变,还有旧风险的消失和新风险的产生。风险因素的变化主要是由科技进步、经济体制与结构的转变、政治与社会结构的改变等方面的变化引起的。

风险管理源于保险。从风险管理的历史上看,最早形成系统理论并在实践中广泛应用的风险管理手段就是保险。在风险管理理论形成以前的相当长的时间里,人们主要通过保险的方法来管理企业和个人的风险。当然,保险不是唯一的处置风险的办法,更不是所有的风险都可以保险。从这一点上看,风险管理所管理的风险要比保险的范围广泛得多,其处理风险的手段也比保险多。保险只是风险管理的一种财务手段,它着眼于可保风险事故发生前的防预、发生中的控制和发生后的补偿等综合治理。而社会保险是一种为丧失劳动能力、暂时失去劳动岗位或因健康原因造成损失的人口提供收入或补偿的一种社会和经济制度。社会保险计划由政府举办,强制某一群体将其收入的一部分作为社会保险税(费)形成社会保险基金,在满足一定条件的情况下,被保险人可从基金获得固定的收入或损失的补偿,它是一种再分配制度,它的目标是保证物质及劳动力的再生产和社会的稳定。

二、养老保险模式及运行机理

1. 养老保险筹资模式

在现代社会,虽然制度完整性和保障程度不同,但世界各国大都建立了自己的养老保险体系。由于各个国家面临着不同的政治、经济、文化等社会环境,其养老保险体系也各不相同,在制度、实施方式和管理体系上存在着很大的区别。

(1) 按融资模式划分

从当前各国的现状看,养老保险制度的筹资模式可以划分为基金积累制和现收现付制两种。基金积累制,顾名思义,以缴费形成的养老保险基金以及对基金进行投资运营得到的回报作为制度的资金来源;而现收现付制则以当前养老保险制度的当期收入作为支付养老金的资金来源。现收现付制度以不同代际之间的转移支付作为其运行基础,即现收现付制度预设年轻人有供养上一代人(老年人)的义务,根据世代交替模型,当代年轻人退休以后,则由下一代人进行供养,其本质上是一种代际的转移支付。基金积累制则不同于现收现付制,它使用退休者个人账户中预先缴费积累的养老基金支付退休者的养老金,即在劳动者退休以前,养老基金将他们的部分收入进行收缴并存在个人账户中,在劳动者退休后再将这笔基金作为养老金发放。从本质上讲,基金积累制是劳动者个人收入的延期支付,是劳动者本人收入的跨期转移。

现收现付制的筹资原则是实现短期的横向收支平衡,因此需要对当年所需支付费用进行预算,然后按一定比例分摊到参加养老保险的单位和个人。当年提取当年支付,一般不留余额。但实际执行时会有余额或亏空。优点表现为:第一,管理成本低,操作简单;第二,需要根据需求变动及时调整征税比例或缴费额度;第三,强调社会保障的再分配功能，体现社会共济原则；第四，没有过多的资金积累，没有基金保值增值压力；第五，可以避免长期积累基金所面临的经济和政治风险。缺点较为明显：第一，基金没有储备积累，基金筹集的抗风险能力弱；第二，收入替代具有刚性。基金给付一般采用待遇确定型，在雇员工作期间，制度预先做出给付承诺，随着劳动生产率提高和经济发展，为保证退休后生活水平，给付水平不断提高，制度支付负担加重；第三，人口老龄化水平提高，使缴费率不断上升，存在代际转移矛盾。现收现付制表现为劳动者代际间的收入再分配，这使得制度建立时最早享受待遇的第一代受益，不同代人的赡养率不同，养老负担不同，在老龄化不断提高情况下，年轻一代负担不断加重。

　　基金积累又可以分为完全基金积累制和部分积累制。在完全积累制中，个人的养老金收入完全基于养老保险个人账户的累计额及其投资收益，而部分积累制中，资金来源除个人账户外，还有一部分来源于现收现付的统筹基金的转移支付。基金积累制的筹资原则是实现长周期内的纵向平衡，具体到养老保险而言，体现"同代自养"，属于生命周期内的收入再分配。优点表现为：第一，能够应对人口老龄化危机；第二，缴费与待遇关联，提高缴费积极性；第三，积累的基金能够促进经济发展。缺点表现在：第一，缺乏互助共济性；第二，无法应对长寿风险，对于寿命长于预期测算寿命的老人，账户积累资金难以满足其一生支出所需；第三，难以有效应对通货膨胀风险。完全积累制采用个人账户，基金积累时间跨度达几十年，基金容易受到通货膨胀影响，有可能贬值；第四，对基金管理水平要求高。一方面，为了保证基金不贬值，要保值增值，对基金投资运营方面的要求高；另一方面，基金跨度时间长，对缴费测算要求有很强的专业性。

　　而部分积累制综合考虑横向平衡和纵向平衡原则，将现收现付制和基金积累制相结合，兼具两种模式的特点。现收现付制是社会保险基金的短期平衡，完全积累制是长期平衡，而部分积累制是中期平衡。就养老保险而言，部分积累制力求在资金的横向平衡和纵向平衡之间寻求结合点。因为预留一部分积累资金，受人口老龄化的影响较现收现付制要小一些，积累的资金规模比完全积累制小，使得通货膨胀背景中资金贬值的风险减小。部分积累制的优点体现在：第一，基金稳定性较好。因为有预留资金，可以在较长时间保持收支平衡；基金有限，贬值压力小。第二，具有一定灵活性。当特定年份基金出现支付缺口时，可以用部分预留资金弥补缺口，或提高费率筹集资金，灵活性和抗风险能力比现收现付制好。缺点表现在：第一，难以确定缴费率。部分积累制是现收现付制与完全积累制的结合，影响这两种模式的因素都会影响部分积累制，模型比较复杂，难以准确确定缴费率。第二，储备资金相对有限，储备资金压力随人口老龄化、生活水平提高而增大。

（2）按给付模式划分

根据给付模式，养老保险制度可以划分为待遇确定型和缴费确定型两种。待遇确定型又称为受益基准制。该模式先设定养老保险金为保障一定的生活水平需要达到的替代率，以此确定养老金的给付标准，再结合相关影响因素进行测算，来确定养老保险费的征缴比例。因此，这种模式实质上是"以支定收"模式。现实中，由于养老金领取者对养老开支的实际需求是很难确定的，所以待遇确定型养老金的受益标准往往按照容易识别的客观条件进行确定，包括受益人退休时的年龄、工龄、财产状况、抚养的家庭人口、健康状况等。由于待遇确定型给付模式难以确定完全合理的受益标准，给付的公平性只能体现在给付标准的平均化上，很大程度上体现了社会保险制度的公平性特征，在社会成员之间进行了收入再分配。在缴费上，受益人并没有提高自身的收入水平并提高缴存额的动力；

在给付上，由于受益人没有节约资源的动力，往往倾向于夸大自身困难，多领取养老金。因此待遇确定型给付模式往往会造成养老资源的浪费和养老基金入不敷出的压力。

缴费确定型也称为缴费基准制，这种养老保险计划的给付策略不同于待遇确定型，它综合考虑未来的养老负担、基金的保值增值、通货膨胀率、企业的合理负担、工资水平等因素，确定一个相当长时期内比较稳定的缴费比例。该模式为每个养老计划参与者设立单独的养老基金个人账户，并在个人账户中将个人的缴费以及投资收益进行累计，当养老计划参与者达到领取退休金的标准时，再将其账户中缴费形成的基金本金和投资收益发放给账户所有人或者其指定的任何受益人。因此，这种模式实质上是"以收定支"模式。缴费确定型模式能够体现对个人多缴费的激励作用，更加带有效率性的特征，当然也在一定程度上忽视了社会保险的收入再分配功能。

理论上讲，养老保险制度的给付标准与融资手段并不存在直接的联系，不同的给付标准和融资手段可以进行自由组合。在实际的政策实施中，待遇确定型给付模式往往与现收现付制联系在一起，因为现收现付制不具有基金积累的硬性预算约束。但是如果在基金积累制中采取待遇确定型的给付标准，则意味着在基金从缴费到发放的这一间隔中，必须由管理机构或者基金托管机构承受基金价值的波动和投资损益的风险，同时也抵消了基金积累制下对个人多缴费的激励作用。所以在实际中，基金积累制养老保险计划往往与缴费确定型给付模式相结合。

2. 养老保险制度各融资模式的运行机理

（1）现收现付制融资模式的运行机理

现收现付的融资模式是在一个较为短的时间内按照"收支平衡"的原则决定养老保险缴费费率，并在此费率基础上筹集养老基金。

现收现付的融资模式一般不考虑长期的基金收支情况,本期内筹集的养老资金只需要满足本期的养老金支出,不为未来的支付需求留存养老资金。在现收现付制度下,养老基金的筹集通常采用社会化的统筹收缴,并在社会成员之间按照"互助共济"的原则进行发放,这种模式实际上就是将当期缴费者的资金转移支付给退休者,是代际之间的资金转移,更多地体现了社会保险的互济性。由于这种融资模式下,养老保险计划一般不会留存长期养老基金,资金的供求处于一种短期化的状态,也就不必担心经济衰退、通货膨胀和各种灾害带来的养老基金损失。同时,这种短期化的资金供求关系也存在着缺点,当一国的人口年龄结构不能维持稳定,产生比较严重的人口老龄化时,现收现付的融资模式就会面临很大的资金压力,很可能影响未来退休者的养老金支付。

根据现收现付制融资模式的核心资金收支条件,即养老保险资金收入等于养老金支出的原则,现收现付制融资模式的运行机制公式可表达为:

$$C \bar{W} \sum_{n=a}^{b-1} \bar{N}_n = \bar{P} \sum_{n=b}^{d-1} \bar{N}_n \qquad (2.1)$$

在公式(2.1)中,C 代表养老金缴费率,$\bar{W}$ 为在岗职工的平均工资水平,$\bar{N}_n$ 为当年年龄满 n 岁的职工年平均人数,a 代表最低就业年龄,b 代表退休年龄,d 代表死亡年龄,$\bar{P}$ 表示退休人员的平均养老金水平,则有 $\sum_{n=a}^{b-1} \bar{N}_n$ 表示全部在职职工人数,$\sum_{n=b}^{d-1} \bar{N}_n$ 表示全部退休人员人数。

设 R 为养老金替代率,则有:

$$R = \frac{\bar{P}}{\bar{W}} \qquad (2.2)$$

设 Q 为养老保险制度赡养率,由于制度赡养率是当前退休职工

人数占在职职工人数的比例,则有:

$$Q = \sum_{n=a}^{b-1} \bar{N}_n / \sum_{n=b}^{d-1} \bar{N}_n \qquad (2.3)$$

将公式(2.2)和公式(2.3)代入公式(2.1)中,可以得到简化后的现收现付制融资模式收支平衡条件:

$$C = R \times Q \qquad (2.4)$$

公式(2.4)表示在现收现付制度下,当养老金缴费率等于养老保险制度赡养率和养老金替代率的乘积时,养老保险计划可以达到资金的收支平衡。

(2)完全基金积累制融资模式的运行机理

完全基金积累制融资模式是在一个长期的资金收支假设下根据收支平衡的原则确定养老保险费率,即合理预测未来相当长的一段时间内的养老保险金开支,并在此基础上确定较为合理稳定的养老金缴费率,以此缴费率来收缴养老保险基金。完全积累制融资模式实质上是一种"纵向平衡"的基金筹集模式,即养老保险基金以个人账户为筹集模式,将参与养老金计划的在职职工的部分收入从工资中扣除,积累下来进行投资和管理运营,以备将来该职工退休后领取养老金的需求。与现收现付制不同的是,完全基金积累制强调的是个人收入在时间上的前后调剂,几乎不存在社会整体层面上的横向"贫富互济"的特征。

在完全基金积累制融资模式下,劳动者必须在他在职工作的年份里积累足够的资金以备退休以后的养老金需求。假设劳动者的缴费率为 C,起始年份的工资为 W,g 为劳动者的工资增长率,r 为劳动者缴纳的养老基金的利息率,则在退休的时点上,劳动者在职过程中缴纳的基金规模为:

$$CW[(1+r)^n + (1+g)(1+r)^{n+1} + \cdots + (1+g)^{n-1}(1+r)] \qquad (2.5)$$

假设养老金工资替代率为 S,如果养老金的给付是跟随工资增长

率同步提高的,假设劳动者退休后至死亡的年份为 m,则劳动者所领取的退休金在退休起始年份的现值为:

$$CW(1+g)^n \left[1 + \frac{(1+g)}{1+r} + \cdots + \frac{(1+g)^{m-1}}{(1+r)^{m-1}} \right] \qquad (2.6)$$

根据完全基金积累制的特点,劳动者在职期间缴纳的养老保险基金在退休时点的数量应该等于劳动者享受的退休金在退休时点的现值,即公式(2.5)等于公式(2.6),此时养老金的缴费率可简化为:

$$C = R \left[1 - \left(\frac{1+g}{1+r}\right)^m \right] / \left[\left(\frac{1+r}{1+g}\right)^n - 1 \right] \qquad (2.7)$$

由公式(2.7)可以看出,在完全基金积累模式下,养老金缴费率 C 受到养老金替代率 R、养老金投资收益率 $(1+r)/(1+g)$ 以及劳动者的自我供养率(m/n)的共同影响。

三、基本养老保险替代率确定的理念和原则

1. 基本养老保险替代率确定的理念:从"福利救济观"到"贡献或权利观"

关于老年经济保障问题,经历了从"福利救济观"到"贡献或权利观"的转变。在现代社会保障制度建立之前,无论东西方社会,都是以福利或救济的观点来对待老年经济保障的。中国古代的福利救济包括生老病死苦等各种情况下的福利或救济,实行的方式途径是多样化的,包括:赏赐或发放生活必需品,提供居住,提供生产工具等,具有浓厚的形式主义色彩。早期的"福利救济观",客观上把解决老年人的生活看作是一种家庭或社会负担。随着工业化推进的社会经济发展,"福利救济观"逐渐转变,主张由国家创办并资助社会保障事业,实行和完善一套社会福利政策和制度,对社会经济生活进行干预,增进国民的福利,让国

民享受发展成果,构建福利国家。

马歇尔在《公民身份与社会阶级》中提出公民资格理论,认为公民应当享有教育、健康和养老等权利,公民有权利要求国家为其提供保障,这与"福利救济观"有了本质区别。在现代社会保障制度中,认为享受社会提供的经济保障是老年人的权利,为老年人提供经济保障是社会的义务。① 随着工业化的发展,经济增长中资本的份额比例越来越大,经济增长对资本的依赖程度日益提高。社会资本靠劳动者的劳动剩余积累起来,在职一代创造的价值中,除了自己消费的一部分外,其余部分以"劳动剩余"的方式积累起来,为下一代增加了社会资本。这种模式实质上是代际赡养,即工作的一代供养退休的一代,微观层面上与家庭养老相似,从宏观层面看整个社会,年轻工作的一代赡养年老的一代。这种代际赡养之间存在一种交换逻辑,在职一代劳动创造价值,抚养年轻一代成长,与之相对应,年轻一代进入劳动市场后,赡养丧失劳动能力退休后的一代,周而复始、循环交替。在过去这种代际赡养关系并无正式的契约规定,在现代社会中由法律明确契约,在养老保险现收现付制中得到明显体现。从"福利救济观"到"贡献或权利观"的转变,是人类社会在老年保障问题认识上的一大进步,它为确定合理的基本养老保险替代率水平提供了理论支持。

2. 基本养老保险替代率确定的原则

(1) 保障老年人基本生活

用国民收入再分配的机制,保障因年龄原因离开国民收入初次分配领域的社会成员的基本生活,是养老保险的根本宗旨和功能。

---

① 赵俊康:《我国养老金目标替代率的统计研究》,载《山西财经大学学报》,2004年第10期,第29—32页。

养老保险的初衷是为了让退休者在退休后能够有基本的生活水平，能够维持退休生活，共享社会经济发展成果，不至于陷入贫困。正如1982年维也纳老龄问题世界大会所提出的："保障老年人的收入意味着作为一种公众政策应该确保老年人有足够的收入来源支付某一特定社会的最低标准的生活费用。"因此，保障老年人口基本生活的需要，是确定养老金替代率的首要原则。

（2）公平与效率相结合

社会保障制度就是为了缓解由于市场机制自发运行而带来的不公平，以促进市场机制更有效率地运行，使公平与效率相互统一。公平就是指要体现每个公民的基本生存权和享受社会发展成果权，让所有参保人员在退休后均可享受这项基本权利，所有退休者在这个标准面前具有的权利是一致的。《宪法》规定：公民在年老、疾病或者丧失劳动能力的情况下，有从国家和社会获得物质帮助的权利。但是这个公平并不指完全公平，即所有退休者获得同样待遇，养老保险制度是再分配过程，调节收入分配，缩小收入差距，维护社会公平；效率就是指权利义务对等，工资水平高、对社会贡献大、缴费多的职工在退休后得到相对多的养老金，而工资水平低、缴费少的职工获得与其付出相对等的待遇。

从社会保障的再分配角度看，当公平和效率出现不一致时，应将公平放在优先地位，以公平来促进效率，这正是社会保障制度设计的初衷与目的所在。关于公平与效率之间"对立统一"的互动关系，从世界各国社会保障实践过程中可以得到印证。自社会保障制度问世之初，就有"互助共济"、保障公平化的特点[1]。20世纪30年代，美国社会保障制度显露出突出效率的做法，比如，社会救助

---

[1] 于宁：《养老养老保险替代率水平研究：基于上海的实证分析》，上海：上海人民出版社2007年版，第35页。

中"以工代赈"的方式按劳付酬、更加讲求效率。20世纪下半叶，继英国宣布建成"福利国家"之后，越来越多的发达国家加入其中。曾几何时，欧洲福利国家以其高水平、广覆盖、无差别的社会保障和福利制度炫耀于世。

高福利是通过税收进行的社会资源再分配，这种再分配在现代社会是必要的，但运用过度则会产生明显弊端，如，容易导致权力寻租，扭曲市场信号，挫伤生产积极性等。由于高福利违背了"量入为出"的基本准则，特别是20世纪70年代经济危机之后，"福利国家"的诸多弊端更加明显，多个国家开始重新审视公平与效率的关系，掀起了改革社会保障制度及其固有原则的浪潮。经历一段时间的改革，一个基本表现是：社会养老保险固有的公平原则被保留下来，但已经注重避免过分公平化，同时引进了效率原则，在制度设计中将权利和义务相结合。而20世纪后半叶，以新加坡和智利的完全积累制（个人养老账户制）为代表，更是将效率原则突出到无以复加的程度。

（3）与经济承受能力和生产力发展水平相适应

经济发展水平制约着社会保障发展水平，具体地表现在：第一，经济发展水平决定着社会保障项目的完整程度。经济发展水平低，则社会保障体系只能包括一些最基本的项目，此时必须以人的生存线来确立社会保障供求的平衡点；如果经济发展水平高，则可以增加社会保障项目、提高系统性。第二，经济发展水平决定着社会保障的标准。如果经济发展水平低，社会保障项目的给付金额就会低一些；如果经济发展水平高，则社会保障项目的给付标准可以相应高一些。第三，经济发展水平决定着社会保障范围的大小。经济发展水平低，社会保障涵盖的范围就会小一些；如果经济发展水平高，则社会保障涵盖的范围就会大一些。因此，必须妥善处理好经济发展与社会保障制度建设的关系。欧洲国家所经历的"福利陷阱"和社会保障制度改革实践已经证明，由于一味追求更高水平、更广范围的社会保障福利，最终结果只能是制度的可持续性难以保证，同时也伤害了经济增长的效率和激励机制，一旦出现问题，要想在已经定型了的刚性保障制度中植入弹性机制，具有相当大的难度且成本很高。

20世纪90年代开始，我国的养老保险制度改革首先从城镇企业职工养老保险制度改革开始。根据世界银行的建议，设计实施的是由社会基本养老保险、企业补充养老保险、个人储蓄型养老保险组成的"三支柱"模式。作为第一支柱的基本养老保险是强制性的，由单位和职工共同缴费，筹资原则是"以支定收、略有结余、留有部分积累"，由两部分组成：社会统筹和个人账户，前者实行现收现付制，体现社会范围的互助共济和代际赡养，后者实行基金积累制，有效激发个人责任，其主要目标是保障职工退出劳动领域之后的基本生活需要。因此，基本养老保险需要与我国社会生产力发展水平及经济承受能力相适应，基本养老保险只能保障职工的基本生活需要。如果基本养老保险标准过高，会带来财政压力加大、失业人口增多、企业竞争力下降、劳动者积极性锐减等问题，最终致使制度无法有效实施；如果基本养老保险标准过低，退休者退休后无法维持基本生活水平，则违背了基本养老保险初衷，丧失了制度存在的意义。

（4）建立适当的养老金替代率调整机制

基本养老保险的标准是相对的、动态的，不同国家和地区，在不同的社会经济状态下，其标准是不同的。随着经济发展和社会进步，对基本养老保险标准相应做出调整，以保障退休者的基本生活，是多数国家和地区的基本做法。发达国家在20世纪60—70年代普遍建立起公共养老金的指数化调整机制。以德国和美国为例，德国1957年建立了对老年人保障程度最高的总工资调整指数，在人口老龄化背景下，缴费率过快上涨、企业劳动力成本增加，最终对经济社会的持续稳定发展产生负面影响，自1991年开始，德国陆续对养老金调整指数进行削减改革，引发民众不满情绪；美国1972年建立了对老年人保障程度最低的消费价格调整指数，运行至今总体比较稳定，没有给经济发展带来不良影响。

  在中国养老保险制度改革过程中，必须根据经济发展和人口特征以及变化趋势，对养老金替代率、缴费率、退休年龄等参数进行调整，以保证养老保险制度的合意性。养老金替代率调整是在保证养老金收支平衡的基础上，对基础养老金给付进行调整，以改善养老保障水平。在中国现行养老保险制度框架下，如何建立起科学合理的基础养老金指数化调整机制，既能保障老年人权益，让他们共享发展成果，过上体面、有尊严的生活，又能减轻人口老龄化对养老金计划的财务压力，减轻企业和政府负担，对于中国经济的健康发展和养老保险制度可持续运行意义重大。

第三章 上海基本养老保险制度发展和替代率演变

一、上海基本养老保险制度发展历程

在全国而言,上海是经济社会发展水平较高、人口老龄化较早、养老保险制度改革实施比较完善的地区。与国家层面的养老保险制度变革相联系,上海的基本养老保险制度发展呈现明显的阶段性。

1. 1991 年以前

1951 年中央人民政府政务院颁布《中华人民共和国劳动保险条例》(以下简称《劳动保险条例》),标志着中国初步建立起城镇职工的养老保险制度。因当时国民经济处于恢复期,国家财力紧张,条例首先在 100 人以上的国营、公私合营、私营和合作社经营的工厂、矿场及其附属单位,以及铁路、航运、邮电三个产业的所属企业和附属单位实施。该条例规定:企业必须每月按照职工工资总额的 3% 缴纳保险费,其中 70% 留在企业用于支付养老金;30% 上缴全国总工会作为劳动保险总基金,用于全国范围内跨企业、跨行业、跨地区调剂。1953 年,原劳动部修订了《劳动保险条例》并公布《劳动保险条例实施细则修正草案》,实施范围扩大到包括工厂、矿场、交通事业单位的基本建设单位和国营建筑公司,1956 年实施范围进一步扩大到包括商业、外贸等11个行业和部门。1956年，国务院颁布《国家机关工作人员退休处理暂行办法》，规定机关事业单位工作人员的退休金由国家财政负担。1958年，国务院颁布《关于工人、职员退休处理的暂行规定》，将集体所有制工业企业纳入养老保险制度。"文革"期间中国养老保险制度处于停滞阶段，1969年财政部下发《关于国营企业财务工作中几项制度的改革意见》，规定国营企业一律停止提取劳动保险金，企业退休职工、长期病号工资和其他劳保开支，改在营业外列支，由企业自行负担。改革开放以后，中国养老保险制度逐步恢复完善。1978年，《国务院关于安置老弱病残干部的暂行办法》和《国务院关于工人退休、退职的暂行办法》颁布实施，对国有企业职工和机关事业单位工作人员的退休条件、待遇水平作了统一规定。1984年，国家在部分地区开展国营企业退休人员退休费用社会统筹的试点工作。1986年，国务院颁布《国营企业实行劳动合同制暂行规定》，决定国营企业新招收的工人一律实行劳动合同制，企业按照工人工资总额的15%、工人按不超过本人工资的3%缴纳退休养老费用，引入个人缴费机制减轻了企业负担。

  这一时期，上海的养老保险制度基本与国家层面同步发展。改革开放以后，为了适应多种经济成分的需要，城镇合作社和外商投资企业的中国职工委托中国人民保险公司办理养老保险。1986年，上海开始实行企业退休金全市统筹，在一定程度上缓解了企业之间退休金负担畸轻畸重的矛盾，保证了离退休金能按时足额发放。同时，根据国务院1986年颁布的《国营企业实行劳动合同制暂行规定》，上海将养老保险制度扩大到劳动合同制职工，对劳动合同制职工实行个人缴费筹集养老费用、退休后享受养老保险制度，解除了这部分职工的后顾之忧。此外，为了保证养老金水平不受物价变动的影响，保障离退休人员的基本生活，对离退休人员适时地增加补贴。

2. 1991—1999 年

1991 年，国务院在总结试点经验的基础上，发布《国务院关于企业职工养老保险制度改革的决定》，该项决定在中国养老保险制度改革历程中具有里程碑意义。主要内容是：建立基本养老保险与企业补充养老保险、个人储蓄型养老保险相结合的多层次养老保险制度；基本养老保险所需费用由国家、企业和劳动者个人三方共同负担；按照部分积累的原则筹集养老保险基金；养老金实行定期调整机制；加快基本养老保险社会统筹的步伐。1993 年，中共中央发布《中共中央关于建立社会主义市场经济体制若干问题的决定》，明确要建立多层次的社会保障制度，基本养老保险制度实行"社会统筹和个人账户相结合"的模式。为了推动"社会统筹和个人账户相结合"改革模式，国务院于 1995 年发布《国务院关于深化企业职工养老保险制度改革的通知》，主要内容是：基本养老保险适用于城镇各类企业职工和个体劳动者，资金来源多渠道、保障方式多层次、社会统筹与个人账户相结合、权利与义务相对应、管理服务社会化。1997 年，国务院发布《国务院关于建立统一的企业职工基本养老保险的决定》，提出将基本养老保险覆盖范围逐步扩大到城镇所有企业及其职工和城镇个体劳动者，明确基本养老保险"保基本"的目标，"统一制度、统一标准、统一管理、统一调剂使用基金"，体现了养老保险制度从企业保险到社会保险的根本性变革。

与国家层面的政策变革相呼应，1993 年上海市人大常委会批准了《上海市城镇职工养老保险制度改革实施方案》，实行个人缴费，由国家、单位和个人三者共同负担养老费用，初步确立了以"社会统筹和个人账户相结合"为特征的基本养老保险制度框架，并建立基本养老金的物价补偿制度，鼓励单位和个人建立多层次的养老保险制度。1994 年上海市政府发布《上海市城镇职工养老保险办法》，提出了正式的实施办法。1995年,上海市政府相继发布《上海市城镇私营企业职工养老保险办法》、《上海市城镇个体工商户及其帮工养老保险办法》、《关于对本市外商投资企业中国职工的养老保险实行统一管理的通知》和《关于本市征地劳动力养老保险若干问题处理意见》,将养老保险的覆盖范围扩大到各类劳动者。1996年上海市政府出台《上海市农村社会养老保险办法》,适用于上海市范围内农村各乡(包括实行镇管村体制的镇)的企业(含外商投资企业)、事业单位、机关和其他各类经济组织及其在职人员;农、副业从业人员;个体工商户及其帮工。2007年出台《关于2007年本市农村社会养老保险领取养老金人员增加养老金的通知》,进一步提高了参保人员的养老金保障水平。继1997年国务院颁布《关于建立统一的企业职工养老保险制度的决定》之后,1998年上海市政府发布《关于修改〈上海市城镇职工养老保险办法〉的决定》和《关于调整本市城镇职工养老保险办法部分内容的通知》,在个人账户、计发办法等方面进行了调整,调高缴费比例;并从1998年起,退休人员的养老金按照上一年度全市在职人员平均工资增长率的40%—60%进行调整;计入个人账户的储存额利率不低于1年期银行定期储蓄利率;养老保险基金纳入单独的社会保障基金市级财政专户,实行收支两条线,专项管理,专款专用。

3. 2000—2009年

2000年以来,中国养老保险制度进入完善阶段。2000年《中共中央关于制定国民经济和社会发展第十个五年计划的建议》进一步强调了1997年《国务院关于建立统一的企业职工基本养老保险的决定》的要求。2005年,国务院发布《关于完善企业职工基本养老保险制度的决定》,主要规定了扩大基本养老保险覆盖范围、提高统筹层次、逐步做实个人账户、改革基本养老金计发办法,强调划清中央政府与地方政府、政府与企业及个人的主体责任，重视制度建设中的适度保障水平和基金平衡问题。

进入21世纪，上海在社会保险领域进行了多项改革。2002年上海市开展小城镇社会保险试点工作，2003年出台《上海市小城镇社会保险暂行办法》，该办法适用于上海市郊区范围内用人单位及其具有本市户籍的从业人员，以及经市政府批准的其他人员。"镇保"实行"社会统筹和个人账户相结合"的制度模式，不仅包括养老保险，还包括了医疗、生育、失业、工伤等基本社会保险和补充社会保险，具有"低平台、有弹性、广覆盖"的特点，在一定程度上可以解决郊区相应人群的社保问题，但总缴费率只有25%，以至于退休后的待遇也会有所不足，保障程度偏低，与城镇职工社会保险有着一定差距。2002年上海市实施《上海市外来从业人员综合保险暂行办法》，综合保险的主要特点是为外来从业人员"量身定制"，将工伤、医疗、养老三项保险捆绑在一起，缴费低、简单易行、管理成本低，统一由用人单位缴费，大大降低了农民工参保的门槛。2005年，根据《国务院关于完善企业职工基本养老保险制度的决定》，上海市政府对基本养老金计发办法进行调整，并于2006年和2007年相继发布《上海市人民政府关于实施城镇养老保险"虚账实记"若干事项的通知》和《关于调整本市城镇企业基本养老金计发办法的通知》。之后，上海市进一步扩大了养老保险的受益范围，将社会团体和民办非企业单位转职人员、小城镇人员、外来从业人员、高龄无保障老人等均纳入养老保险范围。2004年劳动和社会保障部颁布《企业年金试行办法》，2006年上海发布《关于贯彻执行劳动保障部〈关于企业年金方案和基金管理合同备案有关问题的通知〉的实施意见》，开始鼓励和支持有能力的企业施行年金政策。

4. 2010年至今

2010年，十一届全国人民代表大会常务委员会第十七次会议通过了《中华人民共和国社会保险法》，并于2011年7月1日起施行，标志着以法律形式确立了我国覆盖城乡全体居民的社保体系，是我国社会保障法制建设中的又一个里程碑。继2009年"新型农村社会养老保险"和2011年"城镇居民社会养老保险"试点工作之后，2014年，国务院发布《关于建立统一的城乡居民基本养老保险制度的意见》，将"新农保"和"城居保"两项制度合并实施。2015年，国务院发布《关于机关事业单位工作人员养老保险制度改革的决定》，本次改革的主要内容概括为"一个统一、五个同步"①，至此，养老金"双轨制"改革取得实质性进展。

2010年和2011年，上海开始"新农保"和"城居保"试点，两项制度于2014年并轨实施《上海市城乡居民基本养老保险办法》；2015年上海市政府发布《本市贯彻〈国务院关于机关事业单位工作人员养老保险制度改革的决定〉实施办法》的通知，确保养老金"双轨制"改革顺利推进。为规避和解决养老保险制度碎片化问题，上海适时进行了"综保"和"镇保"并入"城保"的制度性改革。2010年，上海市政府相继发布《上海市人民政府关于外来从业人员参加本市城镇职工基本养老保险有关问题的通知》、《上海市人民政府关于本市郊区用人单位及其从业人员参加

---

① 参见国发〔2015〕2号。"一个统一"是指，机关事业单位与企业等城镇从业人员统一实行社会统筹和个人账户相结合的基本养老保险制度，都实行单位和个人缴费，都实行与缴费相挂钩的养老金待遇计发办法。"五个同步"是：一是机关与事业单位同步改革；二是职业年金与基本养老保险制度同步建立；三是养老保险制度改革与完善工资制度同步推进；四是待遇确定机制与调整机制同步完善；五是改革在全国范围同步实施。

城镇职工社会保险若干问题的通知》和《上海市人民政府关于贯彻实施〈社会保险法〉调整本市现行有关养老保险政策的通知》等文件,从2011年起,将外来从业人员和郊区用人单位从业人员纳入城镇职工社会保险范围。其中,城镇户籍的外来从业人员参加本市城镇职工社会保险的险种和缴费规则与本市城镇户籍从业人员完全一致,非城镇户籍的外来从业人员目前按规定参加养老、医疗、工伤三项社会保险,并设置5年的过渡期。此项改革扩大了"城保"的参保范围,在提升制度公平性、有效缓解社会矛盾方面发挥了积极作用。值得一提的是,2010年上海颁布《关于本市企业各类人才柔性延迟办理申领基本养老金手续的试行意见》,在国家法定退休年龄未做调整的情况下,在全国率先探索柔性延迟申领基本养老金。《试行意见》将企业各类人才均纳入柔性延迟申领养老金实施范围,即参加本市城镇养老保险的企业中,具有专业技术职务资格人员,具有技师、高级技师证书的技能人员和企业需要的其他人员均可办理柔性延迟退休,对于发挥各类人才的作用和提高个人养老保险待遇无疑具有重要意义。

可以看出,无论是国家层面,还是上海地区层面,基本养老保险制度改革取得的成效有目共睹。就上海而言,现有的城镇职工基本养老保险和城乡居民基本养老保险两套体系比较稳定。在保障范围上,现有制度面向机关、企事业单位职工、外来从业人员、失地农民、高龄无保障人员、城乡居民,实现了"广覆盖";在保障水平上,能够保障相应人群的基本生活,达到了"保基本"目标;在养老金待遇方面,给付水平与缴费挂钩,"多缴多得、长缴多得"的激励机制已经形成。当然,现有的养老保险制度还有着许多问题,比如,养老金跟不上物价上涨的速度,老龄化拷问制度可持续性,改革中的隐性债务和转轨成本未能得到根本性解决,而且第二支柱的企业年金或职业年金规模有限、尚未成为有效保障,第三支柱的个人储蓄型养老保险还没有真正建立起来，养老保险体系未能形成"多层次"结构，等等。

上海市历年养老保险的相关政策文本参见附录1。

二、上海市基本养老保险基金现状

上海自1986年逐步推行城镇企业职工退休费社会统筹，实现养老保险基金收缴的社会化，1993年引入个人缴费机制，在全市职工中推行社会统筹和个人账户相结合的养老保险制度改革，并对个人和单位的缴费比例进行了多次调整。养老保险制度的不断完善为促进转型期上海经济社会稳定发展发挥了重要作用，但伴随市场经济体制建立和老龄化程度的加深，养老保险制度也积累了不少矛盾和问题，制度的可持续发展面临严峻挑战，并进而对养老金替代率产生直接影响。

1. 基金收支状况受人口结构、制度转轨等多个因素影响

养老保险属于长周期的保险项目，而社会养老保险体系是一个连续系统，需要在较长时间内保持制度的可持续发展。"可持续性"是指无论现在还是将来，养老保险体系应具备财务稳定性，也就是能够在长期内维持养老金支付的能力。我国的养老保险制度在从现收现付制向部分积累制转轨过程中，个人账户"空账"运行、基金征缴率偏低、人口老龄化冲击以及养老金收不抵支等现实问题引发对制度能否可持续发展的关注。根据2016年8月人力资源和社会保障部社会保险事业管理中心发布的《中国社会保险发展年度报告》，全国有6个省份2015年度养老基金收不抵支。

上海是全国最早完成人口转变和进入人口老龄化的地区，劳动人口高峰年龄段比全国提前5—10年，老龄人口高峰比全国提前10—15年，在未来30年内老龄化问题将日趋严重。截止到2016年

底，户籍人口中 60 岁以上的老年人口已经达到 457.79 万人，据预测，2010—2020 年间将年增近 20 万人，2020 年突破 500 万人，到 2025 年左右达到高峰，老龄化程度高达 35% 左右。在养老基金采取"部分积累"的模式下，基本养老保险制度将面临巨大压力。统计资料显示，1999 年上海基本养老保险基金出现赤字，直到 2011 年将"综保"和"镇保"纳入"城保"之后，2012 年养老保险基金出现当期结余。期间，由于社会统筹基金不足以发放离退休人员养老金，在职职工个人账户资金被挪用，致使个人账户"空账"运行。同时，因政府承担兜底责任，财政压力加大。2009 年、2010 年上海市政府对养老金的财政补贴连续两年突破 100 亿元。

可以看出，城镇职工养老保险基金收支状况受人口结构、制度转轨等多个因素的影响。首先是人口老龄化带来的制度抚养比下降、制度负担加重。1993 年上海城镇职工养老保险参保的在职职工与离退休人数之比为 2.41∶1，2008 年降至 1.42∶1，而 2008 年全国参保的在职职工与离退休人数比为 3.1∶1，2011 年上海"综保"和"镇保"并入"城保"之后，制度抚养比上升到 2.55∶1，所以基金收支状况明显改善。其次是养老保险制度由现收现付制转向部分积累制，意味着一部分基金由横向转移到纵向，"新人"既要为自己积累一部分基金，还要承担当期退休人群的养老金给付义务，基金平衡面临双重压力。2010 年上海享受"城保"340 万人，其中老人（1993 年前退休的）80 万人（1993 年为 165 万）未缴纳养老金，中人（1993 年后退休的）210 万人部分缴纳养老金，约 50 万人在 90 年代中期提前退休。在经济体制改革过程中，提前退休现象对养老金收支带来双重影响，一方面提前退出缴费基数，使养老金的提取大幅度减少，另一方面，这部分退休职工提前领取养老金，增加了养老费用的当期支出，使劳动人口提前变为消费人口，使就业问题转移为养老问题。

表 3-1　1993—2015 年上海养老保险基金收支状况表（单位：亿元）

年份	本年征收额	本年发放额	当年结余	累计结余
1993	52.07	40.60	11.47	11.47
1994	71.77	58.35	13.41	24.88
1995	97.45	70.90	26.55	51.43
1996	113.11	83.43	29.68	81.11
1997	126.36	101.78	24.57	105.69
1998	140.94	118.33	22.62	128.31
1999	175.89	179.46	−3.57	124.74
2000	199.04	211.07	−12.03	112.71
2001	216.74	239.32	−22.58	90.13
2002	223.67	256.61	−32.94	57.19
2003	294.31	293.63	0.68	57.86
2004	326.10	332.30	−6.20	51.66
2005	347.00	356.91	−9.91	41.75
2006	357.88	367.76	−9.88	31.87
2007	452.57	502.12	−49.55	−17.68
2008	526.59	615.22	−88.63	−106.31
2009	618.73	710.59	−91.86	−198.17
2010	707.93	811.47	−103.54	−301.71
2011	909.17	944.23	−35.06	−336.77
2012	1217.86	1065.03	152.83	−183.94
2013	1437.75	1233.0	204.75	20.81
2014	1556.11	1421.8	134.31	155.12
2015	1614.71	1480.8	133.91	289.03

数据来源：上海人力资源和社会保障局"年度社会保险基本情况"。

2. 转轨成本由谁承担未得到合理解决

养老保险隐性债务、转轨成本及其化解是困扰我国养老保险制度改革的核心问题。养老保险隐性债务产生于现收现付制所暗含的代际之间的契约关系。转轨成本的存在源于养老保险隐性债务的显性化过程。因为养老保险制度从现收现付制转向基金积累制，使得雇员缴费形成的资金流部分或全部地脱离其原先的横向的人群间转移的融资轨道，并转向纵向的时间上转移的轨道，原先覆盖在雇员缴费资金流下的隐性债务才会显露出来。① 隐性债务显性化时清偿债务所需的资金才要求通过代际收入转移之外的方式得以解决，养老保险制度为了兑现其在旧的现收现付制下的承诺必须额外占用资源；这种额外占用资源的经济价值构成制度转轨的财务成本，即所谓的转轨成本。② 所有从"现收现付"转变为"完全积累"或"部分积累"的国家都会遇到转轨成本问题。现行养老保险改革方案中对这一成本由谁承担没有落实。

首先，现行制度模式中政府、企业和个人责任不清。从社会保险的基本原理看，社会统筹是政府责任，而个人账户是个人和企业共同责任。在现行养老保险机制上，政府承担基金平衡的全部责任，企业、个人在基金支付方面不承担责任。现行制度模式设计之初，曾试图将社会统筹账户和个人账户分别设置、分别管理，但在实施过程中采取的是混合管理模式，似乎已为动用个人账户资金做好铺垫。新制度试图解决"老人"和"中人"的隐性债务和转轨成本问题、经济结构调整带来的国企人员分流等诸多问题，但体现政府职

---

① 梁君林、蔡慧、宋言奇：《中国养老保险隐性债务显性化研究》，载《中国人口科学》，2010年第5期，第36—48页。

② 汪朝霞、梁君林：《诠释与模拟：养老金隐性债务及其显性化》，载《人口与发展》，2008年第3期，第47—51页。

能的社会统筹基金根本无力承受，只能挪用个人账户资金，致使产生大量空账，现收现付的统筹基金平衡也难以维持。其次，因现行制度模式引起的债务规模和基金缺口巨大。老人的"空账"、中人1993年前的"虚账"，以及由于平均余命、缴费年限等参数估计错误和利率变动等因素而造成的"欠账"，政府所面临的养老金总债务规模和基金缺口巨大，即使不考虑个人账户挪用，社会统筹基金部分也难以维持。

3. 基金投资渠道狭窄，保值增值目标难以实现

在"完全积累制"或"部分积累制"的融资模式下，都会有养老基金盈余沉淀下来，这种盈余基金一般并不沉淀在账户上，而应该通过投资运营使基金保值增值。积累性基金自身具有保值增值的内在需求，"现收现付制"转变为"部分积累制"的一个目的就是通过保值增值使基金规模不断积累壮大。保值增值就是要求基金的收益率不低于通货膨胀率。

首先，通过养老基金的投资运营可以使其免受通货膨胀的影响出现价值贬损。积累制模式下，通货膨胀不仅会造成积累的养老基金贬值，还会因货币购买力下降、维持基本生活水平的费用增加，而导致养老基金支出增长。要抵消通货膨胀的影响而又不增加养老基金缴纳者的负担，只能通过基金投资运行达到保值增值的目标。其次，人口老龄化是大势所趋，无论采用何种融资模式，养老金给付均会面临价值形态与实物形态之间的矛盾。也就是说，退休者手中掌握的是货币，消费的是实物，是在职人员生产的"蛋糕"中的一部分，养老金运转始终会涉及实物的再分配问题。现收现付制与基金积累制的区别在于，前者是在道德约束力和国家强制力保证的基础上，退休人员完全凭借法定资格向在职人员要求分配"蛋糕"，

后者是退休人员用手中的退休金向在职人员购买"蛋糕"①。伴随人口老龄化水平提高,在职劳动者规模减小或劳动生产率增长缓慢,生产的"蛋糕"有限,而退休者人数众多且积累很多货币,那么必然物以稀为贵,通货膨胀在所难免,退休人员的购买力和生活水平下降。解决这个矛盾的途径只能是让沉淀积累下来的基金转化为生产能力并生产出更大的"蛋糕"以供社会分配,而基金必须通过投资运营才能转化为生产能力,保证基金自身价值不断增大的同时,促进社会财富总量增长。

在2015年《基本养老保险基金投资管理办法》出台之前,国家规定我国的养老基金只能以购买国债或存入银行的方式保值增值,投资渠道狭窄,养老基金保值增值目标难以实现。虽然是从安全性角度考虑,但近年来利率水平总体较低,养老基金投资收益有限②,甚至难以抵御通货膨胀风险,直接影响到制度的财务可持续发展。随着覆盖城乡的社会保障体系不断完善,我国养老基金积累快速增加,原有政策规定的银行存款、购买国债方式显然已不能适应基金保值增值的需要,加之我国经济发展进入新常态,人口老龄化形势愈加严峻,养老基金支付压力将逐步加大,因此,迫切需要加快完善基金投资政策,拓宽投资渠道,积极稳妥地开展养老基金的投资运营,实现基金的保值增值,增强养老基金的支撑能力,促进制度可持续发展。根据党的十八届三中全会关于"加强社会保险基金投资管理和监督,推进基金市场化、多元化投资运营"要求和国务院工作部署,人力资源和社会保障部、财政部会同有关部门研究制定了《基本养老保险基金投资管理办法》,并于2015年8月发布,讨

---

① 张广科:《社会保障基金——运营与监管》,上海:上海财经大学出版社2008年版,第130页。

② 统计数据显示,上海市养老基金多年收不抵支,自2011年开始,基金出现盈余,"其他收入"主要包括投资收益,2014年为40亿元。

论多年的"养老金入市"终于取得实质性进展。基本养老保险基金运营情况关系到每个参保人员的切身利益,截至2017年6月底,北京、上海、河南、湖北、广西、云南、陕西、安徽8省市已经与全国社会保障基金理事会签署了委托投资合同,合同总金额4100亿元,其中的1721.5亿元资金已经到账并开始投资,剩余其他资金将按照合同约定分年分批到位。①

三、影响养老保险基金运营的主要因素分析

任何制度都有风险,养老保险制度也不例外。尽管制度并轨扩面之后上海养老保险基金出现盈余,但是新覆盖人群以青壮年劳动力为主,若干年后上海养老保险基金支付能力必然日趋下降,依然存在基本养老保险基金收不抵支、基金结余日趋减少乃至无力支付养老金的风险。

1. 影响当年基金积存量的因素

(1) 老年人口增长率

养老保险基金的收支状况与人口年龄结构,特别是与老龄化水平及其动态变化密切相关。从世界范围看,随着经济社会发展和生活水平提高,出生率下降、平均预期寿命延长,已经呈现明显的规律性。人口转变使得人口抚养比和养老保险制度赡养率提高。现收现付制养老保险模式下,如果劳动生产率的增长不足以抵消人口老龄化带来的赡养负担加重,要保持养老保险的实际替代率水平,就

---

① 《上海等8省市签署养老金委托投资合同共4100亿元》,http://sh.sina.com.cn/news/economy/2017-07-29/detail-ifyinvwu3209774.shtml。

必须提高在职人口的缴费率。①

人口老龄化的一个直接表现是退休人数剧增,养老金积存量下降,这是导致上海养老保险基金支出量大于归集量的一个重要原因。上海老年人口占总人口比重、退休人员相对于在职人员的比例在全国居于第一位。本研究预测结果显示,封闭系统条件下,户籍老龄人口规模将进入加速增长期。2020年上海60岁以上的户籍老年人口将达到530万人,2025年增长为584.52万人,2030年将突破600万,增至603.13万人。受20世纪50年代和60年代出生高峰人口的影响,2030年之前户籍老年人口呈单边递增趋势,15年内的年均增长量为11.15万人。户籍人口深度老龄化态势已成定局,2016年,户籍人口中60岁及以上人口所占比重为31.70%,2030年,这一比重将上升到43.78%—44.40%之间,65岁及以上人口所占的比重也将从2016年的20.72%上升到2030年的37%。老年人口的快速增长使得基金支出增加、基金收入减少,从而影响养老金积存规模。

(2) 职工平均工资增长率

养老保险基金的征收和发放是以劳动者的工资为缴费和计发基础的,工资水平及其增长率同时影响基金积存量和发放量。现行制度规定,用人单位缴交的保费收入等于职工工资基数总额乘以缴费率,个人缴交的部分以上年度月平均工资作为基数,按一定缴费比例进入个人账户。因此,职工工资增长率是影响养老基金缴存规模的重要因素。职工工资增长率越高,当年缴交规模就越大。近年来上海在职职工平均工资增长速度基本上接近于GDP增速(参见表3-2)。

---

① 现收现付制筹资模式下,养老金的社会平均工资替代率=缴费率/制度赡养率。

表 3-2　上海市职工平均工资增长和经济增长率（2000—2015 年）

年份	职工平均工资增长率(%)	经济增长率(%)
2000	9.00	11.0
2001	15.20	10.5
2002	9.62	11.3
2003	13.80	12.3
2004	10.10	14.2
2005	9.94	11.4
2006	10.24	12.7
2007	17.38	15.2
2008	13.82	9.7
2009	8.32	8.2
2010	9.27	10.3
2011	11.14	8.2
2012	8.34	7.5
2013	7.34	7.7
2014	8.24	7.0
2015	8.94	6.9

数据来源：历年《上海统计年鉴》。

（3）缴费率

社会保险制度建立在劳资分责、政府担保的基础之上，缴费率在某种程度上决定着保障水平，过高或过低都不合理。缴费率过低不足以解除参保人的后顾之忧，而缴费率过高又会直接加重用人单位与参保人的负担并损害代际公平。无论从横向还是纵向比较，我国社会保险特别是养老保险缴费率属于较高水平，这与我国养老保险

表 3-3 上海市社会保险缴费率及其调整情况

	调整时间	养老保险	医疗保险	失业保险	工伤保险	生育保险	合计
用人单位	2011年7月调整前	22%	12%	2%	0.5%	0.5%	37%
	2011年7月调整后	22%	12%	1.7%	0.5%	0.8%	37%
	2013年10月调整后	21%	11%	1.5%	0.5%	1%	35%
	2016年3月调整后	20%	10%	1.0%	0.5%	1%	32.5%
	2017年3月调整后	20%	9.5%	0.5%	0.5%	1%	31.5%
个人	2013年10月调整前	8%	2%	1%	0	0	11%
	2013年10月调整后	8%	2%	0.5%	0	0	10.5%

改革转轨成本有关。现收现付制向部分积累制过渡的转轨成本由谁承担未得到合理解决,现行制度之所以保留相当比例的现收现付成分,政府的意图在于通过"新人"的缴费来偿还部分转轨成本,导致用人单位"双重负担",一方面要为在职职工缴纳养老保险费,另一方面又要承担"老人"和退休"中人"的部分养老金,必然要缴纳高比例的养老保险费,使得企业是在一个很高的社保缴费水平上负轭前行。在经济高速发展时期,社保缴费成本还能够勉强消化,但在经济下行阶段,高缴费率会影响企业的竞争力,甚至危及企业的生存。近年来伴随供给侧结构性改革和"减税降费"的推进,多个地区陆续调低了社会保险缴费率。经过多次调整之后,目前上海用人单位承担的社会保险总费率为31.5%,其中养老保险缴费率为20%,个人承担的社会保险总费率为10.5%,其中养老保险缴费率为8%。

(4) 基金投资收益

通货膨胀、工资水平和物价指数上升以及人口老龄化,都给养老保险基金带来挑战。无论提高缴费率还是增加国家财政支出,都会加重国家、企业和个人的负担。只有养老保险基金自身不断积累,才能满足各种支付需要,只有通过基金的投资运营才能实现养老保险基金的保值增值。在2015年《基本养老保险基金投资管理办法》出台之前,根据国家规定,养老保险基金在留足2个月的支付准备金后,只能以购买国债或存入银行的方式保值增值。但在通货膨胀条件下,银行存款处于负利率状态。比如,1987—1996年的10年间,只有1990年社保基金存款利率高于通货膨胀率,就其实际购买力而言,不仅不能增值,连保值都不能保证。而购买国债的保值补贴只能由个人享受,养老金等机构投资者被排斥在外,在通胀时期,养老金投资收益不断缩水。因此,只有拓宽养老基金投资渠道,积极开展养老基金的投资运营,才能够实现基金的保值增值,增强基金支撑能力,促进养老保险制度可持续发展。

(5) 养老保险基金的补充资金

养老保险基金的补充资金主要来源于政府财政当年对养老保险基金的支出和变现国有资产取得的资金,主要包括政府财政补贴和国有资产变现资金。

一是政府财政补贴。养老基金需求量大于同期征收量,使结余下降,待前期积累消耗殆尽,将入不敷出。通过增加养老金补助支出解决养老保险基金的不足,是世界市场经济国家的普遍做法。几乎所有建立社会保障制度的国家都离不开政府定期或不定期的补助,以弥补社会保险收入的不足。英国政府负担雇员退休养老缴款的18%,瑞典基本养老金所需费用的30%来源于政府拨款,德国养老保险由政府补助的数额一般为总开支的1/3。国家作为社会保障的责任主体,理应对养老保险有一个合适、稳定的投入。上海1996年政府财政补贴几乎为零,2009年和2010年财政补贴均过100亿元,在"综保"与"镇保"并入"城保"之后,2013年财政补贴降到4亿元,2014年和2015年财政补贴为9亿元。

二是国有资产变现资金。用国有资产变现资金补充养老保险基金,不仅有利于缓解养老金不平衡局面,而且为解决养老金隐性债务创造条件。养老金改革前,虽然个人没有缴纳养老保险费,实际上国家已经将这笔应属于个人缴纳的养老保险费从工资中扣除,以税收或利润形成财政资金,又通过投资形成了国有资产。所以从传统体制下那部分应用于职工养老的费用而形成的国有资产应划归养老保险基金,变现收入直接用于养老保险基金的补偿,这种做法无疑具有合理性。我国在利用国有资产充实社会保障基金的过程中,经历了很多曲折,许多问题未能解决好。2015年,划拨国有资产充实社保基金在山东"破冰"。2015年3月,山东省政府决定,划转省属国有企业30%的国有资本充实省社保基金。2015年5月,超过

33亿元的国有资本正式划拨到新成立的山东省社保基金理事会名下，这意味着在中央文件中已经出现了长达11年的"划拨国有资产充实社保资金"终于不再是"纸上谈兵"，也证明了利用国有资产变现收入来解决养老保险隐性债务问题是合理且可行的。目前，其他地区划拨国有资产充实社保基金尚无实质性进展。

2. 影响养老金发放水平的因素

（1）退休人数

退休人员是养老金支付的主体，其规模决定着养老金发放量的多少。退休人员规模及其增长率直接受到人口老龄化水平及速度的影响。1993—2015年，上海城镇企业职工退休人数从167.52万人增加到415.81万人，年均增长率为4.22%（参见表3-4）。

表3-4 1993—2015年上海养老保险制度赡养率变化

年份	参保职工人数（万人）	领取养老金总人数（万人）	制度赡养率（%）
1993	90.35	167.52	34.16
1994	478.65	174.39	36.43
1995	470.56	181.30	38.53
1996	456.75	190.30	41.66
1997	435.27	207.46	47.66
1998	412.61	217.43	52.70
1999	405.40	222.29	54.83
2000	390.14	234.23	60.04
2001	375.37	239.87	63.90
2002	373.42	246.87	66.11
2003	358.59	247.95	69.15

(续表)

年份	参保职工人数（万人）	领取养老金总人数（万人）	制度赡养率（%）
2004	335.70	258.61	77.04
2005	420.12	279.04	66.43
2006	460.75	283.34	61.49
2007	483.83	309.99	64.07
2008	495.26	324.42	65.50
2009	506.86	338.85	66.85
2010	542.87	352.02	64.84
2011	926.93	363.95	39.26
2012	947.98	378.4	39.92
2013	952.35	390.63	41.02
2014	969.30	404.07	41.69
2015	933.59	415.81	44.54

数据来源： 历年《上海统计年鉴》。

(2) 养老保险待遇水平

养老保险待遇的绝对金额或相对水平是影响养老金发放的重要因素。老年人应当与在职职工一同分享社会经济发展成果，这是社会安定的必要条件。社会保险待遇与工资水平或物价指数挂钩，是国际通行的原则。即社会保险待遇随全体劳动者工资水平的提高而相应提高，使退休职工与在职职工一同分享经济发展的成果；或随物价指数调整，使养老金的实际购买力不下降。由于职工平均工资增长率也是根据消费价格指数进行调整，现行养老金制度实行基本养老金正常调整机制，每年根据职工平均工资增长的一定比例（养老金调整系数一般为40%—60%)对基本养老金进行调整,以保证退休人员的实际生活水平不降低。

(3) 平均余寿

平均余寿指的是职工退休后的预期生存年限。在法定退休年龄不做调整的情况下,平均预期寿命逐年延长,就意味着平均余寿逐年延长,也就使得养老金的给付时间相应延长。个人账户自我保障的性质决定了个人账户积累额之间不具备长寿和短寿风险互济的功能。1997年《国务院关于建立统一的企业职工基本养老保险的决定》中规定"个人账户养老金月标准为个人账户储存额除以120",也就是说,把平均余寿设定为10年,个人账户积累额用完后,将由统筹基金继续支付退休职工基础养老金,长寿风险由政府承担。2005年调整了个人账户支付月数,但长寿风险仍然存在。根据2010年第六次人口普查数据,可测算上海市分性别、分年龄平均余寿,对照现行制度规定的个人账户积累额计发月数计算长寿风险年限(如表3-5所示)。按照现行退休年龄,仅现行制度个人账户的"长寿风险",若男性60岁退休,政府需要承担11年的剩余寿命养老费用;若女职工50岁退休,政府需要承担18.86年的剩余寿命养老费用;若女干部55岁退休,政府需要承担16.21年的剩余寿命养老费用。如果目前的退休制度不进行调整,长寿风险将对未来基本养老保险基金筹资形成巨大压力。

表3-5 上海市基本养老保险个人账户的长寿风险(2010年)

退休年龄	计发月数	折合年数	男性平均余寿	男性长寿风险(年)	女性平均余寿	女性长寿风险(年)
40	233	19.42	41.08	21.66	44.83	25.41
41	230	19.17	40.11	20.94	43.85	24.68
42	226	18.83	39.14	20.31	42.87	24.04

(续表)

退休年龄	计发月数	折合年数	男性平均余寿	男性长寿风险(年)	女性平均余寿	女性长寿风险(年)
43	223	18.58	38.17	19.59	41.88	23.30
44	220	18.33	37.2	18.87	40.9	22.57
45	216	18.00	36.24	18.24	39.93	21.93
46	212	17.67	35.28	17.61	38.96	21.29
47	207	17.25	34.33	17.08	37.98	20.73
48	204	17.00	33.38	16.38	37.02	20.02
49	199	16.58	32.45	15.87	36.06	19.48
50	195	16.25	31.53	15.28	35.11	18.86
51	190	15.83	30.62	14.79	34.16	18.33
52	185	15.42	29.7	14.28	33.21	17.79
53	180	15.00	28.79	13.79	32.26	17.26
54	175	14.58	27.89	13.31	31.32	16.74
55	170	14.17	27	12.83	30.38	16.21
56	164	13.67	26.1	12.43	29.44	15.77
57	158	13.17	25.22	12.05	28.5	15.33
58	152	12.67	24.34	11.67	27.56	14.89
59	145	12.08	23.46	11.38	26.63	14.55
60	139	11.58	22.59	11.01	25.7	14.12
61	132	11.00	21.72	10.72	24.78	13.78
62	125	10.42	20.87	10.45	23.87	13.45
63	117	9.75	20.02	10.27	22.95	13.20
64	109	9.08	19.2	10.12	22.05	12.97
65	101	8.42	18.38	9.96	21.14	12.72

（续表）

退休年龄	计发月数	折合年数	男性平均余寿	男性长寿风险（年）	女性平均余寿	女性长寿风险（年）
66	93	7.75	17.56	9.81	20.25	12.50
67	84	7.00	16.75	9.75	19.35	12.35
68	75	6.25	15.96	9.71	18.48	12.23
69	65	5.42	15.18	9.76	17.63	12.21
70	56	4.67	14.41	9.74	16.79	12.12

（4）消费价格指数

经济学家发现，一国经济增长与通货膨胀之间存在正相关关系，经济增长率与通货膨胀率的对比关系大致为1∶0.6。一定数量的养老金在不同的物价水平下，购买力是不同的，享有的生活资料和服务也不同。从长期看，物价指数的上升是符合规律的表现。前已述及，为了保证养老金水平不因通货膨胀而下降，世界各国一般规定养老金的调整机制，并在法律上加以保证，即养老金待遇与物价变动挂钩或者说养老金待遇跟随物价进行指数化调整。消费价格和收入的变化会导致老年人和年轻人生活水平发生绝对变化和相对变化。根据经典的福利经济学收入再分配理论，在边际效用递减的条件下，从整个社会福利最大化的角度来说，应该减少贫困，缩小收入差距，包括老年人口与年轻人口的代际差异，因此应当通过对老年人口养老金的调整，以降低老年人的贫困率，缩小老年人口与在职者之间的收入差距，提高整个社会的福利水平。统计数据显示，2000—2015年，上海人均养老金增长率远远高于物价上涨幅度，但与职工平均工资增长相比较，并非同步增长（见表3-6）。

表3-6 上海市居民消费价格指数、养老金增长及工资增长情况（2000—2015年）

年份	居民消费价格指数（%）	人均养老金增长率（%）	职工平均工资增长率（%）
2000	102.5	10.97	9.00
2001	100.0	9.08	15.20
2002	100.5	9.26	9.62
2003	100.1	8.89	13.8
2004	102.2	5.73	10.1
2005	101.0	3.23	9.94
2006	101.2	7.38	10.24
2007	103.2	17.81	17.38
2008	105.8	17.34	13.82
2009	99.6	10.24	8.32
2010	103.1	9.45	9.27
2011	105.2	12.77	11.14
2012	102.8	7.36	8.34
2013	102.3	13.66	7.34
2014	102.7	11.98	8.24
2015	102.4	17.08	8.94

数据来源：历年《上海统计年鉴》。

四、上海基本养老保险替代率演变分析

养老保险制度是为老年人提供定期收入保障的社会制度，其基本目标是保障退休老年人的基本生活，并在更高的层次上提供一定的收入替代，使老年人的生活水平不因退休而降低。《国务院关于建立统一的企业职工基本养老保险制度的决定》（国发〔1997〕26号文件）中养老金计发办法所设定的基本养老保险目标替代率为58.5%，其中基

础养老金20%，个人账户养老金38.5%。国发〔1997〕26号文件所设计的养老金计发办法存在两个问题：一是缺乏激励约束机制，缴费15年以上的参保人员多缴不能多得，一些人缴费满15年就不再缴费；二是不符合退休人员实际情况。目前我国退休人员退休后的平均余命在25年以上，而按26号文件计发办法，个人账户储存额领取10年后就领完了。因此，改革应该从机制上引导、鼓励人们参保缴费，形成"多缴多得、长缴多得"的激励约束机制。针对上述问题，《国务院关于完善企业职工基本养老保险制度的决定》（国发〔2005〕38号文件）是以参保缴费年限为基础，以计发基数、计发比例和计发月数调整为重点，采取"新人新办法、老人老办法、中人逐步过渡"的方式来设计的。文件发布后，《人民日报》2005年12月15日披露了养老金的目标替代率："以职工缴费年限35年退休为例，改革前基本养老金的目标替代率是58.5%，其中20%为基础养老金，38.5%为个人账户养老金；改革后目标替代率调整为59.2%，其中基础养老金替代率调整为35%，个人账户养老金替代率调整为24.2%。"这一目标替代率是制度计划实现的替代率，即，作为个体工资与社会平均工资相等、工作缴费35年的"标准人"，其社会统筹的养老金替代率与缴费年限相等，即35%，而个人账户替代率会依工资增长率、投资收益率等参数发生变化。也就是说，按照现行制度设计和养老金计发办法，对于不同收入、不同退休年龄、不同缴费时间的退休员工计划提供的保障水平并不相同。① 因此，个体的自我工资替代率只能反映纵向的收入替代，

---

① 根据徐颖等人的测算结果，"标准人"的个人账户在收益率5%、工资增长率4%的假设条件下可以实现23.30%的替代率水平，与国家预定目标24.2%基本一致。但如果在账户收益率4%、工资增长率为5%的情况下，个人账户的替代率就只有16.67%，远远低于制度的计划目标，因此，要实现国家预定的替代率，只有保持经济良性稳定发展。参见徐颖、王建梅：《对城镇基本养老保险制度设计替代率的评估分析》，载《人口与经济》，2009年第4期，第78—84页。

不具备横向可比性。

社会平均工资替代率是指退休人员的人均养老金给付额与在职职工人均工资的比值，该指标将退休职工作为整体，与在职职工进行收入比较。这一指标在统计意义上更具可操作性和可比性。按照这一计算口径，可以考察全国和上海的基本养老保险替代率演变过程。结果显示，从1997年到2015年，全国的基本养老保险替代率总体呈下滑趋势，2000年以前的替代率水平均在70%以上，而近期的最低水平为2012年的43.91%。考虑到工资收入只占职工全部收入的一部分，而统计社会平均工资又小于实际社会平均工资总额，若以职工的全部收入为标准，替代率将更低。① 与全国相比，上海的基本养老保险替代率水平及其变动趋势有很大不同，总体变动趋势是先降后升，基本在44%—55%之间徘徊。2000年之前，上海的养老金替代率较全国低10%以上，一直到2009年之前均低于全国平均水平，而2009年之后开始高于全国水平，2015年，上海的养老金替代率为55.72%，而全国只有44.65%。目前享受养老金待遇的主要是"老人"和"中人"两个群体，随着时间推移，退休人员中"老人"人数不断减少，"中人"的人数不断加大，比例不断提高。对于"老人"而言，只要养老金调整幅度跟不上工资增长，就不能阻止替代率的下滑；对于"中人"而言，国发〔2005〕38号文所规定的现行计发办法内生了替代率的下滑。基本养老保险替代率应该以满足老年人的基本生活需求为目标，现实中以社会平均工资为基数计算的养老金替代率的持续下降隐含着很大的社会风险。特别是全国基本养老保险替代率已逐年下滑至目标保障水平以下，偏离社会养老保险目标、保障不足等问题需要引起足够的重视。

---

① 李珍、王海东：《基本养老保险替代率下降机理与政策意义》，载《人口与经济》，2010年第6期，第59—65页。

表 3-7 1997—2015 年上海和全国的基本养老保险替代率

年份	全国				上海		
	在职职工年平均工资（元）	人均养老金（元）	社会平均工资替代率（%）	在职职工年平均工资（元）	人均养老金（元）	社会平均工资替代率（%）
1997	6470	4939	76.34	11425	6360	55.67
1998	7479	5543	74.11	12059	6648	55.13
1999	8346	6451	77.29	14147	7818	55.26
2000	9371	6674	71.22	15420	8676	56.26
2001	10870	6867	63.17	17764	9464	53.28
2002	12422	7879	63.43	19473	10341	53.10
2003	14040	8088	57.61	22160	11260	50.81
2004	16024	8536	53.27	24398	11906	48.80
2005	18364	9250	50.37	26823	12290	45.82
2006	21001	10564	50.30	29569	13196	44.63
2007	24932	12040	48.29	34707	15546	44.79

(续表)

年份	全国			上海		
	在职职工年平均工资（元）	人均养老金（元）	社会平均工资替代率（%）	在职职工年平均工资（元）	人均养老金（元）	社会平均工资替代率（%）
2008	29229	13933	47.67	39502	18243	46.18
2009	32736	15317	46.79	42789	20111	47.00
2010	37147	16740	45.06	46757	22012	47.08
2011	42452	18700	44.05	51968	24823	47.77
2012	47593	20900	43.91	56300	26649	47.33
2013	52388	22970	43.85	60435	30289	50.12
2014	57361	25316	44.13	65417	33918	51.85
2015	63241	28235	44.65	71268	39710	55.72

数据来源：历年《中国统计年鉴》、《上海统计年鉴》。

第四章　上海人口老龄化态势及其对养老保障的影响

人口老龄化对养老保险制度带来的压力是显而易见的。20世纪90年代我国的基本养老保险制度改革之所以选择部分积累制模式，一个重要原因就是伴随人口老龄化社会的到来，现收现付制模式下代际赡养压力过大。即便是选择了部分积累制模式，因保留了相当比例的现收现付，人口老龄化的结构性影响仍然存在。上海是全国生育率下降最早、生育率最低的地区，1993年到2011年户籍人口连续保持了19年的负增长，生育水平已降至"极限中的极限"。由于上海长期实行独生子女政策，导致其户籍人口年龄结构十分畸形和脆弱，需要依赖大量年轻外来人口支撑社会经济的正常运行。[①] 1979年，上海户籍人口中65岁及以上人口所占比重达到7.2%，即开始进入老年型社会，是全国进入老龄化最早的地区，而整个中国进入老龄化是在1999年，上海比全国早了20年。作为我国老龄化最早且老龄化水平最高的城市，2015年底，上海户籍人口中60岁及以上老年人口435.95万人，占总人口的比重首次突破30%，高龄老人、纯老家庭、独居老人不断增加，老龄化程度进一步加剧。上海的老

---

① 郭志刚等：《上海市近年人口发展状况分析》，载《中国人口科学》，2010年第6期，第13—23页。

年人口中退休人员占比高，2015年离退休人员总数已达415万人，男女平均预期寿命分别为80.47岁和85.09岁，平均寿命延长意味着领取养老金的时间延长，势必增加养老保险费用支出。因此，人口老龄化对上海的养老保障是一个大的挑战。

一、上海人口老龄化影响因子的基本判断

上海作为开放系统，常住人口老龄化受户籍常住人口和外来常住人口的双重影响。一直以来，外来人口以青壮年劳动力为主，对常住人口老龄化程度起到缓解和抑制作用。近期，包括人口调控、户籍制度、住房政策、居住证制度及公共服务等在内的政策调整，上海的经济社会发展形势，以及全国人口劳动力态势和区域经济发展差距，将对上海常住人口特别是外来常住人口规模及结构产生影响，并进而影响到老龄人口规模、结构及其水平。

1. 政策性因子

（1）人口调控政策

近年来，我国城镇化水平快速提高，流动人口发展呈现规模增长迅速、流动家庭化、长期化和继续向经济发达地区集中的趋势。以上海为例，在经济高速发展、城市化进程不断加快的同时，人口规模增长迅速，人口结构、人口分布也发生了较大变化。2010年"六普"数据显示，上海常住人口已达2301.91万人，远超2010年1900万的指导性规划目标。与2000年相比，10年共增加661.15万人；其中，外来常住人口为897.7万人，增加591.96万人，占增长量的89.53%。2016年底，上海常住人口规模达2420万人。人口规模的快速膨胀使特大型城市的社会管理和公共服务面临严峻挑战。

十八届三中全会决议提出，创新人口管理，加快户籍制度改革，全面放开建制镇和小城市落户限制，有序放开中等城市落户限制，

合理确定大城市落户条件，严格控制特大城市人口规模。上海、北京等特大型城市将严格控制人口规模、实行人口综合调控作为城市工作的重点任务之一。就上海而言，在城市发展的不同阶段，针对人口形势与城市经济社会发展之间的矛盾，按照"以业控人""以房控人""以证管人"的思路，在劳动就业、计生管理、社会保险、子女教育等方面均出台了相应的调控管理和服务政策，以期实现人口与经济社会的协调发展。上海所采取的人口调控策略包括：通过产业结构调整升级，引导人口规模调整和结构优化；加强郊区新城的建设，疏解中心城区压力；通过完善居住证制度和实施积分管理，促进人口与经济社会协调发展。在流动人口服务及调控管理方面，主要由地方根据需要制定了一系列涉及房屋租赁、务工、经商、计划生育等领域的地方性法规。截至2015年底，上海常住人口规模为2415万人，其中，外来常住人口为981.65万人，同比下降1.5%（14.77万人），系15年来首次出现下降。

按照十八届三中全会提出的"严格控制特大型城市人口规模"要求，上海结合城市自身发展实际，提出了2020年之前将常住人口规模控制在2500万人之内的目标。当前，上海正处于经济转型及产业结构调整时期，基层社会治理的加强，以及国家区域协调发展战略实施后，作为特大型城市的引力将逐步减弱，人口调控存在空间，但不可能一蹴而就，是一个长期过程。本研究的基本判断是，上海的人口调控，特别是针对外来人口的调控工作将持续进行，人口调控不单纯是规模的调控，包括对城市人口的数量、人口结构、人口分布多方面内涵，同时还要把人口调控的社会影响降到最低。人口规模调控的目标，是要控制人口速度过快增长，同时在这个过程中调结构，优化人口空间布局，改善人口发展环境。

（2）户籍制度改革、居住证制度及积分制管理

2014年7月，国务院印发《国务院关于进一步推进户籍制度改

革的意见》，对新一轮户籍改革的总体要求、差别性户口迁移政策、配套措施等做了明确规定。意见明确指出，改进城区人口500万以上的城市现行落户政策，建立完善积分落户制度。这就意味着本轮户籍改革特大型城市在直接的"户籍准入"方面面临的压力较小，现有直接落户政策仍有进一步收紧的空间。2016年4月25日，上海市政府公布《上海市人民政府关于进一步推进本市户籍制度改革的若干意见》，明确了上海市将在完善居住证、居住证转办常住户口、直接落户政策的基础上，逐步建立积分落户政策。

根据该项《意见》，上海市将聚焦城市功能提升和转型发展需要，以"合法稳定就业、合法稳定居住"为基本条件，以能力和贡献为导向，突出人才的市场发现、认可、评价机制，进一步完善人才落户政策。除了做好非上海生源应届毕业生落户和留学生落户政策的平衡衔接，以及加强投靠落户政策的统筹平衡、稳妥解决历史遗留户口问题之外，完善居住证、居住证转办常住户口、直接落户政策成为户籍改革工作的重要内容，在此基础上，逐步建立积分落户政策。根据综合承载能力和经济社会发展需要，以具有合法稳定就业和合法稳定住所、参加城镇社会保险年限、连续居住年限等为主要指标，合理设置积分分值。按照总量控制、公开透明、有序办理、公平公正的原则，对达到规定标准条件的人员，可以申请上海市常住户口。此外，与上海科技创新中心建设相适应，2015年11月1日起，已施行《关于服务具有全球影响力的科技创新中心建设实施更加开放的国内人才引进政策的实施办法》，该文件对企业高级管理和科技技能人才在居住证积分、居转户、直接落户三个政策梯度上进行了突破。

可以预见，居住证制度在来沪人员服务管理中的核心地位将得以强化，并在人口调控方面进一步发挥作用。居住证管理过程中，"两个合法稳定"（合法稳定就业、合法稳定居住）作为人口调控和管理服务的政策基石。新一轮户籍改革中,地方政府有较大的行政裁量权,上海在直接的"户籍准入"方面面临的压力较小,现有直接落户政策仍有进一步收紧的空间,将引导大部分人走居住证转办常住户口和积分落户的渠道,而后者在近期仍会从严。

(3) 外来人口公共服务政策

推行"基本公共服务均等化"以来,在坚持"两个合法稳定"的前提下,上海的公共服务已经覆盖到符合条件的来沪人员。今后,会继续完善居住证"一证挂钩"的配套机制,将申领居住证作为外来人员享受政府资源和公共服务,以及就业的前置条件,真正让居住证与外来人口的"生存要素"相关联,调动办证积极性,使居住证成为各部门在教育、就业及职业技能培训、社会保障、住房管理及住房保障、医疗及公共卫生服务、社区管理等方面的重要抓手。居住证积分管理制度的功能定位重点在于公共福利与服务资源获取的资格方面,包括子女学前教育、义务教育、职业教育机会以及中高考机会、社会保险、就业指导与职业技能培训、公共租赁房、特殊社会救助、社区服务等在内的各项公共服务权益,均需要逐步与居住证及积分管理制度挂钩,从而提高积分管理制度的社会功能。

今后,上海仍然会以居住证制度为依托,进一步完善梯度累进的公共资源和公共服务获得机制,即根据外来人口的居留、工作年限,以及对城市的贡献大小等多个参照指标,赋予其逐步升级的市民待遇。按照"权利与义务对等,索取与贡献均衡"的原则,通过合理设置门槛,使大部分外来人口能够通过合理途径获取公共资源和享受基本的公共服务。针对不同人群,政府出台的各种福利和公共服务供给政策应该是分层次、差别化的,临时居住证、正式居住证(标准分值下)、正式居住证(标准分值上)、常住户口持有者享受的公共服务和福利待遇呈梯度变化。临时居住证持有者可以享受的待遇为公共服务的最低标准,正式居住证持有者及城市市民依照梯度有所增加。

2. 非政策性因子

(1) 经济转型及阶段性特征

目前上海处于经济转型和产业结构调整时期,并以建设全球城市为最终目标。全球城市形成过程中城市产业结构演变主要表现出两大规律:一是发达国家传统工业中心表现出去工业化的特点;二是生产者服务业向这些后工业化城市集聚。自20世纪70年代起,劳动分工从传统的国内生产、跨国贸易转为全球范围内的分工和市场一体化。以跨国公司为代表的全球化生产组织,将产品的生产过程按价值链细化至不同环节。价值链分工中的高端环节——管理、服务等依然保留在发达国家,并集聚至发达国家的传统工业中心城市,使这些城市出现了去工业化现象。生产分散化和管理集中化导致了全球城市网络体系的形成和发展,发展中国家的城市成为全球城市网络中的中下级城市,而发达国家的大城市经历了去工业化过程并逐渐发展成全球城市网络中具有节点和控制功能的全球城市。

以纽约、东京、伦敦三大全球城市为例,均经历了制造业衰退(去工业化)、第三产业迅速扩张、生产服务业成为推动经济增长的主要支撑的过程。纽约和伦敦的去工业化过程均起始于20世纪70年代后期,制造业占城市总就业的比例下降,第三产业就业比重迅速上升,特别是以金融、保险、房地产(简称FIRE)为代表的生产者服务就业比重呈明显上升趋势。东京的经济转型开始于20世纪80年代中期,但由于东京制造业较为发达,在服务业就业快速增长的同时,其去工业化特征并不明显。直到2006年东京制造业的就业比例才降至10%以内,东京的去工业化过程比纽约、伦敦晚了大约10年,第三产业特别是FIRE部门就业比例提升的速度也要慢于纽约和伦敦。可见，三大城市在经济转型的不同阶段，产业结构、人口结构、城市空间结构都随之变化，对人力资源需求呈现出动态变化的特点。

从1992年到2012年的20年间，上海从业人员总量从806.91万人增长到1115.5万人，1992—2006年波动幅度不大，总体呈上升趋势，2007年起增幅明显。从业人员在三种产业之间的分布也出现了比较大的变化。第一产业从业人员先升后降，1997年的最高值107.67万人，2012年下降到45.7万人；第二产业从业人员先降后升，总体上从1992年的470.77万人，下降到2012年的439.96万人；第三产业一直保持着平稳的增长，从1992年的258.74万人，增长到2012年的629.84万人，自2000年首次超过第二产业的就业规模。从三大产业从业人员分布来看，第一产业和第二产业不断下降，第三产业稳步提升，2008年以来，第一、二、三次产业的从业人员比例基本稳定在4%、40%和56%左右。

从上海就业结构的发展演变中，可以看出上海经济正呈现出向服务型城市转型的去工业化特征。与其他全球城市相比，上海的从业人员产业分布存在着比较大的差距，主要体现在第一产业的比重仍有下降的空间，第二产业的比重过高，第三产业的比重远远低于全球城市水平。2000年，上海第三产业占总就业中的比重（44.91%）首次超过第二产业（44.30%），但远远低于20世纪70年代后期纽约等城市的服务业比例（70%以上）。从业人员的产业分布变化，主要依靠城市产业结构调整来引导，第三产业的高度发达，特别是其中的金融服务业，高端咨询业等现代服务业的繁荣发展，是全球城市的一个重要共性，也是上海未来产业结构调整的发展方向，并将对劳动力需求产生重要影响。

（2）全国人口及劳动力发展态势

随着我国人口红利逐渐消失，经济增长从高速转入中高速的新常态,"十三五"时期的经济发展条件与快速增长时期迥然不同,特别是人口、劳动力市场出现的新变化和新特点,如人口老龄化持续加速、劳动力从无限供给转为相对有限剩余、普通劳动力工资快速上涨、劳动力市场矛盾多发等问题。准确判断和理解未来中国人口发展和劳动力市场变化趋势,妥善应对人口结构变化和劳动力市场转折所引发的挑战是实现经济持续健康发展的重要条件。

截至 2015 年底,全国人口规模达到 13.75 亿人,年出生人口 1655 万人,年死亡人口 975 万人,2015 年人口出生率为 12.07‰,人口死亡率为 7.117‰,人口自然增长率为 4.96‰。2015 年 7 月底,联合国人口署发布《世界人口展望报告:2015 修订本》,根据其中的预测方案,中国 2010—2015 年的总和生育率被假设为 1.55,2015—2020 年为 1.59,2020—2030 年为 1.66,2045—2050 年为 1.74,2095—2100 年为 1.81,预计中国人口到本世纪末将回落到 10.04 亿。2015 年中国 1%人口普查显示,中国的总和生育率仅为 1.25,远低于假设的总和生育率。中国人民大学社会与人口学院院长翟振武在《我国人口态势与中长期发展趋势》中指出:全面二孩政策的实施虽然会拔高我国总人口规模的峰值,但却能在一定程度上推迟我国人口拐点的到来,并放缓我国人口规模在步入人口负增长时代后的缩减速度。"预测结果显示,如果维持原来较严格的生育政策不变,总人口规模将在 2025 年时就迎来峰值,达到 14.15 亿人;全面两孩政策的实施将使中国总人口规模的峰值延后 3 年左右,于 2028 年前后出现,达到 14.50 亿人,比维持原来较严格的生育政策下的峰值人口多 3500 万人"。① 可见,全面二孩政策的实施对中国人口总量及人口峰值有一定影响,但并不会引起生育水平的大幅

---

① 《专家预测中国人口峰值出现在 2028 年 总数达 14.5 亿》,中国新闻网,http://www.cs.com.cn/xwzx/hg/201611/t20161127_5104205.html。

反弹，在人口峰值到来之前，中国人口规模将以较低的速度缓慢增长。

在人口规模持续扩大的同时，人口结构及劳动力供需也在发生变化。从全国范围看，人口结构变化已引起中国劳动力市场发生深刻的变化。2004年以来，中国劳动力市场已经发生大的转变，出现了刘易斯转折点，劳动供给从无限供给转向了有限供给。"十一五"期间即开始出现劳动力短缺不断加重的趋势，"十二五"和"十三五"时期劳动力短缺局面一直持续。全局性的劳动力短缺不仅表现在城镇，农村劳动力短缺问题也会在"十三五"期间逐渐显现。农村劳动力的短缺不是绝对数量的不足，而是适应农业现代化的新型农民的短缺。种种迹象表明，农村青壮年劳动力基本上已经转移殆尽。

(3) 城市化发展

城市化是世界各国现代化的必经过程，在这一进程中，社会结构不断演变，人类生产方式、生活方式和居住方式发生重大变迁，表现包括农业人口向非农产业转移并向城市集中，城市在空间数量上增多、在人口规模上扩大，城市生活方式向农村扩散等。进入21世纪以来，我国城市化迅速发展，1978年到2015年，中国的城市化率实现了从18%到56%的快速增长。

纵观世界各国的城市化发展规律，城市化发展大致遵循诺瑟姆模型（S型曲线）：第一阶段，城市化水平小于30%，城市人口增长缓慢，持续时间较长，其发展态势表现为S型曲线中较为平缓的左下段；到第二阶段，城市化水平逐渐介于30%—70%之间，当城镇人口比重超过30%时，城市化进程会进入加速发展时期，人口向城市迅速集聚，其发展态势反映为S型曲线较为陡峭的中间段；到第三阶段城市化发展后期，城市化水平大于70%，这时社会经济发展逐渐趋向成熟，城镇人口将保持平稳，其发展态势反映为S型曲线的右上段，又变得比较平缓。当前我国正处在城市化发展的第二阶段，也是发展最快的时期。特别是在改革开放以后，伴随大量农村人口向城市转移，从1996年起农村人口首次出现连续的负增长，与此同时城市人口比重开始大幅提高并且速度加快，自1980年我国城市化率首次突破20%，之后上升到30%，用时16年；到2003年城市化率达到40%，用时8年；再到2010年城市化水平提高到49.9%，仅用了6年的时间。

城镇化的加速发展不仅带来人口由农村向城市大规模的流动，同时区域优势的集中分布对人口集聚式流动的吸引力也大大增强，2010年"六普"数据显示，新中国成立以来特别是改革开放以后东部地区人口比重明显提升，中西部地区和东北地区人口数量逐渐减少，人口不断向东部发达地区集聚。伴随城镇化的加速发展，东部地区无论在经济发展水平、产业结构优化还是就业的机会和条件上，都无疑成为我国最具竞争优势的地区，特别是东部沿海的三大城市群，即长三角、珠三角和京津冀城市群，"六普"数据显示，2010年三大城市群的人口规模占总人口的比例就达到18.1%，比"五普"时期提高了2.9%。一个基本判断是，伴随我国人口总量的持续增加和城市化快速发展，东部沿海地区的区位优势和吸引力将长期存在，人口向东部地区集聚的趋势仍将持续。

二、上海人口老龄化中长期预测（2018—2030年）

1. 模型的选取

本研究将上海视为开放系统，考虑人口流动迁移，以2015年底的"上海实有人口信息管理系统"数据为基础，预测期为2018—2030年。人口预测的目的是模拟上海人口的总体发展趋势，在此基础上考察户籍人口和常住人口的老年人口规模、人口结构变动及其对经济社会发展的影响。

本研究根据人口平衡方程，分别建立男性人口预测模型、女性人口预测模型和总人口预测模型。

（1）男性人口预测模型

$$^1P_{i,t} = {^1P_{i-1,t-1}} * (1 - {^1q_{i-1,t-1}}) + {^1B_{0,t}} + {^1G_{i,t}} \tag{4.1}$$

其中，

$$^1B_{0,t} = \frac{SRB_{t-1}}{SRB_{t-1} + 100} * \sum_{i=15}^{49} {^2P_{i,t-1}} * f_{i,t-1} \tag{4.2}$$

$$^1P_{100+,t} = {^1P_{100+,t-1}} * (1 - {^1q_{100+,t-1}}) + {^1P_{99,t-1}} * (1 - {^1q_{99,t-1}}) + {^1G_{100+,t}} \tag{4.3}$$

（2）女性人口预测模型

$$^2P_{i,t} = {^2P_{i-1,t-1}} * (1 - {^2q_{i-1,t-1}}) + {^2B_{0,t}} + {^2G_{i,t}} \tag{4.4}$$

其中，

$$^2B_{0,t} = \frac{100}{SRB_{t-1} + 100} * \sum_{i=15}^{49} {^2P_{i,t-1}} * f_{i,t-1} \tag{4.5}$$

$$^2P_{100+,t} = {^2P_{100+,t-1}} * (1 - {^2q_{100+,t-1}}) + {^2P_{99,t-1}} * (1 - {^2q_{99,t-1}}) + {^2G_{100+,t}} \tag{4.6}$$

（3）总人口预测模型

$$P_{i,t} = {^1P_{i,t}} + {^2P_{i,t}} \tag{4.7}$$

上述模型的符合规定如下：

$P_{i,t}$：表示第 t 年 i 岁的总人口数；

$^1P_{i,t}$：表示第 t 年 i 岁的男性人口数；

$^2P_{i,t}$：表示第 t 年 i 岁的女性人口数；

$^1q_{i,t}$：表示第 t 年 i 岁的男性死亡率；

$^2q_{i,t}$：表示第 t 年 i 岁的女性死亡率；

$^1B_{0,t}$：表示第 t 年出生的男婴数；

$^2B_{0,t}$：表示第 t 年出生的女婴数；

SRB_t：表示第 t 年的出生性别比；

$f_{i,t}$：表示第 t 年 i 岁的育龄妇女生育率，$i = 15, 16, \cdots 49$；

$^1G_{i,t}$：表示第 t 年迁入的 i 岁的男性人口数；

$^2G_{i,t}$：表示第 t 年迁入的 i 岁的女性人口数。

2. 预测参数的假定

(1) 生育模式假定

以总和生育率（TFR）作为生育水平控制指标。1971年，上海总和生育率跌破更替水平，20世纪80年代的生育小高峰时期，总和生育率回升到1.5左右，1990年以后，多数年份不足1.0，属于极低生育率水平。2003年达到新中国成立以来的最低点0.64，受20世纪80年代生育小高峰的周期性影响，2015年回升至1.13。欧美、日本等发达国家及新加坡、韩国等新兴工业化国家生育率下降的经验表明，主要由于经济发展水平提高及人们生育观念改变等"内部"原因引发下降的生育率具有凝固性和不可逆特点，这种生育率下降一旦降低到一定程度就很难再恢复到以往较高的水平。上海人口的生育转变，具有与上述国家生育率下降的相似特点。生育意愿与生育行为和实际的生育水平紧密相关。上海市人口计生委抽样调查数据显示，2011年、2012年上海市民生育子女的理想个数分别为1.43（户籍人口为1.3，外来人口为1.6）和1.2。考虑到生育政策已经调整到全面二孩政策，加上之前生育高峰的惯性影响，生育率出现一定程度的提高还是可能的。综合各种因素的影响，本预测设定生育水平的波动范围在1.2—1.5之间，并假定未来15年上海妇女年龄别生育模式保持2010年"六普"模式不变。分析中设 三种方案：方案1，2015年后总和生育率缓慢升高，到2020年逐步达到并稳定在1.2；方案2，2015年后总和生育率缓慢升高，到2020年逐步达到并稳定在1.35；方案3，2015年后总和生育率缓慢升高，到2022

年逐步达到并稳定在1.5。

(2) 死亡模式假定

死亡人口数量，既取决于人口的年龄构成，也取决于分性别分年龄死亡率状况，死亡率总体水平通过预期寿命指标来体现。新中国成立以来，上海人口死亡率大幅度下降，平均预期寿命显著提高。1951年上海人口平均预期寿命男性为42岁、女性为45.56岁，到2010年男女平均预期寿命分别增长到79.82岁和84.44岁，分别较2010年提高了2.83岁和3.68岁。根据2010年第六次人口普查的死亡率数据绘制出的生存曲线图，如图4-1所示。

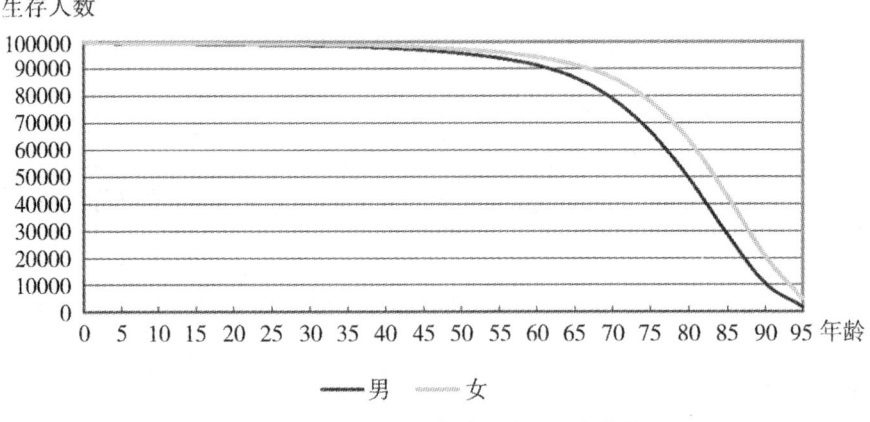

图4-1　上海市2010年常住人口生存曲线

随着社会经济发展和医疗水平的逐步提高，预计平均预期寿命仍呈现逐步提高趋势，但在预期寿命已经达到较高水平时，其增长的趋势会相当平缓且增速递减，发达国家平均预期寿命的演变历程也印证了这一点。本研究根据上海市第六次人口普查死亡数据资料，并参考联合国不同水平的出生平均预期寿命的年均增长步长的经验值和陈宽政等人的平均余命逻辑成长函数，模拟不同性别年龄人口的死亡率衰减趋势，推测预测期内每隔5年分性别的出生人口平均预期寿命（表4-1）。

表 4-1 上海人口预测分性别人口平均预期寿命假设

年 份	出生预期寿命	
	男性 e_m^0	女性 e^0
2020	82.14	86.23
2025	83.09	87.24
2030	84.05	88.26

（3）出生性别比假定

上海"六普"数据显示，常住人口出生性别比为111.49，第一孩为106.35，第二孩为128.43，第三孩为201.92，出生性别比随胎次递增，说明在计划生育政策干预下，性别选择对出生性别比的影响较为明显。近年来出生人口统计数据显示，上海户籍人口出生性别比基本稳定在106∶100左右，而流动人口存在出生性别比偏高的问题，在120∶100左右波动。本预测假设户籍人口出生性别比为106∶100，流动人口出生性别比逐步回归正常值。关于流动人口出生性别比的假定出于两种考虑：一是出生性别比偏高可能受到很多因素的影响，如计划生育政策、个人生育观念和生育意愿、受教育程度、社会经济发展状况等，很难准确判断其未来趋势；二是模拟中暗含着生育政策调整的前提，在计划生育政策有所放宽的情况下，出生性别比将来有可能回归正常值。

（4）迁移模式假定

改革开放特别是浦东开发以来，外来人口已成为上海常住人口增长的主要来源。2010年"六普"数据显示，外来常住人口为897.7万人，较2000年增加591.96万人，占增长量的89.53%，年均增长59.196万人；2015年，上海外来常住人口规模为981.65万人，较2000年增加675.91万人，年均增长45.06万人。本研究的迁移人口包括两部分内容：一是外来流动人口，二是以户籍为背景的迁移人口。以户籍为背景的迁移人口规模仍将受政策性影响。2013年11月，十八届三中全会决议提出，创新人口管理，加快户籍制度改革，全面放开建制镇和小城市落户限制，有序放开中等城市落户限制，合理确定大城市落户条件，严格控制特大城市人口规模。2014年7月，国务院印发《国务院关于进一步推进户籍制度改革的意见》，对新一轮户籍改革的总体要求、差别性户口迁移政策、配套措施等做了明确规定。如前所述，新一轮户籍改革中，地方政府有较大的行政裁量权，上海在直接的"户籍准入"方面面临的压力较小，现有直接落户政策仍有进一步收紧的空间，将引导大部分人走居住证转办常住户口和积分落户的渠道，而后者在近期仍会从严。根据目前的人口形势和政策变化，相对于流动人口而言，上海以户籍为背景的净迁入人口规模不会太大，故将二者合并考虑。

根据历年来上海市外来流动人口调查数据，如果按照传统的流动动机①分类，自20世纪90年代以来，经济型人口在外来流动人口中所占比重一直保持在70%以上（见表4-2、表4-3）。假设未来的流迁人口仍以经济型为主，那么，在国家改革开放形势、政策环境和城市化战略背景不变的情况下，流迁人口规模不仅与上海经济社会发展所提供的就业与生存机会、全国人口发展态势有关，还直接受制于城市化速度、城乡及地区发展差距等多方面因素的影响。考虑到上海经济转型和产业结构调整对流入人口特别是流动劳动力的需求变化，以及人口调控政策的可控性，本研究假定流动迁移人口保持现有的滞留与更新替代模式，净迁入人口增速逐步放缓，区分高流入和低流入两种方案，高流入方案的增长速度由目前的3.4%逐

---

① 根据来沪动机分为三大类型：一是来沪务工、务农、经商、投资、创业等从事经济活动的经济型流动人口；二是学习培训、因公出差等目的的文化型流动人口；三是由于婚嫁、投亲靠友、旅游购物、治病、旅途中转等社会型流动人口。

步递减至 1.8%；低流入方案的增长速度由目前的 3.4% 逐步递减至 1.66%。

表 4-2 上海市外来流动人口类型构成

	1984	1986	1988	1993	1997	2000	2003	2010
经济型	6.63%	22.95%	67.5%	75.6%	74.5%	71.1%	72.1%	80.0%
文化型	6.65%	1.06%	22.9%	2.3%	3.3%	2.0%	1.5%	2.1%
社会型	82.72%	75.99%	4.47%	22.1%	22.1%	23.2%	25.8%	16.4%
其他	—	—	5.2	—	0.1	3.7	0.6	1.5

资料来源：1984—2003 年数据，转引自上海市人口发展和研究中心课题组：《上海市流动人口的就业现状及发展趋势》，见上海市统计局、上海市发展和改革委员会：《上海市来沪流动人口调查报告汇编》（内部资料），第 76 页；2010 年数据来源于上海市第六次人口普查资料。

表 4-3 2010 年、2000 年上海外来常住人口迁移原因构成（%）

流动迁移原因	2010 年	2000 年
务工经商	78.3	69.9
工作调动	1.7	1.2
学习培训	2.1	2.0
随迁家属	8.5	13.5
投亲靠友	4.7	5.5
拆迁搬家	1.1	1.7
婚姻嫁娶	2.1	2.5
其他	1.5	3.7
合计	100.0	100.0

3. 上海老年人口规模的变动趋势分析

2010年"六普"数据显示，常住人口中60岁以上的老年人口为346.97万人，其中，户籍老年人口为323.56万人，占93.25%；65岁以上的老年人口为233.13万人，其中，户籍老年人口为221.78万人，占95.13%。2015年底，上海户籍人口中60岁及以上老年人口为435.95万人，占总人口的比重首次突破30%，达到30.2%。本预测将上海视为开放系统，但考虑到流动迁移人口对上海未来人口规模、出生人口、人口年龄结构及劳动力规模结构所产生的巨大影响，可以分别对户籍人口（封闭系统）、常住人口（开放系统）两种情况加以对比分析。

（1）户籍老年人口规模变动趋势

不同的生育率水平并不影响2030年之前的老年人口规模。本研究预测结果显示，封闭系统条件下，户籍老龄人口规模将进入加速增长期。2020年上海60岁以上的户籍老年人口将达到530万人，2025年增长为584.52万人，2030年将突破600万，增至603.13万人。受20世纪50年代和60年代出生高峰人口的影响，2030年之前户籍老年人口呈单边递增趋势，15年内的年均增长量为11.15万人，受人口年龄结构的影响，环比增长量并不稳定，近几年年均增量在20万人以上，2025年之后，年均增长量处于较低水平。封闭系统条件下，60岁及以上户籍老龄人口的性别比波动范围不大，基本稳定在91—92左右，女性多于男性，详见表4-4。

表4-4 上海户籍老年人口规模及性别结构预测（60岁及以上）

年份	总量(万人)	年增长量(万人)	男(万人)	女(万人)	性别比
2019	515.25	14.26	247.53	267.71	92.46
2020	530.06	14.81	254.80	275.25	92.57

(续表)

年份	总量(万人)	年增长量(万人)	男(万人)	女(万人)	性别比
2021	538.55	8.49	258.84	279.71	92.54
2022	552.09	13.54	265.44	286.65	92.60
2023	570.60	18.51	274.56	296.03	92.75
2024	578.89	8.29	278.49	300.39	92.71
2025	584.52	5.63	281.03	303.49	92.60
2026	587.90	3.38	282.31	305.58	92.38
2027	588.90	1.00	282.35	306.55	92.11
2028	594.30	5.39	284.44	309.86	91.80
2029	598.81	4.51	286.00	312.81	91.43
2030	603.13	4.32	287.44	315.69	91.05

本研究预测结果显示，封闭系统条件下，2020年上海65岁以上的户籍老年人口将接近380万人，2025年增长为467.24万人，2028年将突破500万，2030年达到514.90万人。2030年之前65岁户籍老年人口同样呈单边递增趋势，15年内的年均增长量为15.43万人。受人口年龄结构的影响，2025年之前，多数年份的环比增长量在18—20万人左右。封闭系统条件下，65岁及以上户籍老龄人口的性别比基本稳定在89—90左右，女性多于男性，详见表4-5。

表4-5 上海户籍老年人口规模及性别结构预测（65岁及以上）

年份	总量(万人)	年增长量(万人)	男(万人)	女(万人)	性别比
2019	359.04	24.03	169.87	189.17	89.80
2020	379.09	20.05	179.45	199.63	89.89
2021	398.69	19.61	188.86	209.84	90.00
2022	422.78	24.08	200.52	222.26	90.22

（续表）

年份	总量(万人)	年增长量(万人)	男(万人)	女(万人)	性别比
2023	440.46	17.68	209.03	231.43	90.32
2024	453.62	13.16	215.39	238.22	90.42
2025	467.24	13.62	221.91	245.33	90.46
2026	474.62	7.38	225.25	249.37	90.33
2027	486.91	12.29	231.03	255.88	90.29
2028	503.86	16.95	239.16	264.70	90.35
2029	510.72	6.86	242.19	268.53	90.19
2030	514.90	4.17	243.82	271.08	89.95

（2）常住老年人口规模变动趋势

如果考虑人口流动迁移因素，并假定外来人口滞留与更新保持目前的模式不变，与封闭系统相比，老年人口规模会有所增加。同样，不同的生育率水平并不影响2030年之前的常住老年人口规模。本研究预测结果显示，开放系统的低流入方案下，2016年上海60岁以上的常住老年人口突破500万人，预计2020年达到577万人，2025年增长为633.75万人，2030年将增至654.71万人。2030年之前常住老年人口呈单边递增趋势，受流动人口不断更新的影响，15年内的年均增长量为11.44万人，环比增长量与封闭系统差异不大，近几年年均增量在20万人以上，2025年之后，年均增长量处于较低水平。受流动人口性别比大于100的影响，与封闭系统相比，60岁及以上常住老龄人口的性别比略有提升，基本稳定在92—94左右。即使在开放系统的高流入方案下，由于假定流动人口保持当前的滞留与更新模式，对常住老年人口规模及性别比的影响不大，详见表4-6。

表4-6 上海常住老年人口规模及性别结构预测（低流入，60岁及以上）

年份	总量(万人)	年增长量(万人)	男(万人)	女(万人)	性别比
2019	561.77	14.80	272.18	289.59	93.99
2020	577.09	15.32	279.72	297.36	94.07
2021	586.06	8.97	284.03	302.04	94.04
2022	600.06	14.00	290.88	309.18	94.08
2023	619.01	18.94	300.24	318.76	94.19
2024	627.72	8.71	304.40	323.31	94.15
2025	633.75	6.03	307.16	326.59	94.05
2026	637.55	3.80	308.67	328.87	93.86
2027	639.00	1.45	308.95	330.04	93.61
2028	644.87	5.87	311.30	333.57	93.33
2029	649.87	5.00	313.13	336.74	92.99
2030	654.71	4.84	314.85	339.85	92.64

表4-7 上海常住老年人口规模及性别结构预测（高流入，60岁及以上）

年份	总量(万人)	年增长量(万人)	男(万人)	女(万人)	性别比
2019	562.75	15.04	272.71	290.03	94.03
2020	578.31	15.56	280.39	297.91	94.12
2021	587.53	9.22	284.83	302.70	94.10
2022	601.77	14.24	291.81	309.96	94.15
2023	620.96	19.19	301.30	319.64	94.26
2024	629.91	8.96	305.60	324.31	94.23
2025	636.18	6.27	308.49	327.69	94.14
2026	640.18	4.00	310.10	330.06	93.95

(续表)

年份	总量(万人)	年增长量(万人)	男(万人)	女(万人)	性别比
2027	641.79	1.62	310.48	331.31	93.71
2028	647.81	6.02	312.91	334.90	93.43
2029	652.93	5.13	314.80	338.13	93.10
2030	657.87	4.94	316.58	341.29	92.76

预测结果显示，由于高流入与低流入方案下，流动人口中65岁及以上人口规模相差不大，开放系统条件下，2020年上海65岁以上的常住老年人口将达到403万人，2025年增长为492万人，预计2030年达到541万人。2030年之前65岁户籍老年人口同样呈单边递增趋势，15年内的年均增长量为15.46万人。同样，受人口年龄结构的影响，2025年之前，多数年份的环比增长量在18—20万人左右。开放系统条件下，65岁及以上户籍老龄人口的性别比略有提升，基本稳定在90—91左右。

表 4-8　上海常住老年人口规模及性别结构预测（低流入，65岁及以上）

年份	总量(万人)	年增长量(万人)	男(万人)	女(万人)	性别比
2019	382.87	24.28	182.46	200.41	91.04
2020	403.16	20.28	192.17	210.98	91.08
2021	422.98	19.82	201.69	221.30	91.14
2022	447.28	24.30	213.47	233.82	91.30
2023	465.16	17.88	222.08	243.08	91.36
2024	478.52	13.36	228.55	249.96	91.43
2025	492.32	13.80	235.16	257.16	91.45
2026	499.90	7.57	238.61	261.29	91.32
2027	512.39	12.50	244.49	267.90	91.26

(续表)

年份	总量(万人)	年增长量(万人)	男(万人)	女(万人)	性别比
2028	529.56	17.17	252.74	276.82	91.30
2029	536.65	7.09	255.89	280.76	91.14
2030	541.06	4.42	257.64	283.42	90.91

表4-9 上海常住老年人口规模及性别结构预测（高流入，65岁及以上）

年份	总量(万人)	年增长量(万人)	男(万人)	女(万人)	性别比
2019	383.32	24.38	182.70	200.62	91.06
2020	403.71	20.39	192.46	211.24	91.11
2021	423.64	19.93	202.04	221.61	91.17
2022	448.05	24.41	213.87	234.18	91.33
2023	466.04	17.99	222.55	243.50	91.39
2024	479.51	13.47	229.07	250.43	91.47
2025	493.42	13.91	235.74	257.68	91.49
2026	501.09	7.66	239.23	261.86	91.36
2027	513.66	12.57	245.16	268.50	91.31
2028	530.89	17.23	253.44	277.45	91.34
2029	538.03	7.14	256.62	281.42	91.19
2030	542.50	4.46	258.40	284.10	90.95

4. 上海老年人口结构的变动趋势分析

（1）户籍老年人口结构变动趋势

生育水平不会对2030年之前的老年人口规模产生影响，对老龄化水平的影响也相当有限。从宏观层面看，如果不考虑人口流动迁移因素，总和生育率的有限回升对缓解上海户籍人口老龄化的作用较小。方案1与方案3相比,老龄化水平相差不到1个百分点。户籍人口深度老龄化态势已成定局,2016年,户籍人口中60岁及以上人口所占比重为31.70%,2030年,这一比重将上升到43.78%—44.40%之间,65岁及以上人口所占的比重也将从2016年的20.72%上升到2030年的37%。

上海户籍人口具有典型的"少子老龄化"特征。所谓"少子老龄化",是指老年人口比重的增加不仅源于老年人口绝对数量的增加,还起因于少年儿童绝对数量和比重的迅速减少。具体而言,上海的"少子老龄化"有两个原因,一是新中国成立前后的人口大量迁入,特别是20世纪50年代出现的生育高峰。就生育因素而言,除了1959年外,整个50年代的总和生育率基本在4.5—5.8的范围内,1954年最高曾达到6.3;二是生育水平的急速下降。20世纪60年代,除1962年、1963年灾害后的补偿性增长外,总和生育率已下降到3.0以下,1970年以后,便降到2.0以下(低于更替水平

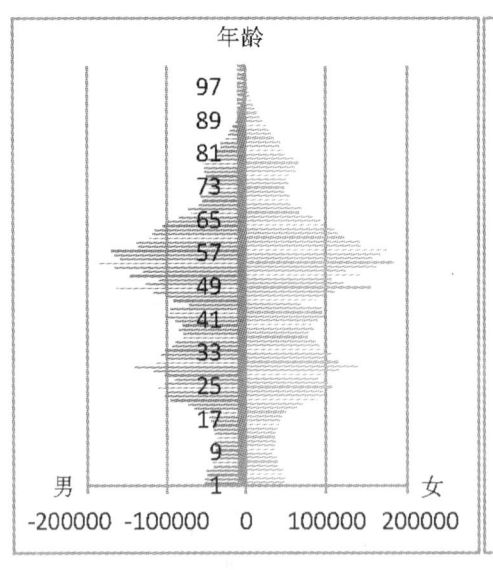
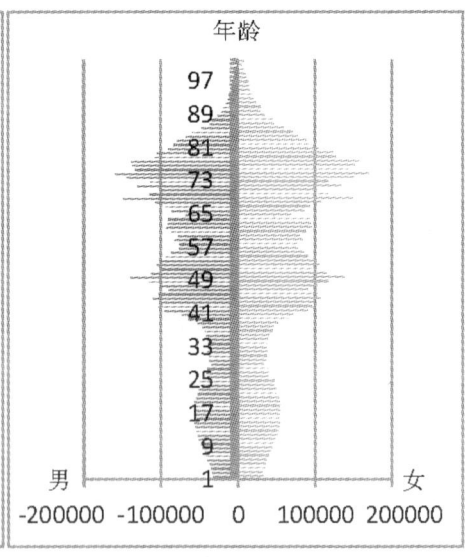

图4-2 2015年、2030年上海户籍人口年龄金字塔

2.1),80年代因50年代出生高峰人口进入婚育期,最高的1982年总和生育率也只有1.6,1993年以后降到1.0以下并一路走低。2003年,全市户籍育龄妇女的总和生育率仅为0.64,可谓降到极限中的极限,之后略有回升,2008年为0.88,受第四次出生高峰的影响,2015年回升至1.13。2010年,0—14岁少儿人口占上海户籍人口比重为8.68%,仅占全国平均水平的一半。随着生育水平的回升,少年儿童比重会有所提高,但受庞大的老龄人群的影响,这一比重仍然长时间在低位徘徊,且远低于全国平均水平。

户籍人口老龄化发展的一个重要特点是:高龄化趋势愈发严重。封闭系统条件下,80岁及以上的高龄老人规模及比重不断上升,2016年80岁及以上人口总量达到79.5万人,2017年这一规模突破80万,2027年将突破100万,2030年将达到130万人。由于女性平均预期寿命长于男性,80岁及以上人口的性别比明显下降,2030年,80岁及以上人口占60岁及以上人口的比重将上升到20%以上,高龄化趋势越来越明显。

表4-10 上海户籍人口老龄化水平预测(单位:%)

年份	60岁及以上			65岁及以上		
	方案1	方案2	方案3	方案1	方案2	方案3
2019	35.95	35.91	35.90	25.05	25.02	25.02
2020	37.07	37.01	36.99	26.52	26.47	26.46
2021	37.78	37.68	37.65	27.97	27.90	27.88
2022	38.86	38.73	38.69	29.76	29.66	29.63
2023	40.32	40.16	40.09	31.13	31.00	30.94
2024	41.09	40.90	40.80	32.20	32.05	31.97
2025	41.70	41.48	41.34	33.33	33.15	33.05
2026	42.16	41.92	41.76	34.04	33.84	33.71

(续表)

年份	60 岁及以上			65 岁及以上		
	方案1	方案2	方案3	方案1	方案2	方案3
2027	42.48	42.21	42.02	35.12	34.90	34.75
2028	43.14	42.84	42.63	36.58	36.32	36.14
2029	43.77	43.44	43.20	37.33	37.05	36.85
2030	44.40	44.04	43.78	37.91	37.60	37.38

表4-11 上海户籍人口高龄化趋势预测

年份	80岁以上人口总量（万人）	男（万人）	女（万人）	性别比	80岁以上占60岁以上人口比重（%）
2019	80.91	32.60	48.31	67.48	15.70
2020	81.04	32.80	48.24	67.99	15.29
2021	82.30	33.53	48.77	68.75	15.28
2022	83.03	34.06	48.97	69.55	15.04
2023	84.50	34.97	49.53	70.60	14.81
2024	87.97	36.79	51.18	71.88	15.20
2025	90.88	38.26	52.61	72.72	15.55
2026	96.44	40.99	55.45	73.92	16.40
2027	103.48	44.43	59.05	75.24	17.57
2028	111.23	48.17	63.06	76.39	18.72
2029	120.61	52.66	67.95	77.50	20.14
2030	130.04	57.08	72.96	78.23	21.56

(2) 常住老年人口结构变动趋势

如果考虑人口流动迁移因素，并假定外来人口滞留与更新保持目前的模式不变，与封闭系统相比，老年人口规模会有所增加，但老龄化程度有较大改善。结果显示，60岁以上的老年人口占总常住人口的比重，即老龄化水平将缓慢增长，2016年为20.55%，到2030年达到24%左右，65岁以上的老年人口占总常住人口的比重，将从目前的15.21%，缓慢上升到2030年的20%左右，老龄化总体呈上升趋势，但与户籍封闭人口相比，老龄化程度大幅度降低，也在很大程度上改善了人口年龄结构，这主要得益于外来人口更替过程中年轻人口的不断流入。

表4-12 上海常住人口老龄化水平预测（低流入方案）

（单位:%）

年份	60岁及以上			65岁及以上		
	方案1	方案2	方案3	方案1	方案2	方案3
2019	22.33	22.32	22.31	15.22	15.21	15.21
2020	22.78	22.76	22.75	15.92	15.90	15.90
2021	22.99	22.96	22.95	16.60	16.57	16.56
2022	23.41	23.37	23.35	17.45	17.42	17.41
2023	24.04	23.98	23.96	18.06	18.02	18.00
2024	24.27	24.21	24.18	18.50	18.46	18.43
2025	24.42	24.35	24.31	18.97	18.92	18.88
2026	24.48	24.40	24.35	19.19	19.13	19.09
2027	24.44	24.36	24.30	19.60	19.53	19.49
2028	24.57	24.48	24.41	20.18	20.10	20.05
2029	24.66	24.56	24.49	20.36	20.28	20.23
2030	24.74	24.63	24.56	20.44	20.36	20.30

表 4-13　上海常住人口老龄化水平预测（高流入方案）

(单位:%)

年份	60 岁及以上			65 岁及以上		
	方案 1	方案 2	方案 3	方案 1	方案 2	方案 3
2019	22.02	22.01	22.00	15.00	14.99	14.99
2020	22.39	22.37	22.36	15.63	15.61	15.61
2021	22.52	22.49	22.48	16.24	16.22	16.21
2022	22.86	22.82	22.80	17.02	16.99	16.98
2023	23.39	23.34	23.31	17.55	17.51	17.50
2024	23.54	23.48	23.45	17.92	17.87	17.85
2025	23.60	23.54	23.50	18.31	18.26	18.23
2026	23.60	23.53	23.48	18.47	18.42	18.38
2027	23.51	23.44	23.38	18.82	18.76	18.71
2028	23.59	23.51	23.45	19.33	19.27	19.22
2029	23.64	23.56	23.49	19.48	19.41	19.36
2030	23.69	23.60	23.53	19.54	19.46	19.40

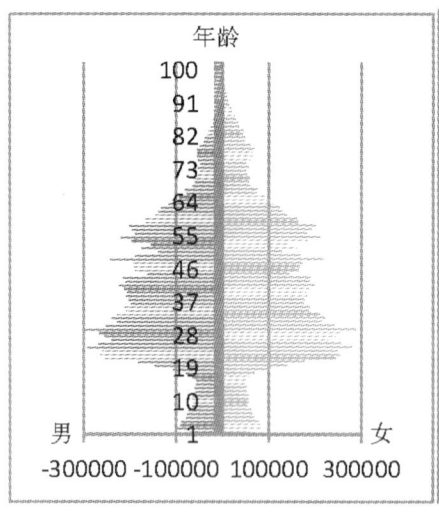 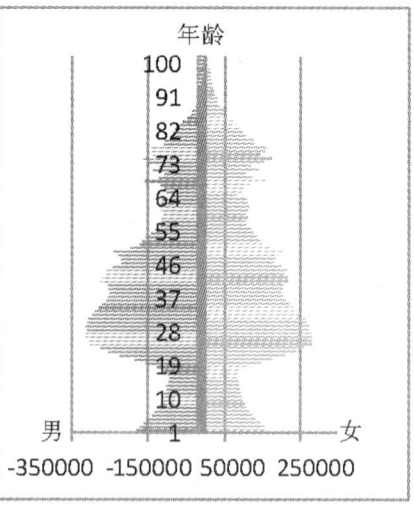

图 4-3　2015 年、2030 年上海常住人口年龄金字塔

三、上海常住人口老龄化态势对公共服务和养老保障的影响

人口老龄化对城市经济社会发展的影响表现在多个方面。人口老龄化不仅造成劳动资源率（劳动力资源量与总人口之比）下降，还会导致社会经济负担加重，社会用于老年人的支出加大，社会积累下降，对公共服务和社会保障方面影响较为突出的是养老和医疗两个方面。

根据"十三五"规划，上海市将形成以居家为基础、社区为依托、机构为支撑、医养相结合的格局，为老年人提供专业适宜、便捷高效的服务和帮助。上海还将构建"9073"的长期护理格局，即90%的老人由家庭照顾（居家养老），7%的老人由社区照顾（社区养老），3%的老人由专业护理机构照顾（机构养老）。随着老龄人口绝对规模的不断扩大和老龄化水平的快速提高，养老资源和医疗资源配置将面临巨大压力。

统计数据显示，上海不同区域养老资源和医疗资源配置的非均衡性异常明显。以医疗资源为例，选取每万人医疗机构数、每万人床位数、每万人卫生技术人员数三项指标，如果按照2015年常住人口测算，周边城区的闸北、普陀、杨浦、近郊区以及远郊区的松江每万人医疗机构数低于全市平均水平，中心城区的静安区每万人医疗机构数最高；静安区每万人医疗床位数最多，近郊区和远郊区均低于全市平均水平；静安区每万人卫生技术人员数居于首位，周边城区的普陀近郊区以及远郊区的崇明、青浦、奉贤、松江、金山每万人卫生技术人员数低于全市平均水平。以养老资源为例，选取每万人养老服务机构数、每万人养老床位数两项指标，按照2015年常住人口测算，静安区每万人养老服务机构数最高，近郊区以及远郊区的松江、青浦、奉贤每万人养老服务机构数低于全市平均水平；静安区每万人养老服务床位数最高，周边城区的徐汇、普陀、闸北以

表 4-14 2015年上海各区县医疗资源、养老资源配置情况

区域		医疗资源			养老资源		
		每万人医疗机构数	每万人床位数	每万人卫生技术人员	每万人养老服务机构数	每万人床位数
中心城区							
	黄浦区	3.82	200.04	303.86	0.75	102.45
	静安区	3.28	169.25	260.60	0.49	66.73
周边城区		5.32	285.65	424.15	1.48	201.73
	徐汇区	2.05	80.06	109.93	0.36	50.33
	长宁区	2.99	139.07	193.10	0.35	44.96
	普陀区	3.49	70.28	123.66	0.39	71.42
	闸北区	1.37	52.61	66.68	0.33	41.93
	虹口区	1.66	77.12	91.96	0.29	37.46
	杨浦区	2.08	84.56	123.68	0.43	58.48
近郊区		1.44	62.30	79.17	0.39	55.09
	闵行区	1.67	31.28	44.45	0.18	39.57
		1.59	30.01	41.85	0.16	37.01

(续表)

区域	医疗资源			养老资源	
	每万人医疗机构数	每万人床位数	每万人卫生技术人员	每万人养老服务机构数	每万人床位数
宝山区	1.42	32.90	44.68	0.18	43.01
嘉定区	1.87	26.80	42.91	0.15	47.98
浦东新区	1.74	32.54	46.01	0.21	37.07
远郊区	2.66	36.16	44.66	0.26	42.5
金山区	3.35	50.84	66.94	0.36	51.25
松江区	1.58	25.20	32.84	0.14	31.87
青浦区	2.80	28.20	38.70	0.16	24.32
奉贤区	2.26	45.75	44.50	0.25	40.32
崇明县	5.05	44.89	59.64	0.65	94.53
总计	2.08	50.85	70.46	0.27	45.27

数据来源：2016 年《上海统计年鉴》和上海市民政局数据资料。

及远郊区的青浦、松江、奉贤每万人员养老服务床位数低于全市平均水平。

人口老龄化对医疗保障有着直接的负面影响。由于人类生命周期的自然规律，老年人口的健康状况是逐渐下降的，相应地，他们在医疗方面的支出也远远高于年轻人和中年人。老年人患病率高，慢性病患者增多，医疗费用消耗高；残疾、需要照顾的老人增加，老年人医疗费负担重；老年慢性病患者恢复慢，住院时间长，占床位的比例增加。各国统计数据显示，退休人员的平均医疗费用达到在职人员的3—5倍之多。例如，美国2004年65岁及以上老年人口花费的医药费用是劳动年龄人口的3.3倍。据测算，上海老年人的医疗保险费用已占到医疗保险费用总支出的2/3，到2025—2030年人口老龄化的高峰时期，医疗保障费用的需求压力将更为巨大。除医疗费用外，伴随人口老龄化水平的提高，失能失智老人的规模也将迅速扩大，需要长期照护服务和相应的资金支持，巨额的照护成本和医疗费用将对医保基金和公共财政造成巨大压力。自2013年起，上海以医疗保险为依托，已经在部分街镇启动高龄老人医疗护理计划试点；2017—2018年，上海已经开展长期护理保险的全面试点工作。可以预见，老年人口数量的急速增长将从根本上改变医疗卫生资源的代际分配格局，政府部门必须高度重视资源配置和相关制度建设。

人口老龄化的快速发展，最直接的表现就是老年人口规模的迅速膨胀和出生人口的大幅度减少，导致养老保险制度抚养结构发生根本性转变，造成养老金缴费者急剧减少、领取者加速增多，养老金供需矛盾日益尖锐，直接冲击着养老保障制度。随着老龄化速度加快和养老保险覆盖面不断扩大，养老保险基金的支出规模增长明显。统计数据显示，上海市城镇基本养老保险基金支出以惊人的速度增长，2002年为264.95亿元，2015年已达1480.8亿元，年增长率高达14.18%，这对于基本养老保险基金的周期平衡与财务可持续性形成了严峻的挑战。一个鲜明的对比是，2011年之前，外来从业人员综合保险未并入城镇职工社会保险，伴随离退休人数的增加，养老保险收支缺口逐年加大，2009年、2010年政府财政补贴连续两年突破100亿元；自2011年外来从业人员综合保险并入城镇职工社会保险之后，制度抚养压力明显缩小，2012年养老保险基金征缴收入与基金支出的差额由负变正，累计结余大幅增加。

表4-15　2007—2015年上海市基本养老保险支出及制度抚养比

年份	基金支出（亿元）	离退休、退职人员养老金（亿元）	其他支出（亿元）	离退休、退职人员数（万人）	制度抚养比
2007	502.12	488.46	13.66	309.99	1.56∶1
2008	615.22	599.03	16.19	324.42	1.53∶1
2009	710.59	689.35	21.24	338.85	1.50∶1
2010	811.47	783.42	28.05	352.02	1.54∶1
2011	944.23	912.71	31.52	363.95	2.55∶1
2012	1065.03	1018.79	46.24	378.4	2.51∶1
2013	1233.0	1192.33	40.67	390.63	2.44∶1
2014	1421.8	1377.17	44.63	404.07	2.40∶1
2015	1480.8	1455.27	25.53	365.83	2.54∶1

数据来源：上海人力资源和社会保障局"年度社会保险基本情况"。

表4-16　2007—2015年上海市基本养老保险收入结构（单位：亿元）

年份	基金总收入	征缴收入	基金支出	收支缺口	市财政补贴收入	其他收入
2007	502.38	452.57	502.12	-49.55	49.81	0
2008	618.09	526.59	615.22	-88.63	91.5	0

（续表）

年份	基金总收入	征缴收入	基金支出	收支缺口	市财政补贴收入	其他收入
2009	719.46	618.73	710.59	-91.86	100.73	0
2010	815.36	707.93	811.47	-103.54	107.43	0
2011	1025.32	909.17	944.23	-35.06	99.56	16.59
2012	1328.64	1217.86	1065.03	152.83	83.59	27.19
2013	1476.75	1437.75	1233.00	204.75	4	35.00
2014	1605.85	1556.11	1421.80	134.31	9	40.74
2015	1654.2	1614.71	1480.80	133.91	9	30.49

数据来源：上海人力资源和社会保障局"年度社会保险基本情况"。

在养老保险制度改革背景下，快速老龄化对养老保险制度的严重负面影响已经显现。城镇职工养老保险制度由两部分组成，一部分是以现收现付制为基础的社会统筹账户，另一部分是以基金积累制为基础的个人账户。尽管经过近年来的扩面，现行城镇职工基本养老保险体系的覆盖率已经大大提高，但是，在制度转轨成本和人口老龄化的双重压力下，个人账户空账和养老金筹资缺口仍是城市养老体制可持续发展面临的难题。就社会统筹账户而言，养老金替代率、缴费率与赡养率此消彼长。若保持退休人员的养老保险替代率不下降，人口老龄化程度越高就意味着用人单位和在职职工的缴费率越高，缴费负担越重。目前社会统筹缴费率已经偏高，不仅加重企业负担和降低资本积累，损害经济增长潜力，而且对劳动力市场也会造成一定的扭曲，加大了基础养老金全国统筹的难度。

伴随上海人口老龄化水平的不断提高，离退休人员的绝对规模以及占总人口的比例将大幅度增长，加之养老金待遇随物价指数或社会平均工资的增长需要进行适时调整，基本养老保险支出的快速增长不可避免。基于上述人口预测数据，可以测算人口老龄化对上海基本养老保险带来的压力。本研究将区分基本养老保险支出的两种效应："规模效应"和"待遇效应"。"规模效应"指的是由于离退休人员绝对规模增加，导致基本养老保险支出增长的幅度；"待遇效应"指的是由于养老金待遇调整，导致基本养老保险支出增长的幅度。根据上海市人力资源和社会保障局公布的"2015年度本市社会保险基本情况"，2015年末，上海市企业职工基本养老保险参保人数达到1299.42万人，比上年末增加36.56万人，其中参保职工933.59万人（参保农民工为352.49万人），离退休（职）人员365.83万人。考虑生育率中方案、外来人口高流入的情况，假设职工平均工资增长率为8.5%（2016—2020年）、7.5%（2021—2030年），现行制度缴费比例分别为社会统筹基金20%、个人账户基金8%，养老金调整系数为70%①，可以测算2016—2030年上海市基本养老保险基金征缴及养老金支出。结果显示，因为将外来从业人员综合保险和小城镇社会保险纳入城镇职工社会保险，前期扩面效应较为突出，2016年基金征缴收入与养老金支出的差额为220亿元，但随着退休人数增加，制度赡养率提高，养老金支出的年增长额均在200亿元以上，离退休人数增加导致规模效应的贡献率在25%—40%左右，多数年份待遇效应的贡献率在70%左右，2019年开始，基金征缴收入与养老金支出的差额由正变负。当然，个人账户基金属于积累性基金，理论上不能用于发放当年养老金，但是在从现收现付制向统账结合的部分积累制转轨过程中，"老人"缺乏个人账户积累，"中人"个人账户积累额有限，在社会统筹基金不足以支付退休金时，多数地区动用个人账户基金，导致个人账户空账运行。尽管

---

① 养老金调整系数指的是养老金相对于职工平均工资增长的幅度，人均养老金调整系数设为0.7，即职工平均工资每增长1个百分点，人均养老金增长0.7个百分点。

表 4-17 2018—2030 年上海市基本养老保险基金征缴及支出预测（单位：亿元）

年份	基金征缴收入		养老金支出					基金收支差额
	社会统筹基金	个人账户基金	总支出	年增长额	规模效应	待遇效应		
2019	1740.24	696.10	2453.02	215.12	77.36	137.76		-16.68
2020	1888.95	755.58	2682.70	229.68	79.02	150.66		-38.17
2021	2033.44	813.37	2895.36	212.66	68.24	144.42		-48.55
2022	2187.91	875.16	3131.18	235.81	79.63	156.19		-68.11
2023	2347.12	938.85	3412.07	280.90	110.70	170.20		-126.10
2024	2523.42	1009.37	3683.79	271.71	87.96	183.75		-151.00
2025	2712.25	1084.90	3909.69	225.90	30.88	195.02		-112.54
2026	2915.20	1166.08	4195.70	286.01	76.72	209.29		-114.42
2027	3134.65	1253.86	4489.38	293.69	69.75	223.94		-100.87
2028	3368.03	1347.21	4817.55	328.16	87.86	240.31		-102.31
2029	3617.14	1446.86	5158.99	341.44	84.11	257.34		-94.99
2030	3888.40	1555.36	5526.03	367.04	91.40	275.65		-82.27

包括上海在内的13个省份进行个人账户做实试点,但近期个人账户做实情况以及个人账户实际积累额数据并未发布。值得注意的是,尽管从目前来看,外来从业人员是养老保险制度的贡献者,但从长远看,随着就业地改变和养老保险基金转出,以及常住者未来给付压力增加,基本养老保险制度的财务长期可持续发展必须予以关注。

通常,一个地区的人口发展及其演化趋势需要置于较长的历史背景和改革预期之下进行考察。就上海地区而言,因人口转变历程短、进入老龄化时间较早,生育政策调整具有滞后性。作为开放系统,其人口演变在很大程度上受到流动人口规模、结构、滞留模式等多方面因素的影响,而人口问题又与经济社会发展及资源环境禀赋密切联系,人口发展战略和政策思路涉及的内容必然是多维度的。本研究通过人口预测及老龄化水平对公共服务和社会保障的影响研究,得到如下结论:第一,上海常住人口老龄化的演化趋势为:(1)老龄人口规模持续扩大,2030年之前呈单边递增趋势,2016年上海60岁以上的常住老年人口突破500万人,2030年将增至650万人以上。老龄人口主要由户籍人口所贡献,户籍老龄人口规模已进入加速增长期。(2)总和生育率的有限回升对缓解上海户籍人口老龄化的作用较小,户籍人口深度老龄化态势已成定局,且高龄化趋势愈加明显。(3)如果假定外来人口滞留与更新保持目前的模式不变,常住老年人口规模会有所增加,但老龄化程度有较大改善。第二,上海人口老龄化已成常态,人口老龄化对公共服务和社会保障影响较为突出的是养老和医疗两个方面。养老资源和医疗资源配置面临总量和结构布局的双重压力。老年人口数量的急速增长将从根本上改变医疗卫生资源的代际分配格局,对基本养老保险制度的财务长期可持续发展造成巨大压力,政府部门必须高度重视资源配置和相关制度建设。

第五章　上海基本养老保险替代率警戒值与满意度分析

一、上海市基本养老保险替代率警戒值的测算

1. 基本养老保险替代率警戒值的内涵

根据中国城镇养老保险制度的现有模式，城镇企业职工养老保险由基本养老保险、企业补充养老保险和个人储蓄型养老保险组成。但是，目前城镇企业职工的企业补充养老保险和个人储蓄型养老保险发展缓慢，退休者的基本生活保障几乎全部依赖基本养老保险，因此，如何确定合理的养老金替代率以确保退休者的基本生活具有重要的现实意义。理论上讲，基本养老保险的适度保障水平应该是一个有上限和下限的合理区间。在这个区间内，退休者既不因领取的养老金过少而使退休后的生活水平大幅度降低，也不因领取的养老金过多而在分配体系中过多地挤占在职者的资源，增加企业的劳动力成本，影响养老保险制度的可持续发展。这个保障区间充分体现"公平"与"效率"相结合的原则，一方面，退休者可以享受基本或适度的保障水平，体现每个公民的基本生存权和享受社会发展成果权；另一方面，养老保障水平要与经济承受能力和生产力发展水平相适应，对社会贡献较大者获得相对多的养老金。

退休职工养老保障水平的高低主要取决于养老保险替代率的大小,养老保险替代率警戒值就是能够维持退休职工基本生活的替代率水平的下限。确定养老保险替代率适度水平的合理区间,应该立足于基本养老保险制度的保障目标。现阶段,基本养老保险制度有两个层次的基本目标:首先,基本养老保险制度要为制度覆盖范围内的老年人提供定期的基本生活保障,这是养老保险制度的首要目标,也是最基本的制度目标。其含义是按照老年人的衣、食、住、行、医疗保健等实际需要,为他们提供必要的生活费用。这一制度目标以保障退休者的基本生活和不影响国民经济的长远发展为宗旨,与当前的经济发展水平相适应。要实现这一层次的保障目标,就需要基于城镇居民的消费结构,测算满足其基本生活需要的消费支出,并与同期社会可支配收入或社会平均工资相比较,以此测算替代率水平的下限。其次,基本养老保险要为退休职工提供一定的收入替代,即养老金能够在某种程度上替代在职期间的工资收入,以保证退休者的生活水平不降低,实现老有所养。

上述两个层次的保障目标均考虑退休者的必要消费需求。从消费需求角度看,基本养老保险替代率确定的下限要使退休者的平均生活水平至少不低于社会救助标准,即不低于社会平均最低生活保障线水平。我们一般用贫困线来表示社会平均最低生活保障线。国际上常用的计算贫困线标准的方法主要有恩格尔系数法、市场菜篮子法、生活形态调查法和国际贫困线法。其中恩格尔系数法对贫困线的测定以绝对贫困概念为基础,国际贫困线法以相对贫困概念为基础,而市场菜篮法和生活形态调查法则依理念而具有不确定性。如果人们在确定贫困线时,认为收入低于相对贫困线时就不能满足最低生活必需品的需要,则这样确定的贫困线就是相对贫困,反之亦然。基本养老保险的目标定位在保证退休人员最基本的生活需要,本研究将居民消费支出与收入相结合,利用扩展线性支出系统模型

（ELES 模型）测算基本养老保险替代率的警戒水平。

2. 基本养老保险替代率警戒值模型构建与测度标准

（1）扩展线性支出模型的建立

扩展线性支出系统模型（ELES 模型）是美国经济学家 Liuch 于 20 世纪 70 年代在 Stone 的线性支出系统模型基础上建立的。该系统假定某一时期人们对各种商品（或服务）的需求取决于人们的收入水平和各种商品的价格，将需求分为两部分：基本需求和超过基本需求之外的需求（超额需求），基本需求与收入水平无关，居民在基本需求得到满足之后，才将剩余收入按照某种比例（边际消费倾向）在各类商品或服务之间进行分配。ELES 模型的基本表达式为：

$$P_i Q_i = P_i R_i + b_i * (I - \sum_{j=1}^{n} P_j R_j) \tag{5.1}$$

式中，P_i：第 i 类商品或服务的价格；Q_i：第 i 类商品（或服务）的消费量；R_i：第 i 类商品的基本需求量；$P_i R_i$：消费者对第 i 类商品的基本消费支出；b_i：第 i 类商品的边际消费倾向；I：可支配收入。

由（5.1）式可得：

$$P_i Q_i = P_i R_i - b_i * \sum_{j=1}^{n} P_j R_j + b_i * I$$

令

$$a_i = P_i R_i - b_i * \sum_{j=1}^{n} P_j R_j \tag{5.2}$$

可将模型改写为计量经济方程：

$$P_i Q_i = a_i + b_i * I + \varepsilon_i \tag{5.3}$$

式中，ε_i 为随机扰动项。

在获得 $P_i Q_i$、I 数据资料的基础上，应用最小二乘法估计参数 a_i、b_i。

根据（5.2）式，可进一步得到消费者需求的收入弹性、自价格弹性和交互价格弹性。

$$\eta_i = \frac{\partial Q_i}{\partial I} * \frac{I}{Q_i} = \frac{b_i * I}{P_i Q_i} \tag{5.4}$$

$$\eta_{ii} = \frac{\partial Q_i}{\partial P_i} * \frac{P_i}{Q_i} = (1-b_i) * \frac{P_i R_i}{P_i Q_i} - 1 \tag{5.5}$$

$$\eta_{ij} = \frac{\partial Q_i}{\partial P_j} * \frac{P_j}{Q_i} = -b_i * \frac{P_i R_i}{P_i Q_i} \tag{5.6}$$

对（5.2）式两边依商品类别加总，有：

$$\sum_{i=1}^{n} a_i = \sum_{i=1}^{n} P_i R_i - \sum_{i=1}^{n} b_i * \sum_{j=1}^{n} P_j R_j$$

可得：

$$\sum_{i=1}^{n} P_i R_i = \frac{\sum_{i=1}^{n} a_i}{1 - \sum_{i=1}^{n} b_i} \tag{5.7}$$

据此，可推导养老金替代率测算模型为：

$$T = \frac{\sum_{i=1}^{n} P_i R_i}{w} = \frac{\sum_{i=1}^{n} a_i}{w * (1 - \sum_{i=1}^{n} b_i)} \tag{5.8}$$

式中，T 表示基本养老金替代率的警戒值；w 表示在职人员平均工资。

根据（5.7）式，与研究思路设定的基本养老金替代率的三种口径相对应，可以计算居民的基本消费支出，以此作为基本生活需求，利用（5.8）式测算基本养老金替代率。

（2）测度标准的确定

上述模型主要涉及城镇居民可支配收入、生活支出和在职人员平均工资三类指标。基本养老保险的定位是保证退休人员最基本的生活需要，即最基本的吃、穿、住、行等需要，因此，养老金替代率也应该以满足退休人员的基本生活需求为目标,而基本生活需求及其变化可以通过生活支出结构来反映。根据《上海统计年鉴》,城镇居民生活支出包括消费支出、购房与建房支出、转移性支出、社会保障支出、借贷支出等。对于退休人群而言,不再缴纳社会保险费用,社会保障支出项目可剔除;退休人群的住房问题已基本解决,改善性需求不作为基本生活需求,因此,购房与建房支出也不予考虑。转移性支出和借贷支出要视情况而定,如,随着人口平均预期寿命的提高,假如退休者仍有年老的父母要赡养,可能会有相对稳定的转移性支出;随着住房市场化程度提高,越来越多的人群没有享受到福利分房,之前购买商品房发生的贷款可能在退休时尚未偿清,仍然需要进行定期还款。本文提出城镇基本养老保险替代率测定的三个标准:口径 1 为消费支出,口径 2 为消费支出+转移性支出,口径 3 为消费支出+转移性支出+借贷支出。根据测算结果,如果转移性支出和借贷支出中有相对稳定的支出,可以作为基本需求性的支出,继而根据指标的稳定性判断是否应纳入养老金替代率的考察范围。需要说明的是,2013 年起《上海统计年鉴》未公布转移性支出、借贷性支出数据,2015 年对消费支出类别进行了调整,本研究的计量经济部分为 2003—2012 年数据,第一口径的基本养老保险警戒值测算为 2003—2014 年数据。

3. 城镇居民消费结构的计量经济分析

基于 ELES 模型分析消费结构,既可以运用时间序列数据进行参数估计,也可以运用横截面数据进行参数估计,同时还可以进行边际消费倾向、边际储蓄倾向分析,需求的收入弹性分析、自价格弹性和交互价格弹性分析。笔者收集了 2003—2012 年《上海统计年鉴》城镇居民家庭的可支配收入、按支出类别分类的消费支出数据,在对数据进行价格调整后,运用 ELES 模型进行消费结构的计量经济分析。

(1) 城镇居民消费结构的时间序列分析

a. 城镇居民消费结构时间序列数据的总体分析

利用 SPSS19.0 统计分析软件计算参数 a_i、b_i 的估计值、判决系数 R^2 和 b_i 的 T 检验值,结果见表 5-1。

表 5-1 2003—2012 年上海城镇居民各项消费支出 ELES 模型参数估计值

支出类别	a_i	b_i	R^2	T_{b_i}
食品	861.944	0.221	0.994	35.755
衣着	−127.616	0.059	0.982	21.165
家庭设备用品及服务	−132.964	0.053	0.930	10.295
医疗保健	428.684	0.017	0.775	5.253
交通和通信	−236.780	0.124	0.922	9.755
教育文化娱乐服务	840.022	0.077	0.975	17.754
居住	773.317	0.034	0.704	4.359
其他商品和服务	−245.159	0.045	0.982	22.464

上述结果表明,8 类消费支出的回归方程拟合优度较高,从判决系数 R^2 的值看,只有医疗保健和居住类低于 0.8,其余均大于 0.9,食品、衣着、其他商品和服务的 R^2 值在 0.98 以上,T 统计值远远大于临界值,说明城镇居民的食品、衣着、其他商品和服务的消费与可支配收入的线性变化关系非常显著。在 $\alpha = 0.05$ 的显著水平下,方程均通过单变量的计量经济检验和方程的统计检验。b_i 为边际消费倾向,表示消费者每增加一单位的收入所引起的消费支出的变化。2003—2012 年上海城镇居民的边际消费倾向 $\sum b_i = 0.63$,说明城镇居民收入每增加 1 元,有 0.63 元用于消费。各类消费支出的边际消费倾向存在差别,食品类最高(0.221),交通和通信排在第 2 位,

第3—8位依次为教育文化娱乐服务、衣着、家庭设备用品及服务、其他商品和服务、居住、医疗保健，说明随着经济社会发展、居民收入水平提高，衣着、家庭设备等耐用品需求量的增加有限。

根据（5.4）式，计算2003—2012年上海城镇居民各项消费需求的收入弹性，结果见表5-2。

表5-2　2003—2012年上海城镇居民各项消费需求的收入弹性

年份	食品	衣着	家庭设备用品及服务	医疗保健	交通和通信	教育文化娱乐服务	居住	其他商品和服务
2003	0.8010	1.1680	0.9949	0.4191	1.4643	0.6242	0.3949	1.5967
2004	0.8027	1.2350	1.1336	0.3722	1.2147	0.5852	0.4274	1.5838
2005	0.8341	1.1703	1.2352	0.3977	1.1653	0.6316	0.4490	1.3382
2006	0.8702	1.1873	1.2490	0.4605	1.0985	0.6544	0.4894	1.4419
2007	0.8523	1.0479	1.3055	0.4686	0.9287	0.6854	0.5688	1.3914
2008	0.8293	1.0347	1.1961	0.6006	0.9806	0.7144	0.5510	1.2811
2009	0.8677	1.0681	1.1197	0.4893	1.0220	0.7074	0.5125	1.1423
2010	0.9047	1.0471	0.9375	0.5380	0.9686	0.7290	0.4998	1.1763
2011	0.8990	1.0407	1.0516	0.5398	1.1798	0.7447	0.5534	1.1687
2012	0.9198	1.1232	1.1175	0.6718	1.0919	0.8310	0.7633	1.2178

结果显示，8类消费支出的需求弹性均为正值，说明当可支配收入增加时，各类商品和服务的消费支出均在增加。需求收入弹性$\eta_i<1$的有4项，分别为食品、医疗保健、教育文化娱乐服务和居住，可以视为"必需品"，当居民可支配收入水平提高时，对这几类商品的需求也会增加，但增加幅度有限。需求收入弹性$\eta_i>1$的有4项，分别为衣着、家庭设备用品及服务、交通和通信、其他商品和服务，可以视为"非必需品"（家庭设备用品及服务、交通和通信，个别

年份的需求收入弹性小于1,但大于0.9,接近于1),但大部分 η_i 值基本在1—1.5之间,城镇居民对这几类商品需求量的消费支出增速高于收入的增长速度,在可支配收入持续提高的情况下,此类商品的需求量和消费支出增长存在一定的潜力。随着收入水平的提高,消费层次也会发生变化,"必需品"的范围也会随之扩大,一些"非必需品"会转变为"必需品",即使不考虑物价上涨因素,基本消费支出也会随之提高。

b. 不同收入群体的边际消费倾向分析

表5-3为不同收入群体的边际消费倾向。结果表明,边际消费倾向并未呈现依收入水平降低的明显趋势,中高收入阶层的边际消费倾向最高,高收入阶层的边际消费倾向最低,说明社会储蓄主要来源于高收入群体,随着收入水平的提高,中高收入群体的消费冲动较强。社会总平均的边际消费倾向为0.630,介于中等收入群体和中低收入群体之间,说明这两个群体对总边际消费倾向的影响较大。就8类消费而言,食品类的边际消费倾向依收入水平提高呈明显的降低趋势。低收入阶层的食品、医疗保健支出的边际消费倾向高于其他阶层,中高收入群体在8类支出上的边际消费倾向均高于高收入群体,而高收入群体在交通和通信、教育文化娱乐服务方面有较高的消费倾向。

表5-3　2003—2012年上海城镇居民不同收入群体的边际消费倾向

支出类别	总平均	低收入群体	中低收入群体	中等收入群体	中高收入群体	高收入群体
食品	0.221	0.337	0.267	0.259	0.239	0.14
衣着	0.059	0.066	0.057	0.055	0.072	0.051
家庭设备用品及服务	0.053	0.043	0.043	0.051	0.067	0.053
医疗保健	0.017	0.032	0.022	0.012	0.014	0.016

(续表)

支出类别	总平均	低收入群体	中低收入群体	中等收入群体	中高收入群体	高收入群体
交通和通信	0.124	0.097	0.084	0.099	0.122	0.163
教育文化娱乐服务	0.077	0.064	0.044	0.08	0.084	0.085
居住	0.034	0.033	0.034	0.052	0.043	0.025
其他商品和服务	0.045	0.021	0.034	0.046	0.062	0.045
合计	0.630	0.693	0.585	0.654	0.703	0.578

（2）城镇居民消费结构的截面数据分析

a. 城镇居民消费结构截面数据的总体分析

以2012年为例，将上海城市居民家庭人均消费支出、人均可支配收入的按收入水平分组资料代入ELES模型，可得到参数估计和相关统计检验值，结果见表5-4。除食品、居住类外，其他6项的判决系数 R^2 均大于0.9，各回归方程的计量分析结果比较理想。

表5-4 2012年上海城镇居民各项消费支出ELES模型参数估计值

支出类别	a_i	b_i	R^2	T_{b_i}
食品	6389.648	0.082	0.881	4.715
衣着	208.554	0.047	0.947	7.356
家庭设备用品及服务	−196.998	0.052	0.977	11.168
医疗保健	349.673	0.017	0.986	14.683
交通和通信	−2887.331	0.185	0.950	7.576
教育文化娱乐服务	81.018	0.091	0.983	13.294
居住	704.770	0.027	0.809	3.563
其他商品和服务	−489.028	0.049	0.962	8.713

根据（5.5）式和（5.6）式可分别计算2012年上海城镇居民各项消费支出的自价格弹性和交互价格弹性，结果见表5-5。由表5-5可以看出，与交互价格弹性值相比，上海城镇居民各项消费支出的自价格弹性值较大，即，各项商品和服务的消费受自身价格的影响比较大，其中，其他商品和服务弹性的绝对值为0.9886，其次为家庭设备用品及服务（0.9122）、交通和通信（0.9064）、衣着（0.9032）、食品（0.8263）、教育文化娱乐服务（0.6803）、医疗保健（0.4897）、居住（0.4755），说明居民对用于吃、住、医疗、教育等几大方面的消费对价格变化的敏感性较弱，属于基本的生存性消费，而家庭设备用品及服务、交通和通信、衣着则可视为享受性消费。

b. 不同收入群体的收入弹性分析

根据（5.4）式，计算2012年上海城镇居民不同收入群体的各项消费需求的收入弹性，结果见表5-6。结果显示，对于不同收入水平的群体而言，8类消费支出的需求弹性均为正值，说明当可支配收入增加时，各类商品和服务的消费支出均在增加。不同收入群体，需求收入弹性 $\eta_i<1$ 的有3项，分别为食品、医疗保健、教育文化娱乐服务，可以视为"必需品"；除中等收入户外，居住类的需求收入弹性也小于1。所有收入户中，需求收入弹性 $\eta_i>1$ 的有3项，分别为衣着、家庭设备用品及服务、交通和通信，可以视为"非必需品"（家庭设备用品及服务、交通和通信，个别年份的需求收入弹性小于1，但大于0.9，接近于1），除低收入户外，其他商品和服务的需求收入弹性均大于1。各类消费的需求弹性，并未依收入水平呈现明显的上升或下降趋势。

表 5-5 2012 年上海城镇居民各项消费支出的自价格弹性和交互价格弹性

项目分类	食品	衣着	家庭设备用品及服务	医疗保健	交通和通信	教育文化娱乐服务	居住	其他商品和服务
食品	-0.8263	-0.0050	-0.0040	-0.0121	-0.0112	-0.0295	-0.0222	-0.0004
衣着	-0.0602	-0.9032	-0.0049	-0.0148	-0.0136	-0.0360	-0.0272	-0.0005
家庭设备用品及服务	-0.0599	-0.0060	-0.9122	-0.0147	-0.0136	-0.0359	-0.0270	-0.0005
医疗保健	-0.0360	-0.0036	-0.0030	-0.4897	-0.0082	0.0216	-0.0162	-0.0003
交通和通信	-0.0585	-0.0059	-0.0048	-0.0143	-0.9064	-0.0350	-0.0264	-0.0005
教育文化娱乐服务	-0.0445	-0.0045	-0.0037	-0.0109	-0.0101	-0.6803	-0.0201	-0.0004
居住	-0.0409	-0.0041	-0.0034	-0.0100	-0.0093	-0.0245	-0.4755	-0.0003
其他商品和服务	-0.0652	-0.0066	-0.0054	-0.0160	-0.0148	-0.0391	-0.0295	-0.9886

表 5-6 2012 年上海城镇居民不同收入群体消费需求的收入弹性

年份	食品	衣着	家庭设备用品及服务	医疗保健	交通和通信	教育文化娱乐服务	居住	其他商品和服务
低收入户	0.8840	1.1756	1.0769	0.9227	1.1177	0.5585	0.5840	0.9484
中低收入户	0.8828	1.0970	1.1059	0.7051	1.0253	0.5423	0.7296	1.2836
中等收入户	0.9121	1.1506	1.0801	0.4850	1.0687	0.8609	1.1060	1.4510
中高收入户	0.9734	1.1581	1.2207	0.5619	1.4075	0.9455	0.7834	1.3168
高收入户	0.8929	1.0538	1.0937	0.7591	1.0381	0.9140	0.7444	1.0866

4. 城镇职工基本养老保险替代率警戒水平的测定

根据 2004—2013 年《上海统计年鉴》，将城镇居民按收入分为低收入户、中低收入户、中等收入户、中高收入户和高收入户五组，可获取 2003—2012 年上海城镇居民可支配收入、消费性支出、转移性支出、借贷支出数据，代入 (5.3) 式，即可得到回归方程参数 a_i、b_i 的估计值、判决系数 R^2 和 b_i 的 T 检验值，进一步将 a_i、b_i 的估计值、在职职工年平均工资代入 (5.8) 式，可得到与三种支出口径对应的替代率警戒水平。结果显示，第一口径的替代率警戒值相对稳定，除 2003 年外，其他年份的替代率警戒水平基本在 16%—28% 之间；增加转移性支出后，第二口径的替代率警戒值稳定性减弱、波动幅度变大，变动范围在 20%—31.5% 之间；如果考虑借贷支出，第三口径的替代率警戒值稳定性继续减弱、波动幅度增大，变动范围在 20%—64% 之间。这进一步说明，如果从满足退休职工最基本生活支出的角度考察基本养老金替代率警戒值，消费支出中的稳定的部分仍然是最基本的支出，在测定养老金替代率的警戒值方面最具有指标意义。

进一步计算 2003—2014 年上海城镇职工基本养老金替代率的实际水平，可以发现，与全国基本养老金替代率呈现明显的下滑趋势不同，上海的替代率水平在早期低于全国，但近几年高于全国水平，基本稳定在 47%—52% 之间。比较基本养老金替代率的实际值、警戒值与历年城镇居民最低生活保障线，警戒值介于替代率实际水平与城镇居民最低生活保障线之间，大部分年份的实际值较警戒值高出 20%—25% 左右。

表 5-7　2003—2012 年上海城镇基本养老保险替代率警戒水平的测定

年份	参数	支出(元)			在职职工年平均工资(元)	退休职工基本支出(元)与替代率警戒水平		
		消费性支出	转移性支出	借贷支出		口径 1	口径 2	口径 3
2003	a_i	4372.044	-170.528	-2640.135	22160	7863.39	9113.92	3753.32
	b_i	0.444	0.095	0.045		35.48%	41.13%	16.94%
	R^2	0.973	0.941	0.992				
	T_{b_i}	10.42	6.924	18.908				
2004	a_i	2374.107	-727.608	-3267.94	24398	6166.51	6406.61	8670.81
	b_i	0.615	0.128	0.444		25.27%	26.26%	35.54%
	R^2	0.996	0.990	0.965				
	T_{b_i}	28.513	17.146	9.086				
2005	a_i	2584.361	-773.812	-5336.351	26823	6460.90	6489.42	10045.02
	b_i	0.60	0.121	0.63		24.09%	24.19%	37.45%
	R^2	0.997	0.963	0.985				
	T_{b_i}	31.782	8.778	13.977				

（续表）

年份	参数	支出（元）			在职职工年平均工资（元）	退休职工基本支出（元）与替代率警戒水平		
		消费性支出	转移性支出	借贷支出		口径 1	口径 2	口径 3
2006	a_i	3932.824	-316.446	-4997.618	29569	8262.24	9320.56	5928.07
	b_i	0.524	0.088	0.621		27.94%	31.52%	20.05%
	R^2	0.996	0.992	0.994				
	T_{b_i}	26.617	19.142	22.952				
2007	a_i	3706.857	-556.717	-5537.024	34707	8701.54	9752.76	10849.47
	b_i	0.574	0.103	0.543		25.07%	28.10%	31.26%
	R^2	0.998	0.981	0.991				
	T_{b_i}	35.602	12.585	17.808				
2008	a_i	3596.627	-1212.125	-4969.718	39502	8815.26	8798.90	12488.97
	b_i	0.592	0.137	0.478		22.32%	22.27%	31.62%
	R^2	0.999	0.989	0.988				
	T_{b_i}	58.687	16.554	15.568				

（续表）

年份	参数	支出(元)			在职职工年平均工资(元)	退休职工基本支出(元)与替代率警戒水平		
		消费性支出	转移性支出	借贷支出		口径 1	口径 2	口径 3
2009	a_i	5381.062	-1273.4	-7317.412	42789	11749.04	12998.94	12686.74
	b_i	0.542	0.142	0.569		27.46%	30.38%	29.65%
	R^2	0.991	0.989	0.936				
	T_{b_i}	17.806	16.205	6.611				
2010	a_i	4195.311	-1843.996	-10839.957	46757	10410.20	9676.19	22880.44
	b_i	0.597	0.16	0.614		22.26%	20.69%	48.93%
	R^2	0.988	0.974	0.949				
	T_{b_i}	15.498	10.537	7.465				
2011	a_i	6197.026	-1491.22	-7405.228	51968	12964.49	14174.11	32919.78
	b_i	0.522	0.146	0.414		24.95%	27.28%	63.35%
	R^2	0.971	0.994	0.984				
	T_{b_i}	10.107	21.437	13.551				

（续表）

年份	参数	支出（元）			在职职工年平均工资（元）	退休职工基本支出（元）与替代率警戒水平		
		消费性支出	转移性支出	借贷支出		口径 1	口径 2	口径 3
2012	a_i	4160.306	-2154.34	-8500.22	56300	9245.12 16.42%	6642.27 11.80%	49198.89 87.38%
	b_i	0.55	0.148	0.434				
	R^2	0.996	0.974	0.976				
	T_{b_i}	28.242	10.576	11.152				
2013	a_i	5280.01	—	—	60435	11000.02 18.20%	—	—
	b_i	0.52	—	—				
	R^2	0.984	—	—				
	T_{b_i}	13.752	—	—				
2014	a_i	5521.66	—	—	65417	11624.55 17.77%	—	—
	b_i	0.525	—	—				
	R^2	0.978	—	—				
	T_{b_i}	11.542	—	—				

表 5-8　2003—2014 年上海城镇基本养老保险替代率实际水平与警戒水平的比较

年份	职工平均工资（元/月）	离退休人均月养老金（元/月）	基本消费支出下限（元/月）	城镇居民最低生活保障线（元/月）	上海替代率实际水平（%）	上海替代率警戒水平（%）	全国替代率实际水平（%）
2003	1846.67	938.33	655.28	290	50.81	35.48	57.61
2004	2033.17	992.17	513.88	290	48.80	25.27	53.27
2005	2235.25	1024.17	538.41	300	45.82	24.09	50.37
2006	2464.08	1099.67	688.52	320	44.63	27.94	50.30
2007	2892.25	1295.50	725.13	350	44.79	25.07	48.29
2008	3291.83	1520.25	734.61	400	46.18	22.32	47.67
2009	3565.75	1675.92	979.09	425	47.00	27.46	46.79
2010	3896.42	1834.33	867.52	450	47.08	22.26	45.06
2011	4330.67	2068.58	1080.37	505	47.77	24.95	44.05
2012	4691.67	2220.75	770.43	570	47.33	16.42	43.91
2013	5036.25	2524.08	916.67	640	50.12	18.20	43.85
2014	5451.42	2826.50	968.71	710	51.85	17.77	44.13

数据来源：职工平均工资、离退休人均月养老金根据《上海统计年鉴》相关数据计算；全国替代率实际水平根据《中国统计年鉴》历年相关数据计算得到。

本研究以 ELES 模型为基础，对上海城镇居民消费结构进行计量经济分析，对基本养老保险替代率进行评估。研究发现：第一，在影响城镇居民消费的各项因素中，收入水平、商品和服务的价格是最基本的。随着收入水平的提高，各项商品和服务的消费均有所增加，食品、医疗保健、教育文化娱乐服务和居住的需求收入弹性小，可以视为"必需品"；衣着、家庭设备用品及服务、交通和通信、其他商品和服务的收入弹性值在 1—1.5 之间，可以视为"非必需品"，随着收入水平的提高，一些"非必需品"具有向"必需品"转化的趋向。第二，各项商品和服务的消费受自身价格的影响比较大，居民对用于吃、住、医疗、教育等方面的消费对价格变化的敏感性较弱，基本属于"生存性消费"，而衣着类、家庭设备用品及服务、交通和通信则可视为"享受性消费"。因此，在物价不断上涨的情况下，应进一步提高居民收入水平，需要稳定"生存性消费"、具有刚性需求性质的商品价格，以保证居民生活水平不下降。第三，与"生存性消费"相联系，基本消费支出下限呈上升趋势，与逐步上升的职工平均工资相比，对应消费支出口径的养老金替代率警戒水平波动较大，2004—2014 年在 25% 左右，2012 年之后降到 20%—28% 之间以下。2003—2014 年，全国基本养老保险替代率水平下滑趋势明显，而上海养老金替代率的实际值先降后升，基本稳定在 47%—52% 之间，近期不会触及警戒线。因此，除完善投资机制以提高养老基金投资收益、建立养老金指数化调整机制外，大力发展第二支柱的企业补充养老保险、第三支柱的个人储蓄型养老保险，是保证养老金替代率水平、提高养老保险效率的有效途径。

二、基本养老保险替代率满意度及其影响因素分析

1. 研究设计

前已述及，上海市社会平均工资替代率先降后升，近期在 50% 左右波动，退休人群对基本养老保险所提供保障水平的满意度如何，

是本研究的关注点之一。本研究采用问卷调查法对上海市退休人员的基本养老保险状况及满意度进行调查，目的是通过掌握第一手资料，了解退休人员基本养老金收入对退休生活的保障程度，以及退休人员的满意度和预期需求。调查对象是在上海领取养老金的退休人员，为保证调查样本的代表性，本次调查访问了黄浦区、杨浦区、徐汇区、闵行区、浦东新区、长宁区、松江区7个区10个街道12个社区，共发放问卷560份，回收问卷547份，有效问卷538份。问卷内容包括四个部分：退休人员的基本信息、经济状况、养老保险现状评价及预期。问卷中设计问题：您对政府养老金发放标准的满意度如何？（1. 非常满意；2. 满意；3. 一般；4. 不满意）"，以此体现退休人员对基本养老保险的满意度。

实证研究中用到的变量及赋值如下：

因变量，以退休人员对基本养老保险的满意度为因变量，该变量为四分类变量，即"非常满意""满意""一般"和"不满意"。非常满意＝1，满意＝2，一般＝3，不满意＝4。

自变量，主要分为四类。第一类是个人属性变量，包括性别、年龄、文化程度。

（1）性别：男性＝1，女性＝2

（2）年龄：50—54岁＝1，55—59岁＝2，60—64岁＝3，65—69岁＝4，70—74岁＝5，75—79岁＝6，80岁及以上＝7

（3）文化程度：没上过学＝1，小学＝2，初中＝3，高中（包括中专、技校、职校）＝4，大学本专科＝5，硕士及以上＝6

（4）退休前所在单位性质：机关＝1，事业单位＝2，国有企业＝3，"三资"企业＝4，私人企业＝5，乡镇企业＝6，自我雇佣或自主创业＝7，自由职业＝8

第二类是家庭属性变量，包括婚姻状况、居住情况、子女数量。

（1）婚姻状况：已婚（配偶健在）=1，丧偶=2，离异=3，无婚姻经历=4

（2）居住情况：自己单住=1，夫妻同住=2，和子女或成年孙辈一起住=3，和未成年孙辈一起住=4，其他=5

（3）子女数量：无=1，1个=2，2个=3，3个=4，3个以上=5

第三类是经济状况变量，包括月平均收入、退休后收入渠道、退休前储蓄情况。

（1）月平均收入：1000元以下=1，1000—2000元=2，2000—3000元=3，3000—4000元=4，4000—5000元=5，5000元以上=6

（2）退休后收入渠道：政府基本养老保险=1，商业养老保险=2，企业补充养老保险=3，个人存款=4，投资产品=5，儿女赡养=6，老伴供养=7，低保=8，个人劳动所得=9，政府有关福利补助=10，其他=11

（3）退休前储蓄情况：绰绰有余=1，基本完成=2，没有完成=3

第四类是养老保险现状评价及预期变量，包括参保时间、领取养老金情况、基本养老金能否满足生活开销、是否希望增加养老金。

（1）参保时间：15年以下=1，15—20年=2，20—30年=3，30年以上=4

（2）基本养老金能否满足生活开销：完全满足=1，基本满足=2，差一点不能满足=3，不能满足=4

（3）是否担心将来的养老问题：非常担心=1，担心=2，不担心=3

（4）是否希望增加养老金：非常希望=1，希望=2，无所谓=3

2. 调查数据的描述性统计

剔除缺损部分指标数据的样本，从受访者的性别构成看，男性占47.8%，女性占52.2%，性别比为91.57∶100，与上海60岁以上户籍人口性别比非常接近。从年龄结构看，65—69岁年龄段所占比例最高，为33.1%；其次是60—64岁年龄段，比重为19.3%；70—74岁年龄段所占比重为17.5%。被调查者中有超过70%为初中及以上文化水平，其中，初中文化程度比例最高，占到33.3%；其次是高中（含中专、技校、职校），占27.5%。从受访者婚姻状况看，已婚且配偶健在的比例最高，为69.7%；从受访者居住情况看，夫妻同住比例最高，为60.6%；70%的受访者有2个及以上的子女。

表5-9 受访人群的人口社会学特征

性别	人数	百分比(%)	婚姻状况	人数	百分比(%)
男	257	47.8	已婚(配偶健在)	375	69.7
女	281	52.2	丧偶	83	15.4
年龄(岁)	人数	百分比(%)	离异	65	12.1
50—54	16	3.0	无婚姻经历	15	2.8
55—59	64	11.9	居住情况	人数	百分比(%)
60—64	104	19.3	自己单住	98	18.2
65—69	178	33.1	夫妻同住	326	60.6
70—74	94	17.5	和子女或成年孙辈一起住	98	18.2
75—79	50	9.3	和未成年孙辈一起住	10	1.9
80岁及以上	32	5.9	其他	6	1.1

(续表)

文化程度	人数	百分比(%)	子女个数	人数	百分比(%)
没上过学	0	0	无	48	8.9
小学	130	24.2	1个	112	20.8
初中	179	33.3	2个	198	36.8
高中	148	27.5	3个	80	14.9
大学本专科	77	14.3	3个以上	100	18.6
硕士及以上	4	0.7			

如表5-10所示，受访者来自于国有企业的比例最多，占38.8%，其次是机关事业单位合计为32.2%，退休前在私人企业和"三资"企业的比例分别为13.2%和11.2%；受访人群除了依靠政府基本养老保险以外，对自身过去积累和子女的依赖性也比较强，一方面说明政府基本养老保险对退休者极其重要，另一方面反映传统的家庭养老仍然是退休者生活保障的重要支撑。在退休后的收入渠道，除了有政府基本养老保险全覆盖之外，有商业养老保险和企业补充养老保险的比例均不足10%，养老保险三大支柱主要依靠政府基本养老保险发挥作用，结构严重失衡。依靠儿女赡养的比例占23.4%，说明政府基本养老保险不能够完全保障老年人退休生活，仍需要子女提供一定的经济支持；依靠个人存款的比例仅有17.3%，有19.1%的受访者退休后仍选择继续工作，个人劳动所得在支撑养老经济能力方面发挥了一定作用。调查显示，46.5%的人认为在退休前没有为老年生活完成足够储蓄，48.5%的人认为基本完成，只有5.0%的人认为绰绰有余，但是从退休后是否参加工作的分析中发现，虽然有将近一半的人群认为

没有完成足够储蓄,却只有19.1%的人在退休后参加工作,80.9%的人并没有参加工作,进一步分析就是虽然接近一半的退休者认为没有完成足够储蓄,但并不会选择退休后参加工作来弥补,原因可能有两方面,一方面是自身不愿意继续参加工作,另一方面是自己愿意参加工作,但由于年龄偏高、已退出劳动力年龄、缺乏劳动技能等原因,并不容易找到工作。

表5-10 受访人群养老保险基本情况表

变量		合计	
		人数	百分比(%)
退休前所在单位性质	机关	92	17.1
	事业单位	81	15.1
	国有企业	209	38.8
	"三资"企业	60	11.2
	私人企业	71	13.2
	乡镇企业	9	1.7
	自我雇佣或自主创业	6	1.1
	自由职业	10	1.9
现在养老方式	依靠子女	126	23.4
	依靠自身过去积累	306	56.9
	依靠政府基本养老保险	538	100.0
	其他	49	9.1
退休后是否参加工作	是	103	19.1
	否	435	80.9

(续表)

变量		合计	
		人数	百分比(%)
退休前个人月平均收入	1000元以下	48	8.9
	1000元—2000元	101	18.8
	2000元—3000元	130	24.2
	3000元—4000元	129	24.0
	4000元—5000元	65	12.1
	5000元以上	65	12.1
退休后收入渠道	政府基本养老保险	538	100.0
	商业养老保险	49	9.1
	企业补充养老保险	45	8.4
	个人存款	97	18.0
	投资产品	50	9.3
	儿女赡养	126	23.4
	老伴供养	52	9.7
	低保	12	2.2
	个人劳动所得	103	19.1
	政府有关福利	67	12.5
	其他	5	0.9
是否认为在退休前就为老年生活完成足够储蓄	绰绰有余	28	5.2
	基本完成	262	48.7
	没有完成	248	46.1

如表5-11所示，受访者被基本养老保险全面覆盖，其中，领取商业养老保险和企业补充养老人员所占比率均低于10%，12.8%的

人认为领取的养老金完全能够满足生活开销，61.9%的人认为能够基本满足，25.3%的人认为差一点不能满足和不能满足，这与近年来上海基本养老保险替代率在50%左右波动相吻合，基本养老保险"保基本"的功能基本实现。从受访者对基本养老保险的满意度看，8.6%的人对政府养老金发放标准非常满意，29.6%的人感到满意，51.3%的人感觉一般，有10.5%的受访者不满意，总体而言，受访者对上海基本养老保险的满意度一般。

表5-11 基本养老保险满意度调查情况表

变量		合计	
		人数	百分比(%)
参保时间	15年以下	132	24.5
	15年—20年	243	45.2
	20年—30年	99	18.4
	30年以上	64	11.9
领取养老保险性质	政府基本养老保险	538	100.0
	商业养老保险	49	9.1
	企业补充养老保险	45	8.4
是否能满足基本生活费的开销	完全满足	69	12.8
	基本满足	333	61.9
	差一点不能满足	90	16.7
	不能满足	46	8.6
对政府养老金发放标准是否满意	非常满意	46	8.6
	满意	159	29.6
	一般	276	51.3
	不满意	57	10.5

(续表)

变量		合计	
		人数	百分比(%)
政府每年进行的养老补贴是否能够满足基本生活需求	能够	99	18.4
	一般	357	66.4
	不能够	82	15.2
是否希望政府财政对基本养老保险进行再补贴	非常希望	179	33.3
	希望	309	57.4
	无所谓	50	9.3
是否希望增加养老金	非常希望	214	39.8
	希望	307	57.0
	无所谓	17	3.2
希望增加的养老金数额	500元	16	3.0
	1000元	197	36.6
	1500元	179	33.3
	2000元	102	19.0
	其他	44	8.2
希望养老金"跟随物价调整"还是"跟随在职人员工资调整"	跟随物价	408	75.8
	跟随在职人员工资	117	21.7
	其他	13	2.4
是否担心将来的养老问题	很担心	83	15.4
	比较担心	268	49.8
	不担心	187	34.8

(续表)

变量		合计	
		人数	百分比(%)
是否愿意多购买几份商业养老保险	愿意	149	27.7
	一般	161	29.9
	不愿意,觉得没有必要	201	37.4
	其他	27	5.0
认为养老问题应该由谁来承担	政府	422	78.4
	个人	393	73.0
	子女	186	34.6
	社会组织	41	7.6
	其他	21	3.9

当问到"政府每年进行的养老补贴是否能够满足基本生活需求"时,有18.4%的受访者认为能够满足,66.4%的人认为一般,认为不能够满足基本生活需求的比例为15.2%;绝大比例的受访者"非常希望"或"希望"政府财政对基本养老保险进行再补贴,合计比例为90.7%。当问到"是否希望增加养老金"时,39.8%的受访者非常希望增加养老金,57.0%的受访者希望增加养老金,二者合计比例高达96.7%,仅有3.2%的受访者认为"无所谓";对于希望增加的养老金数额,选择1000元和1500元的居多,分别为36.6%和33.3%,有19.0%的受访者希望增加2000元养老金。关于养老金调整机制,75.8%的受访者希望跟随物价调整,25.7%的人希望跟随在职人员工资调整。受访者中有65.2%的人是担心未来养老问题的,仅有34.8%的人不担心。当问到"如果回到20年前,您是否愿意多购买几份商业养老保险"时,仅有27.7%的人愿意当时多购买几份商业养老保险,37.4%的人不愿意购买,觉得没有必要,这与近五

成比例的人在退休前没有完成储蓄,但仅有 19.1% 的人在退休后参加工作的情况相符。

对于养老责任应该由谁承担的问题,有 78.4% 的人认为应该由政府承担,占比最高,同时有 73.0% 的受访者认为个人也需要承担养老责任,而认为子女应该承担此责任的比例为 34.6%,仅有 7.6% 的人认为应由社会组织承担部分养老责任。可以看出,绝大多数受访者在养老方面对政府的依赖程度较高,虽然也愿意通过自身努力和其他渠道改善退休生活,但仍希望政府增加财政补贴和及时调整养老金,对商业养老保险的兴趣和信任度不高,原因可能有二,其一是养老观念的守旧性,政府养老和养儿防老的观念占据主流;其二是对商业养老保险的不了解,由于各种条件限制,商业养老保险宣传不足,误解保险不相信风险时有发生,且没有意识到商业养老保险可以成为养老金收入的支柱之一。

3. 影响因素与政府养老金发放标准满意度的交叉分析

(1) 个人属性变量与政府养老金发放标准满意度的交叉分析

表 5-12 的卡方独立检验数据表明:性别、年龄、文化程度对受访者关于政府养老金发放标准的满意度均有显著性影响。

(2) 家庭属性变量与政府养老金发放标准满意度的交叉分析

表 5-13 的卡方独立检验数据表明:婚姻状况、居住情况、退休前所在单位性质、子女个数均对受访者关于政府养老金发放标准的满意度有显著性影响。

(3) 经济属性变量与政府养老金发放标准满意度的交叉分析

表 5-14 的卡方独立检验数据表明:月均收入、退休后收入渠道、退休前储蓄情况,除了"儿女赡养"之外,均对受访者关于政府养老金发放标准的满意度有显著影响。

表 5-12 个人属性变量与政府养老金发放标准满意度的交叉分析

变量	变量值	对政府养老金发放标准的满意度				Person 卡方值	P 值
		非常满意	满意	一般	不满意		
性别	男性	12.8%	30.0%	42.4%	14.8%	26.356	0.000
	女性	4.6%	29.2%	59.4%	6.8%		
年龄（岁）	50-54	10.9%	33.3%	49.6%	6.3%	180.197	0.000
	55-59	8.3%	33.9%	46.2%	11.6%		
	60-64	15.4%	29.8%	37.5%	17.3%		
	65-69	12.9%	37.1%	43.8%	6.2%		
	70-74	7.4%	39.6%	46.6%	6.4%		
	75-79	17.8%	34.2%	40.2%	7.8%		
	80岁及以上	8.6%	29.6%	51.2%	9.6%		
文化程度	小学	6.1%	37.8%	43.9%	12.2%	69.02	0.000
	初中	1.1%	21.8%	63.7%	13.4%		
	高中	10.7%	39.0%	41.0%	9.3%		
	大学本专科	27.3%	31.2%	39.0%	2.6%		
	硕士及以上	14.8%	35.2%	45.2%	4.8%		

表5-13 家庭属性变量与政府养老金发放标准满意度的交叉分析

变量	变量值	对政府养老金发放标准的满意度				Person卡方值	P值
		非常满意	满意	一般	不满意		
婚姻状况	已婚（配偶健在）	8.8%	26.9%	54.9%	9.3%	51.459	0.000
	丧偶	15.7%	19.3%	41.0%	24.1%		
	离异	0.0%	44.6%	52.3%	3.1%		
	无婚姻经历	4.9%	50.4%	33.3%	11.4%		
居住情况	自己单住	13.3%	59.2%	24.5%	3.1%	280.536	0.000
	夫妻同住	10.1%	31.0%	55.8%	3.1%		
	和子女或成年孙辈一起住	12.5%	43.8%	31.2%	12.5%		
	和未成年孙辈一起住	10.0%	40.0%	50.0%	0.0%		
	其他	0.0%	33.3%	66.7%	0.0%		

(续表)

变量	变量值	对政府养老金发放标准的满意度				Person 卡方值	P值
		非常满意	满意	一般	不满意		
子女人数	无	0.0%	56.3%	41.7%	2.0%	69.02	0.000
	1个	9.8%	17.9%	61.6%	10.7%		
	2个	12.1%	26.3%	49.0%	12.6%		
	3个	0.0%	42.5%	53.8%	3.8%		
	3个以上	11.0%	26.0%	47.0%	16.0%		
退休前所在单位性质	机关	31.5%	46.7%	18.5%	3.3%	160.707	0.000
	事业单位	0.0%	38.3%	59.3%	2.5%		
	国有企业	1.9%	23.4%	59.3%	15.3%		
	"三资"企业	0.0%	18.3%	76.7%	5.2%		
	私人企业	12.7%	28.2%	39.4%	19.7%		
	乡镇企业	22.2%	22.2%	44.4%	11.1%		
	自我雇佣或自主创业	33.3%	16.7%	33.3%	16.7%		
	自由职业	0.0%	20.0%	70.0%	10.0%		

表5-14 经济属性变量与政府养老金发放标准满意度的交叉分析

变量	变量值	对政府养老金发放标准的满意度				Person卡方值	P值
		非常满意	满意	一般	不满意		
月均收入	1000元以下	0.0%	52.1%	14.6%	33.3%	212.379	0.000
	1000元—2000元	0.0%	24.8%	68.3%	6.9%		
	2000元—3000元	0.0%	26.9%	60.0%	13.1%		
	3000元—4000元	8.5%	24.8%	54.3%	12.4%		
	4000元—5000元	16.9%	9.2%	72.3%	1.5%		
	5000元以上	36.9%	55.4%	7.7%	0.0%		
退休前储蓄情况	绰绰有余	25.0%	67.9%	7.1%	0.0%	113.706	0.000
	基本完成	13.7%	34.7%	49.2%	2.3%		
	没有完成	1.2%	19.8%	58.5%	20.6%		

（续表）

变量	变量值	对政府养老金发放标准的满意度				Person 卡方值	P 值
		非常满意	满意	一般	不满意		
退休后收入渠道	政府基本养老保险	8.6%	29.6%	51.3%	10.6%	—	—
	商业养老保险	44.9%	16.3%	38.8%	0.0%	93.853	0.000
	企业补充养老保险	4.4%	26.7%	68.9%	0.0%	9.27	0.026
	个人存款	13.4%	41.2%	28.9%	16.5%	24.222	0.000
	投资产品	26.0%	38.0%	22.0%	14.0%	30.790	0.000
	儿女赡养	11.1%	25.4%	55.6%	7.9%	3.902	0.272
	老伴供养	1.9%	17.3%	67.3%	13.5%	9.199	0.027
	低保	0.0%	0.0%	50.0%	50.0%	22.669	0.000
	个人劳动所得	10.6%	32.0%	44.8%	12.6%	42.884	0.000
	政府有关福利	0.0%	22.4%	25.4%	52.2%	143.172	0.000
	其他	0.0%	40.0%	60.0%	0.0%	35.196	0.000

(4)养老保险评价及预期变量与政府养老金发放标准满意度的交叉分析

表5-15的卡方独立检验数据表明：参保时间、养老金是否满足生活开销、是否担心将来养老问题、是否希望增加养老金，均对受访者关于政府养老金发放标准的满意度产生显著影响。

4.政府养老金发放标准满意度影响因素的方差分析

通过各自变量与受访退休人群对养老金发放标准满意度的单因素分析，已初步了解个人属性变量、家庭属性变量、经济属性变量以及养老保险评价及预期变量对满意度的影响。由于单因素分析未控制其他变量对因变量的影响，其结果只能大致判断各自变量对满意度有无影响和影响的方向，无法判断所有变量对退休参保者满意度的共同影响程度。为了分析所有因素交互作用下的情况以及这些变量对受访者满意度的协同影响，本研究将利用Logistic回归模型做进一步分析。

模型中因变量是养老金发放标准的满意度，该变量为四分类变量，即"非常满意""满意""一般"和"不满意"。非常满意=1，满意=2，一般=3，不满意=4。Logistic回归模型的一般形式如下：

$$P_i = F(\alpha + \sum \beta_j X_{ij}) = \frac{1}{1 + \exp\{[-(\alpha + \sum \beta_j X_{ij})]\}} \quad (5.9)$$

式中，P_i表示受访退休者的满意度，X_{ij}表示第i个受访者的第j个影响因素，α为回归截距，β_j为回归系数。首先，进行各影响因素的方差分析。

(1)性别特征与满意度的方差分析

由于性别特征变量值只有两个，不能使用One-Way ANOVA方法进行分析，因此采用独立样本T检验（Independence-Sample T Test）方法。结果见表5-16。

表 5-15 养老保险评价及预期变量与政府养老金发放标准满意度的交叉分析

变量	变量值	对政府养老金发放标准的满意度				Person 卡方值	P 值
		非常满意	满意	一般	不满意		
参保时间	15年以下	0.0%	35.6%	52.3%	12.1%	183.280	0.000
	15年—20年	4.5%	23.0%	64.6%	7.8%		
	20年—30年	35.4%	42.4%	21.2%	1.0%		
	30年以上	0.0%	21.9%	45.3%	32.8%		
是否满足生活开销	完全满足	33.3%	47.8%	18.8%	0.0%	281.006	0.000
	基本满足	6.9%	31.8%	57.1%	4.2%		
	差一点不能满足	0.0%	22.2%	65.6%	12.2%		
	不能满足	0.0%	0.0%	30.4%	69.6%		
是否担心将来养老	很担心	0.0%	22.9%	37.3%	39.8%	163.369	0.000
	比较担心	4.1%	21.6%	67.5%	6.7%		
	不担心	18.7%	43.9%	34.2%	3.2%		
是否希望增加养老金	非常希望	5.1%	24.8%	50.9%	19.2%	132.901	0.000
	希望	7.2%	33.2%	54.4%	5.2%		
	无所谓	76.5%	23.5%	0.0%	0.0%		

表 5-16　受访者性别与政府养老金发放标准满意度的独立样本 T 检验

计算方法	Levene 方差齐次性检验		均值方程的 T 检验		
	F 值	P 值	T 值	Df 自由度	P 值(双侧)
假设方差相等	33.710	0.000	-1.358	536	0.189
假设方差不相等			-1.341	471.927	0.192

由表 5-16 可以看出 Levene 方差齐次性检验的 P 值为 0.000<0.05，说明两样本数据不具有方差齐次性，应该读取"P 值（双侧）"列中"假设方差不相等"这一行的结果，该值为 0.192（大于 0.05），说明不同性别的受访退休者对政府养老金发放标准的满意度不具有显著性差异。

（2）年龄与满意度的方差分析

由于年龄的变量值在 3 个以上，可以采用 One-Way ANOVA 方法进行方差分析。基本步骤如下：首先进行样本的方差齐次性检验(Test of Homogeneity of Variances)，如果方差齐次性检验 Sig. 的值大于 0.05，说明数据具有方差齐次性，在"多重比较结果"（Multiple Comparisons）中应该读取 LSD 法的计算值；如果方差齐次性检验 Sig. 的值小于 0.05，说明数据不具有方差齐次性，读取 Tamhane T2 法的计算值。

表 5-17　年龄方差齐次性检验

Levene 统计量	自由度 1(Df1)	自由度 2(Df2)	P 值
16.745	6	531	0.000

由表 5-17 看出，方差齐次性检验的 Levene 统计量为 16.745，在当前自由度下对应的显著性水平 Sig. 值（P 值）为 0.000<0.05，说明两样本数据不具有方差齐次性，应该在"多重比较结果"读取 Tamhane T2 法的计算值。各组数据两两之间对照比较的结果见表 5-18。

表 5-18 多重比较结果（年龄）因变量：满意度（Tamhane T2 法）

年龄 I	年龄 J	均值差	标准误	显著性检验 Sig.	95% 置信区间	
					下限	上限
50—54 岁	55—59 岁	0.469*	0.091	0.000	0.18	0.76
	60—64 岁	0.495*	0.112	0.001	0.14	0.85
	65—69 岁	0.630*	0.086	0.000	0.35	0.91
	70—74 岁	0.243	0.092	0.199	-0.05	0.54
	75—79 岁	0.563*	0.099	0.000	0.25	0.88
	80 岁及以上	-0.531*	0.108	0.000	-0.88	-0.18
55—59 岁	50—54 岁	-0.469*	0.091	0.000	-0.76	-0.18
	60—64 岁	0.026	0.114	0.797	-0.33	0.38
	65—69 岁	0.161	0.089	0.787	-0.11	0.43
	70—74 岁	-0.225	0.094	0.318	-0.52	0.07
	75—79 岁	0.094	0.101	0.576	-0.22	0.41
	80 岁及以上	-1.000*	0.110	0.000	-1.35	-0.65

(续表)

年龄 I	年龄 J	均值差	标准误	显著性检验 Sig.	95% 置信区间	
					下限	上限
60—64 岁	50—54 岁	-0.495*	0.112	0.001	-0.85	-0.14
	55—59 岁	-0.026	0.114	0.797	-0.38	0.33
	65—69 岁	0.135	0.111	0.995	-0.21	0.48
	70—74 岁	-0.252	0.115	0.475	-0.61	0.10
	75—79 岁	0.067	0.121	0.831	-0.31	0.44
	80 岁及以上	-1.026*	0.128	0.000	-1.43	-0.63
65—69 岁	50—54 岁	-0.630*	0.086	0.000	-0.91	-0.35
	55—59 岁	-0.161	0.089	0.787	-0.43	0.11
	60—64 岁	-0.135	0.111	0.995	-0.48	0.21
	70—74 岁	-0.387*	0.090	0.001	-0.66	-0.11
	75—79 岁	-0.067	0.097	0.746	-0.37	0.23
	80 岁及以上	-1.161*	0.106	0.000	-1.50	-0.83

(续表)

年龄 I	年龄 J	均值差	标准误	显著性检验 Sig.	95% 置信区间 下限	95% 置信区间 上限
70—74 岁	50—54 岁	-0.243	0.092	0.199	-0.54	0.05
	55—59 岁	0.225	0.094	0.318	-0.07	0.52
	60—64 岁	0.252	0.115	0.475	-0.10	0.61
	65—69 岁	0.387*	0.090	0.001	0.11	0.66
	75—79 岁	0.319*	0.102	0.047	0.00	0.64
	80 岁及以上	-0.775*	0.111	0.000	-1.12	-0.43
75—79 岁	50—54 岁	-0.563*	0.099	0.000	-0.88	-0.25
	55—59 岁	-0.094	0.101	0.576	-0.41	0.22
	60—64 岁	-0.067	0.121	0.831	-0.44	0.31
	65—69 岁	0.067	0.097	0.746	-0.23	0.37
	70—74 岁	-0.319*	0.102	0.047	-0.64	0.00
	80 岁及以上	-1.094*	0.117	0.000	-1.46	-0.73

（续表）

年龄 I	年龄 J	均值差	标准误	显著性检验 Sig.	95% 置信区间	
					下限	上限
80岁及以上	50—54岁	0.531*	0.108	0.000	0.18	0.88
	55—59岁	1.000*	0.110	0.000	0.65	1.35
	60—64岁	1.026*	0.128	0.000	0.63	1.43
	65—69岁	1.161*	0.106	0.000	0.83	1.50
	70—74岁	0.775*	0.111	0.000	0.43	1.12
	75—79岁	1.094*	0.117	0.000	0.73	1.46

注：均值差的显著性水平为0.05。

由表 5-18 可以看出，年龄与受访者满意度并非简单的线性关系。结合交叉分析结果，50—54 岁与 70—74 岁年龄组、55—59 岁与 60—79 岁年龄组、70—74 岁与 50—64 岁年龄组、75—79 岁与各个年龄组的人群在满意度方面有相似之处，这说明不同年龄段人群的满意度相似性较高，并非随年龄单向变化。

（3）文化程度与满意度的方差分析

由于文化程度的变量值在 3 个以上，可以采用 One-Way ANOVA 方法进行方差分析，基本步骤同上。

表 5-19 文化程度方差齐次性检验

Levene 统计量	自由度 1(Df1)	自由度 2(Df2)	P 值
11.375	4	533	0.000

由表 5-19 可以看出，方差齐次性检验的 Levene 统计量为 11.375，在当前自由度下对应的显著性水平 Sig. 值（P 值）为 0.000，小于 0.05，说明两样本数据不具有方差齐次性，应该在"多重比较结果"读取 Tamhane T2 法的计算值。各组数据两两之间对照比较的结果见表 5-20。

表 5-20 的多重比较结果显示，不同受教育程度的受访者在满意度方面，"小学""初中""大学本专科"之间存在显著性差异，而"小学"与"高中""硕士及以上"文化程度的满意度有相似之处，"硕士及以上"与其他组之间的显著性概率均大于 0.05，说明其满意度不存在显著差异。

表 5-20 多重比较结果（文化程度）因变量：满意度（Tamhane T2 法）

文化程度 I	文化程度 J	均值差	标准误	显著性检验 Sig.	95%置信区间	
					下限	上限
小学	初中	-0.272*	0.079	0.007	-0.50	-0.05
	高中	0.022	0.095	0.737	-0.25	0.29
	大学本专科	0.453*	0.117	0.002	0.12	0.79
	硕士及以上	0.372	0.483	0.899	-3.06	3.80
初中	小学	0.272*	0.079	0.007	0.05	0.50
	高中	0.294*	0.084	0.006	0.06	0.53
	大学本专科	0.725*	0.109	0.000	0.41	1.04
	硕士及以上	0.644	0.481	0.958	-2.83	4.12
高中	小学	-0.022	0.095	0.737	-0.29	0.25
	初中	-0.294*	0.084	0.006	-0.53	-0.06
	大学本专科	0.431*	0.121	0.005	0.09	0.78
	硕士及以上	0.350	0.484	0.899	-3.06	3.76

（续表）

文化程度 I	文化程度 J	均值差	标准误	显著性检验 Sig.	95%置信区间	
					下限	上限
大学本专科	小学	-0.453*	0.117	0.002	-0.79	-0.12
	初中	-0.725*	0.109	0.000	-1.04	-0.41
	高中	-0.431*	0.121	0.005	-0.78	-0.09
	硕士及以上	-0.081	0.489	0.546	-3.37	3.21
硕士及以上	小学	-0.372	0.483	0.999	-3.80	3.06
	初中	-0.644	0.481	0.958	-4.12	2.83
	高中	-0.350	0.484	0.999	-3.76	3.06
	大学本专科	0.081	0.489	0.546	-3.21	3.37

注：均值差的显著性水平为 0.05。

(4) 退休前所在单位性质与满意度的方差分析

由于退休前所在单位性质的变量值在3个以上,可以采用One-Way ANOVA方法进行方差分析,基本步骤同上。

表 5-21 退休前所在单位性质的方差齐次性检验

Levene 统计量	自由度 1(Df1)	自由度 2(Df2)	P 值
8.130	7	530	0.000

由表 5-21 可以看出,方差齐次性检验的 Levene 统计量为 8.130,在当前自由度下对应的显著性水平 Sig. 值(P 值)为 0.000,小于 0.05,说明两样本数据不具有方差齐次性,应该在"多重比较结果"读取 Tamhane T2 法的计算值。各组数据两两之间对照比较的结果见表 5-22。

表 5-22 的多重比较结果显示,不同单位性质的受访者在满意度方面,"机关"与"事业单位""国有企业""三资企业"和"私人企业"之间存在显著性差异,而与"乡镇企业""自我雇佣或自主创业""自由职业"受访者的满意度有相似之处,"乡镇企业""自我雇佣或自主创业""自由职业"与其他组之间的显著性概率均大于 0.05,说明其满意度不存在显著差异,除了"机关"之外,其他群组受访者的满意度均有相似之处。

(5) 婚姻状况与满意度的方差分析

由于婚姻的变量值在3个以上,可以采用One-Way ANOVA方法进行方差分析。先进行方差齐次性检验,结果如表 5-23 所示。

表 5-22 多重比较结果（退休前所在单位性质）因变量：满意度（Tamhane T2 法）

所在单位 I	所在单位 J	均值差	标准误	显著性检验 Sig.	95% 置信区间 下限	95% 置信区间 上限
机关	事业单位	-0.707*	0.102	0.000	-1.03	-0.38
	国有企业	-0.946*	0.095	0.000	-1.25	-0.64
	"三资"企业	-0.932*	0.103	0.000	-1.26	-0.61
	私人企业	-0.727*	0.139	0.000	-1.17	-0.29
	乡镇企业	-0.510	0.348	0.996	-2.03	1.01
	自我雇佣或自主创业	-0.399	0.501	0.862	-3.29	2.49
	自由职业	-0.965*	0.198	0.008	-1.73	-0.20
事业单位	机关	0.707*	0.102	0.000	0.38	1.03
	国有企业	-0.238*	0.075	0.049	-0.48	0.00
	"三资"企业	-0.225	0.085	0.219	-0.49	0.04
	私人企业	-0.020	0.126	0.739	-0.42	0.38
	乡镇企业	0.198	0.343	0.833	-1.33	1.73
	自我雇佣或自主创业	0.309	0.498	0.805	-2.62	3.24
	自由职业	-0.258	0.189	0.998	-1.03	0.51

(续表)

所在单位 I	所在单位 J	均值差	标准误	显著性检验 Sig.	95% 置信区间	
					下限	上限
国有企业	机关	0.946*	0.095	0.000	0.64	1.25
	事业单位	0.238*	0.075	0.049	0.00	0.48
	"三资"企业	0.014	0.076	0.891	-0.23	0.26
	私人企业	0.218	0.121	0.884	-0.17	0.61
	乡镇企业	0.436	0.341	0.999	-1.10	1.97
	自我雇用或自主创业	0.547	0.497	0.792	-2.40	3.49
	自由职业	-0.020	0.185	0.912	-0.79	0.75
"三资"企业	机关	0.932*	0.103	0.000	0.61	1.26
	事业单位	0.225	0.085	0.219	-0.04	0.49
	国有企业	-0.014	0.076	0.891	-0.26	0.23
	私人企业	0.205	0.127	0.961	0-.20	0.61
	乡镇企业	0.422	0.343	0.785	-1.11	1.95
	自我雇用或自主创业	0.533	0.498	0.897	-2.39	3.46
	自由职业	-0.033	0.189	0.816	-0.80	0.74

（续表）

所在单位 I	所在单位 J	均值差	标准误	显著性检验 Sig.	95%置信区间 下限	95%置信区间 上限
私人企业	机关	0.727*	0.139	0.000	0.29	1.17
	事业单位	0.020	0.126	0.739	-0.38	0.42
	国有企业	-0.218	0.121	0.884	-0.61	0.17
	"三资"企业	-0.205	0.127	0.961	-0.61	0.20
	乡镇企业	0.218	0.356	0.798	-1.29	1.72
	自我雇佣或自主创业	0.329	0.507	0.922	-2.51	3.16
	自由职业	-0.238	0.211	0.856	-1.02	0.54
乡镇企业	机关	0.510	0.348	0.996	-1.01	2.03
	事业单位	-0.198	0.343	0.833	-1.73	1.33
	国有企业	-0.436	0.341	0.999	-1.97	1.10
	"三资"企业	-0.422	0.343	0.785	-1.95	1.11
	私人企业	-0.218	0.356	0.798	-1.72	1.29
	自我雇佣或自主创业	0.111	0.599	0.879	-2.45	2.67
	自由职业	-0.456	0.383	0.901	-1.97	1.06

(续表)

所在单位 I	所在单位 J	均值差	标准误	显著性检验 Sig.	95%置信区间	
					下限	上限
自我雇佣或自主创业	机关	0.399	0.501	0.862	-2.49	3.29
	事业单位	-0.309	0.498	0.805	-3.24	2.62
	国有企业	-0.547	0.497	0.792	-3.49	2.40
	"三资"企业	-0.533	0.498	0.897	-3.46	2.39
	私人企业	-0.329	0.507	0.922	-3.16	2.51
	乡镇企业	-0.111	0.599	0.879	-2.67	2.45
	自由职业	-0.567	0.526	0.796	-3.26	2.13
自由职业	机关	0.965*	0.198	0.008	0.20	1.73
	事业单位	0.258	0.189	0.998	-0.51	1.03
	国有企业	0.020	0.185	0.912	-0.75	0.79
	"三资"企业	0.033	0.189	0.816	-0.74	0.80
	私人企业	0.238	0.211	0.856	-0.54	1.02
	乡镇企业	0.456	0.383	0.901	-1.06	1.97
	自我雇佣或自主创业	0.567	0.526	0.796	-2.13	3.26

注：均值差的显著性水平为0.05。

表 5-23　婚姻状况方差齐次性检验

Levene 统计量	自由度 1(Df1)	自由度 2(Df2)	P 值
11.605	3	534	0.000

由表 5-23 可以看出，方差齐次性检验的 Levene 统计量为 11.605，在当前自由度下对应的显著性水平 Sig. 值（P 值）为 0.000，小于 0.05，说明两样本数据不具有方差齐次性，应该在"多重比较结果"读取 Tamhane T2 法的计算值。各组数据两两之间对照比较的结果见表 5-24。

表 5-24　多重比较结果（婚姻状况）因变量：满意度（Tamhane T2 法）

婚姻状况 I	婚姻状况 J	均值差	标准误	显著性检验 Sig.	95% 置信区间	
					下限	上限
已婚（配偶健在）	丧偶	-0.087	0.117	0.975	-0.40	0.23
	离异	0.063	0.080	0.965	-0.15	0.28
	无婚姻经历	0.515*	0.099	0.000	0.23	0.80
丧偶	已婚(配偶健在)	0.087	0.117	0.975	-0.23	0.40
	离异	0.150	0.130	0.820	-0.20	0.50
	无婚姻经历	0.602*	0.143	0.000	0.21	0.99
离异	已婚(配偶健在)	-0.063	0.080	0.965	-0.28	0.15
	丧偶	-0.150	0.130	0.820	-0.50	0.20
	无婚姻经历	0.451*	0.114	0.002	.13	0.77
无婚姻经历	已婚(配偶健在)	-0.515*	0.099	0.000	-0.80	-0.23
	丧偶	-0.602*	0.143	0.000	-0.99	-0.21
	离异	-0.451*	0.114	0.002	-0.77	-0.13

注：均值差的显著性水平为 0.05。

表5-24的多重比较结果显示，受访者不同的婚姻状况，其满意度有相似之处，但也存在一定差异。"无婚姻经历"的群组与其他群组之间的显著性概率均小于0.05，说明其满意度存在显著差异；而"已婚（配偶健在）"的受访者与"丧偶"和"离异"的满意度不存在明显差异。

（6）居住情况与满意度的方差分析

居住情况的变量值有5个，可以采用One-Way ANOVA方法进行方差分析。先进行方差齐次性检验，结果如表5-25所示。

表5-25 居住情况的方差齐次性检验

Levene 统计量	自由度1(Df1)	自由度2(Df2)	P值
19.165	4	533	0.000

由表5-25可以看出，方差齐次性检验的Levene统计量为19.165，在当前自由度下对应的显著性水平Sig.值（P值）为0.000，小于0.05，说明两样本数据不具有方差齐次性，应该在"多重比较结果"读取Tamhane T2法的计算值。各组数据两两之间对照比较的结果见表5-26。

表5-26的多重比较结果显示，群组之间显著性概率均小于0.5，说明不同居住情况的受访者在满意度方面均存在显著性差异。

（7）子女个数与满意度的方差分析

子女个数的变量值有5个，可以采用One-Way ANOVA方法进行方差分析。先进行方差齐次性检验，结果如表5-27所示。

表 5-26 多重比较结果（居住情况）因变量：满意度（Tamhane T2 法）

居住情况 I	居住情况 J	均值差	标准误	显著性检验 Sig.	95% 置信区间	
					下限	上限
自己单住	夫妻同住	-0.345*	0.080	0.000	-0.57	-0.12
	和子女或成年孙辈一起住	-1.112*	0083	0.000	-1.35	-0.88
	和未成年孙辈一起住	-1.827*	0.070	0.000	-2.03	-1.63
	其他	-1.827*	0.070	0.000	-2.03	-1.63
夫妻同住	自己单住	0.345*	0.080	0.000	0.12	0.57
	和子女或成年孙辈一起住	-0.767*	0.061	0.000	-0.94	-0.60
	和未成年孙辈一起住	-1.482*	0.040	0.000	-1.59	-1.37
	其他	-1.482*	0.040	0.000	-1.59	-1.37
和子女或成年孙辈一起住	自己单住	1.112*	0.083	0.000	0.88	1.35
	夫妻同住	0.767*	0.061	0.000	0.60	0.94
	和未成年孙辈一起住	-0.714*	0.046	0.000	-0.85	-0.58
	其他	-0.714*	0.046	0.000	-0.85	-0.58

(续表)

居住情况 I	居住情况 J	均值差	标准误	显著性检验 Sig.	95% 置信区间 下限	95% 置信区间 上限
和未成年孙辈一起住	自己单住	1.827*	0.070	0.000	1.63	2.03
	夫妻同住	1.482*	0.040	0.000	1.37	1.59
	和子女或成年孙辈一起住	0.714*	0.046	0.000	0.58	0.85
	其他	0.256*	0.012	0.000	-0.19	0.70
其他	自己单住	1.827*	0.070	0.000	1.63	2.03
	夫妻同住	1.482*	0.040	0.000	1.37	1.59
	和子女或成年孙辈一起住	0.714*	0.046	0.000	0.58	0.85
	和未成年孙辈一起住	0.237*	0.012	0.000	-0.21	0.26

注：均值差的显著性水平为 0.05。

表 5-27 子女个数的方差齐次性检验

Levene 统计量	自由度 1(Df1)	自由度 2(Df2)	P 值
5.402	4	533	0.000

由表 5-27 可以看出，方差齐次性检验的 Levene 统计量为 5.402，在当前自由度下对应的显著性水平 Sig. 值（P 值）为 0.000，小于 0.05，说明两样本数据不具有方差齐次性，应该在"多重比较结果"读取 Tamhane T2 法的计算值。各组数据两两之间对照比较的结果见表 5-28。

表 5-28 多重比较结果（子女个数）因变量：满意度（**Tamhane T2** 法）

子女个数 I	子女个数 J	均值差	标准误	显著性检验 Sig.	95% 置信区间	
					下限	上限
无	1 个	-0.274	0.108	0.117	-0.58	0.03
	2 个	-0.163	0.099	0.667	-0.45	0.12
	3 个	-0.154	0.101	0.747	-0.44	0.13
	3 个以上	-0.222	0.118	0.470	-0.56	0.11
1 个	无	0.274	0.108	0.117	-0.03	0.58
	2 个	0.111	0.096	0.942	-0.16	0.38
	3 个	0.120	0.097	0.916	-0.16	0.39
	3 个以上	0.052	0.115	0.833	-0.27	0.38
2 个	无	0.163	0.099	0.667	-0.12	0.45
	1 个	-0.111	0.096	0.942	-0.38	0.16
	3 个	0.009	0.088	0.732	-0.24	0.26
	3 个以上	-0.059	0.107	0.897	-0.36	0.24

(续表)

子女个数 I	子女个数 J	均值差	标准误	显著性检验 Sig.	95% 置信区间	
					下限	上限
3 个	无	0.154	0.101	0.747	-0.13	0.44
	1 个	-.120	0.097	0.916	-0.39	0.16
	2 个	-.009	0.088	0.732	-0.26	0.24
	3 个以上	-.068	0.108	0.999	-0.37	0.24
3 个以上	无	0.222	0.118	0.470	-0.11	0.56
	1 个	-0.052	0.115	0.833	-0.38	0.27
	2 个	0.059	0.107	0.897	-0.24	0.36
	3 个	0.068	0.108	0.999	-0.24	0.37

注：均值差的显著性水平为 0.05。

表 5-28 的多重比较结果显示，群组之间显著性概率均大于 0.5，说明不同子女个数的受访者在满意度方面均不存在显著性差异，子女人数多少并未对受访者的满意度产生影响。

（8）月均收入与满意度的方差分析

月均收入的变量值在 3 个以上，故可以采用 One-Way ANOVA 方法进行方差分析。先进行方差齐次性检验，结果如表 5-29 所示。

表 5-29 月均收入的方差齐次性检验

Levene 统计量	自由度 1(Df1)	自由度 2(Df2)	P 值
11.159	5	532	0.002

由表 5-29 可以看出，方差齐次性检验的 Levene 统计量为 11.159，在当前自由度下对应的显著性水平 Sig. 值（P 值）为 0.002，小于 0.05，说明两样本数据不具有方差齐次性，应该在"多

重比较结果"读取 Tamhane T2 法的计算值。各组数据两两之间对照比较的结果见表 5-30。

表 5-30 多重比较结果（月均收入）因变量：满意度（Tamhane T2 法）

月均收入 I	月均收入 J	均值差	标准误	显著性检验 Sig.	95%置信区间	
					下限	上限
1000 元以下	1000—2000 元	-0.009	0.142	0.832	-0.44	0.42
	2000—3000 元	-0.049	0.143	0.729	-0.48	0.39
	3000—4000 元	0.107	0.149	0.851	-0.34	0.56
	4000—5000 元	0.228	0.164	0.937	-0.27	0.72
	5000 元以上	1.105*	0.152	0.000	0.65	1.56
1000—2000 元	1000 元以下	0.009	0.142	0.832	-0.42	0.44
	2000—3000 元	-0.040	0.076	0.647	-0.27	0.19
	3000—4000 元	0.116	0.088	0.956	-0.14	0.38
	4000—5000 元	0.237	0.111	0.420	-0.10	0.57
	5000 元以上	1.114*	0.092	0.000	0.84	1.39
2000—3000 元	1000 元以下	0.049	0.143	0.729	-0.39	0.48
	1000—2000 元	0.040	0.076	0.647	-0.19	0.27
	3000—4000 元	0.156	0.089	0.710	-0.11	0.42
	4000—5000 元	0.277	0.112	0.202	-0.06	0.61
	5000 元以上	1.154*	0.093	0.000	0.88	1.43
3000—4000 元	1000 元以下	-0.107	0.149	0.851	-0.56	0.34
	1000—2000 元	-0.116	0.088	0.956	-0.38	0.14
	2000—3000 元	-0.156	0.089	0.710	-0.42	0.11
	4000—5000 元	0.121	0.120	0.997	-0.24	0.48
	5000 元以上	0.998*	0.103	0.000	0.69	1.30

(续表)

月均收入 I	月均收入 J	均值差	标准误	显著性检验 Sig.	95%置信区间	
					下限	上限
4000—5000元	1000元以下	−0.228	0.164	0.937	−0.72	0.27
	1000—2000元	−0.237	0.111	0.420	−0.57	0.10
	2000—3000元	−0.277	0.112	0.202	−0.61	0.06
	3000—4000元	−0.121	0.120	0.997	−0.48	0.24
	5000元以上	0.877*	0.123	0.000	0.51	1.25
5000年元以上	1000元以下	−1.105*	0.152	0.000	−1.56	−0.65
	1000—2000元	−1.114*	0.092	0.000	−1.39	−0.84
	2000—3000元	−1.154*	0.093	0.000	−1.43	−0.88
	3000—4000元	−0.998*	0.103	0.000	−1.30	−0.69
	4000—5000元	−0.877*	0.123	0.000	−1.25	−0.51

注：均值差的显著性水平为0.05。

由表5-30可知，退休前年均收入在"5000元以上"的受访者在养老金满意度方面与其他各组存在显著差异，而其他组群之间的相伴概率均大于0.5，在满意度方面有较高的相似性。

(9) 退休后收入渠道与满意度的方差分析

由于退休后收入渠道有多种，每一种有两个变量值，不能使用One-Way ANOVA方法进行分析，因此采用独立样本T检验（Independence-Sample T Test）方法。结果见表5-31。

因基本养老保险全覆盖，无需比较。由表5-31可以看出"商业养老保险"Levene方差齐次性检验的P值为0.000，小于0.05，说明两样本数据不具有方差齐次性，应该读取"P值（双侧）"列中"假设方差不相等"这一行的结果，该值为0.000（小于0.05），说明是否参加商业养老保险对于受访退休者满意度具有显著性差异；

表 5-31 退休收入渠道与满意度的独立样本 T 检验

收入渠道	计算方法	Levene 方差齐次性检验		均值方程的 T 检验		
		F 值	P 值	T 值	Df 自由度	P 值（双侧）
商业养老保险	假设方差相等	15.031	0.000	6.835	536	0.000
	假设方差不相等			5.674	54.263	0.000
企业补充养老保险	假设方差相等	7.806	0.005	-0.045	536	0.964
	假设方差不相等			-0.060	61.098	0.953
个人存款	假设方差相等	14.471	0.000	2.156	536	0.032
	假设方差不相等			1.881	124.857	0.062
投资产品	假设方差相等	10.584	0.001	3.830	536	0.000
	假设方差不相等			3.025	54.739	0.004
儿女赡养	假设方差相等	0.015	0.904	0.592	536	0.554
	假设方差不相等			0.589	205.481	0.556
老伴供养	假设方差相等	20.493	0.000	-2.762	536	0.006
	假设方差不相等			-3.362	70.148	0.001

(续表)

收入渠道	计算方法	Levene方差齐次性检验		均值方程的T检验		
		F值	P值	T值	Df自由度	P值(双侧)
低保	假设方差相等	1.740	0.188	-3.896	536	0.000
	假设方差不相等			-5.696	12.142	0.000
个人劳动所得	假设方差相等	77.607	0.000	2.691	536	0.007
	假设方差不相等			3.930	310.518	0.000
政府有关福利补助	假设方差相等	4.223	0.040	-7.749	536	0.000
	假设方差不相等			-7.146	81.854	0.000
其他	假设方差相等	1.847	0.175	-1.033	536	0.302
	假设方差不相等			-1.144	4.093	0.315

"企业补充养老保险"Levene方差齐次性检验的P值为0.000,小于0.05,说明两样本数据不具有方差齐次性,应该读取"P值(双侧)"列中"假设方差不相等"这一行的结果,该值为0.953(大于0.05),说明参加企业补充养老保险与未参加企业补充养老保险的受访者对满意度不具有显著性差异。同理,是否有"个人存款""儿女赡养"和"其他"变量对于受访退休者满意度均不具有显著性差异;而是否有"投资产品""老伴供养"和是否享受"低保"的受访者满意度具有显著性差异。

(10)退休前储蓄情况与满意度的方差分析

退休前储蓄情况有3个变量值,可以采用One-Way ANOVA方法进行方差分析。先进行方差齐次性检验,结果如表5-32所示。

表5-32 退休前储蓄情况的方差齐次性检验

Levene统计量	自由度1(Df1)	自由度2(Df2)	P值
19.001	2	535	0.000

由表5-32可以看出,方差齐次性检验的Levene统计量为19.001,在当前自由度下对应的显著性水平Sig.值(P值)为0.000,小于0.05,说明两样本数据不具有方差齐次性,应该在"多重比较结果"读取Tamhane T2法的计算值。各组数据两两之间对照比较的结果见表5-33。由表可知,退休前储蓄完成情况不同,受访者在养老金满意度方面存在显著性差异。

表 5-33　多重比较结果（退休前储蓄情况）因变量：满意度（Tamhane T2 法）

是否完成储蓄 I	是否完成储蓄 J	均值差	标准误	显著性检验 Sig.	95% 置信区间	
					下限	上限
绰绰有余	基本完成	−0.579*	0.113	0.000	−0.86	−0.30
	没有完成	−1.162*	0.112	0.000	−1.44	−0.88
基本完成	绰绰有余	0.579*	0.113	0.000	0.30	0.86
	没有完成	−0.583*	0.063	0.000	−0.73	−0.43
没有完成	绰绰有余	1.162*	0.112	0.000	0.88	1.44
	基本完成	0.583*	0.063	0.000	0.43	0.73

注：均值差的显著性水平为 0.05。

(11) 参保时间与满意度的方差分析

参保时间有 4 个变量值，可以采用 One-Way ANOVA 方法进行方差分析。先进行方差齐次性检验，结果如表 5-34 所示。

表 5-34　参保时间的方差齐次性检验

Levene 统计量	自由度 1(Df1)	自由度 2(Df2)	P 值
1.964	3	534	0.118

由表 5-34 可以看出，方差齐次性检验的 Levene 统计量为 1.964，在当前自由度下对应的显著性水平 Sig. 值（P 值）为 0.118，大于 0.05，说明两样本数据具有方差齐次性，应该用 LSD 法对各个水平的均值进行计算。各组数据两两之间对照比较的结果见表 5-35。

表 5-35 多重比较结果（参保时间）因变量：满意度（LSD法）

参保时间 I	参保时间 J	均值差	标准误	显著性检验 Sig.	95% 置信区间	
					下限	上限
15 年以下	15—20 年	0.008	0.074	0.915	−0.14	0.15
	20—30 年	0.886*	0.092	0.000	0.71	1.07
	30 年以上	−0.344*	0.105	0.001	−0.55	−0.14
15—20 年	15 年以下	−0.008	0.074	0.915	−0.15	0.14
	20—30 年	0.878*	0.082	0.000	0.72	1.04
	30 年以上	−0.352*	0.097	0.000	−0.54	−0.16
20—30 年	15 年以下	−0.886*	0.092	0.000	−1.07	−0.71
	15—20 年	−0.878*	0.082	0.000	−1.04	−0.72
	30 年以上	−1.231*	0.110	0.000	−1.45	−1.01
30 年以上	15 年以下	0.344*	0.105	0.001	0.14	0.55
	15—20 年	0.352*	0.097	0.000	0.16	0.54
	20—30 年	1.231*	0.110	0.000	1.01	1.45

注：均值差的显著性水平为 0.05。

由表 5-35 可知，参保时间"15 年以下"与"15—20 年"的受访者在养老金满意度方面不存在显著性差异，而其他各组之间的相伴概率均小于 0.05，说明存在显著性差异。

（12）"基本养老金是否满足基本生活费的开销"与满意度的方差分析

关于"基本养老金是否满足基本生活费的开销"有 4 个变量值，可以采用 One-Way ANOVA 方法进行方差分析。先进行方差齐次性检验，结果如表 5-36 所示。

表 5-36　基本养老金是否满足基本生活费的开销的方差齐次性检验

Levene 统计量	自由度 1(Df1)	自由度 2(Df2)	P 值
8.815	3	534	0.000

由表 5-36 可以看出，方差齐次性检验的 Levene 统计量为 8.815，在当前自由度下对应的显著性水平 Sig. 值（P 值）为 0.000，小于 0.05，说明两样本数据不具有方差齐次性，应该在"多重比较结果"读取 Tamhane T2 法的计算值。各组数据两两之间对照比较的结果见表 5-37。

表 5-37　多重比较结果（满足开销情况）因变量：满意度（**Tamhane T2** 法）

满足情况 I	满足情况 J	均值差	标准误	显著性检验 Sig.	95% 置信区间	
					下限	上限
完全满足	基本满足	-0.731*	0.094	0.000	-0.98	-0.48
	差一点不能满足	-1.045*	0.105	0.000	-1.33	-0.76
	不能满足	-1.841*	0.110	0.000	-2.13	-1.55
基本满足	完全满足	0.731*	0.094	0.000	0.48	0.98
	差一点不能满足	-0.314*	0.072	0.000	-0.51	-0.12
	不能满足	-1.110*	0.078	0.000	-1.32	-0.90

(续表)

满足情况 I	满足情况 J	均值差	标准误	显著性检验 Sig.	95% 置信区间	
					下限	上限
差一点不能满足	完全满足	1.045*	0.105	0.000	0.76	1.33
	基本满足	0.314*	0.072	0.000	0.12	0.51
	不能满足	-0.796*	0.092	0.000	-1.04	-0.55
不能满足	完全满足	1.841*	0.110	0.000	1.55	2.13
	基本满足	1.110*	0.078	0.000	0.90	1.32
	差一点不能满足	0.796*	0.092	0.000	0.55	1.04

注：均值差的显著性水平为 0.05。

由表 5-37 可知，两两比较结果的相伴概率均小于 0.05，这说明基本养老金能否满足基本生活费开销，直接影响受访者的满意度，各组之间存在显著性差异。

(13) "是否担心未来养老"与满意度的方差分析

"是否担心未来养老"有 3 个变量值，可以采用 One-Way ANOVA 方法进行方差分析。先进行方差齐次性检验，结果如表 5-38 所示。

表 5-38 是否担心未来养老的方差齐次性检验

Levene 统计量	自由度 1(Df1)	自由度 2(Df2)	P 值
11.801	2	535	0.000

由表 5-38 可以看出，方差齐次性检验的 Levene 统计量为 11.801，在当前自由度下对应的显著性水平 Sig. 值（P 值）为 0.000，小于 0.05，说明两样本数据不具有方差齐次性，应该在"多重比较结果"读取 Tamhane T2 法的计算值。各组数据两两之间对照比较的结果见表 5-39。由表可知，两两比较结果的相伴概率均小于

0.05，这说明"是否担心将来的养老问题"直接影响受访者对基本养老金的满意度，各组之间存在显著性差异。

表 5-39 多重比较结果（是否担心未来养老）因变量：满意度（Tamhane T2 法）

担心程度 I	担心程度 J	均值差	标准误	显著性检验 Sig.	95%置信区间	
					下限	上限
很担心	比较担心	0.400*	0.094	0.000	0.17	0.63
	不担心	0.949*	0.103	0.000	0.70	1.20
比较担心	很担心	-0.400*	0.094	0.000	-0.63	-0.17
	不担心	0.549*	0.069	0.000	0.38	0.71
不担心	很担心	-0.949*	0.103	0.000	-1.20	-0.70
	比较担心	-0.549*	0.069	0.000	-0.71	-0.38

注：均值差的显著性水平为 0.05。

（14）"是否希望增加养老金"与满意度的方差分析

"是否希望增加养老金"有 3 个变量值，可以采用 One-Way ANOVA 方法进行方差分析。先进行方差齐次性检验，结果如表 5-40 所示。

表 5-40 是否希望增加养老金的方差齐次性检验

Levene 统计量	自由度 1(Df1)	自由度 2(Df2)	P 值
2.947	2	535	0.053

由表 5-40 可以看出，方差齐次性检验的 Levene 统计量为 2.947，在当前自由度下对应的显著性水平 Sig. 值（P 值）为 0.053，大于 0.05，说明两样本数据具有方差齐次性，应该用 LSD 法对各个水平的均值进行计算。各组数据两两之间对照比较的结果

见表 5-41。由表可知，各组之间的相伴概率均为 0.000，说明增加养老金的迫切程度不同，受访者在养老金满意度方面存在显著性差异，该变量对于满意度有影响作用。

表 5-41 多重比较结果（是否希望增加养老金）因变量：满意度（LSD 法）

是否希望 I	是否希望 J	均值差	标准误	显著性检验 Sig.	95%置信区间	
					下限	上限
非常希望	希望	0.265*	0.065	0.000	0.14	0.39
	无所谓	1.606*	0.184	0.000	1.24	1.97
希望	非常希望	-0.265*	0.065	0.000	-0.39	-0.14
	无所谓	1.341*	0.182	0.000	0.98	1.70
无所谓	非常希望	-1.606*	0.184	0.000	-1.97	-1.24
	希望	-1.341*	0.182	0.000	-1.70	-0.98

注：均值差的显著性水平为 0.05。

通过方差分析我们发现受访者个体属性变量中的年龄、文化程度、退休前所在单位性质都会对满意度产生影响；家庭属性变量中的婚姻状况、居住情况显示了对满意度的影响作用，而子女人数没有通过方差分析的检验；经济属性变量中的月均收入、退休前储蓄情况对满意度有明显影响，退休收入渠道变量中除儿女赡养、补充养老保险和老伴供养外，其他变量均显示了对满意度的影响；养老保险评价及预期特征变量中的参保时间、基本养老金是否满足基本生活开销、是否担心将来的养老问题和是否希望增加养老金，都会对满意度产生影响。因此，可以将通过方差分析检验的变量纳入回归模型，对子女人数、儿女赡养、补充养老保险和老伴供养四个变量作进一步考察。

5. 养老金满意度的 Logistic 回归模型及结果分析

我们将上述自变量纳入不同模型进行多元 Logistic 回归，该分析是通过数学转换将因变量的概率函数用自变量来线性表达，然后通过对方程中各自变量发生比率的考察来确定，发生比率在回归结果中给出，即 Exp（B）。发生比率表示在控制其他变量的情况下，某个自变量每变化一个单位对因变量发生比带来的变化，以体现自变量对因变量的作用。

首先，根据受访者养老金满意度与个人属性变量构建模型Ⅰ，将"不满意"设为因变量参照组。模型结果如表5-42所示。

模型Ⅰ中性别的 Wald 统计量的 Sig. 值大于 0.05，说明养老金满意度不具有性别差异。退休前所在单位的所有三个对比项的 Sig. 值均大于 0.05，说明该变量对于方程没有意义，这超出了本研究预期。年龄和文化程度变量中，"非常满意/不满意"对比项的 Sig. 值均大于 0.05，未能通过显著性检验；"满意/不满意"和"一般/不满意"对比项中，除60—64岁组外，Sig. 值均小于 0.05，说明这两个对比项中，对养老金的满意度具有年龄和文化程度方面的差异。比如，"非常满意/不满意"对比项中，"小学"文化程度的受访者选择"非常满意"的概率只有"硕士及以上"受访者的 0.298 倍，"初中"文化程度的受访者选择"非常满意"的概率是"硕士及以上"受访者的 0.377 倍，而"大学本专科"的受访者选择"非常满意"的概率是"硕士及以上"受访者的 0.816 倍，表现出文化程度越高、满意度越高的特征。

表 5-42 受访者养老金满意度的多元 Logistic 回归模型 I

解释变量		非常满意/不满意		满意/不满意		一般/不满意	
		系数 B[Exp(B)]	Sig.	系数 B[Exp(B)]	Sig.	系数 B[Exp(B)]	Sig.
常数项		-5.746	0.592	-4.093	0.093*	15.741	0.000**
性别	男	-1.371(0.254)	0.178	-1.172(0.310)	0.133	-1.345(0.260)	0.092
年龄	50—54 岁	1.229(3.632)	0.798	0.548(1.730)	0.689	2.771(15.975)	0.016**
	55—59 岁	1.965(7.135)	0.867	2.228(9.777)	0.000**	3.549(34.771)	0.003**
	60—64 岁	1.909(6.746)	0.734	2.052(7.783)	0.000**	0.735(2.086)	0.285
	65—69 岁	1.432(4.187)	0.732	2.150(8.585)	0.000**	2.367(10.669)	0.000**
	70—74 岁	1.550(4.482)	0.689	2.041(7.698)	0.000**	3.505(33.272)	0.000**
	75—79 岁	-0.503(0.605)	0.835	2.291(9.885)	0.000**	3.065(21.434)	0.010**
文化程度	小学	-1.213(0.298)	0.935	-1.571(0.208)	0.000**	-1.604(0.201)	0.000**
	初中	-0.976(0.377)	0.568	-1.656(0.190)	0.000**	-1.622(0.198)	0.000**
	高中	-0.539(0.583)	0.774	-1.566(0.210)	0.000**	-1.527(0.217)	0.000**
	大学	-0.221(0.816)	0.821	-1.475(0.229)	0.000**	-1.444(0.246)	0.000**

（续表）

解释变量		非常满意/不满意		满意/不满意		一般/不满意	
		系数B[Exp(B)]	Sig.	系数B[Exp(B)]	Sig.	系数B[Exp(B)]	Sig.
退休前所在单位	机关	1.694(5.441)	0.659	1.829(6.225)	0.254	-0.796(0.451)	0.602
	事业单位	1.458(4.297)	0.563	2.352(10.506)	0.159	2.144(8.499)	0.177
	国有企业	1.385(3.995)	0.766	0.648(1.911)	0.670	0.254(1.289)	0.859
	三资企业	0.112(1.127)	0.625	0.448(1.564)	0.781	1.598(4.943)	0.291
	私人企业	2.918(18.504)	0.318	0.315(1.370)	0.836	-0.119(0.826)	0.934
	乡镇企业	3.093(22.043)	0.219	1.059(2.882)	0.590	0.919(2.507)	0.622
	自我雇佣或自主创业	1.614(5.023)	0.227	0.434(1.543)	0.835	0.197(1.218)	0.921
-2LogLikelihood				751.974			
NagelkerkeR²				0.477			

*P<0.1，**P<0.05

注：性别以"女性"为参照组，年龄以"80岁及以上"为参照组，教育程度以"硕士及以上"为参照组，退休前所在单位以"自由职业"为参照组。

表 5-43 受访者养老金满意度的多元 Logistic 回归模型 II

解释变量		非常满意/不满意		满意/不满意		一般/不满意	
		系数 B[Exp(B)]	Sig.	系数 B[Exp(B)]	Sig.	系数 B[Exp(B)]	Sig.
常数项		-4.335	0.486	-4.129	0.085*	13.648	0.002**
性别	男	-0.667(0.511)	0.136	-0.288(0.756)	0.103	-1.099(0.336)	0.065
年龄	50—54岁	1.013(2.754)	0.662	0.687(1.988)	0.689	2.626(13.818)	0.023**
	55—59岁	1.135(3.111)	0.877	2.201(9.034)	0.000**	2.987(19.826)	0.003**
	60—64岁	1.058(2.881)	0.621	2.004(7.691)	0.000**	0.699(1.994)	0.336
	65—69岁	1.356(3.880)	0.779	2.103(8.191)	0.000**	2.165(8.714)	0.001**
	70—74岁	1.129(3.093)	0.432	1.925(6.855)	0.000**	3.004(20.166)	0.005**
	75—79岁	-0.799(0.454)	0.776	2.187(8.908)	0.000**	2.781(16.135)	0.010**
文化程度	小学	-0.976(0.377)	0.799	-1.433(0.239)	0.000**	-1.302(0.272)	0.000**
	初中	-0.883(0.436)	0.601	-1.557(0.208)	0.000**	-1.329(0.265)	0.000**
	高中	-0.542(0.582)	0.725	-1.492(0.225)	0.000**	-1.411(0.244)	0.000**
	大学	-0.198(0.820)	0.793	-1.398(0.247)	0.000**	-1.209(0.298)	0.000**
参保时间	15年以下	0.698(2.009)	0.708	1.094(2.985)	0.353	0.97(2.638)	0.383
	15—20年	1.815(6.143)	0.300	0.655(1.925)	0.544	1.136(3.115)	0.262
	20—30年	2.469(11.811)	0.014**	0.947(2.578)	0.496	0.536(1.709)	0.692

（续表）

解释变量		非常满意/不满意 系数 B[Exp(B)]	Sig.	满意/不满意 系数 B[Exp(B)]	Sig.	一般/不满意 系数 B[Exp(B)]	Sig.
养老金满足基本生活开销情况	完全满足	3.281(26.602)	0.026**	3.873(48.086)	0.002**	2.976(19.609)	0.000**
	基本满足	2.028(7.599)	0.099*	2.726(15.272)	0.006**	2.614(13.654)	0.000**
	差一点不能满足	1.720(5.585)	0.127	1.583(4.870)	0.027**	1.961(7.106)	0.000**
希望增加养老金	非常希望	-3.026(0.049)	0.010**	-2.056(0.128)	0.000**	-1.265(0.282)	0.000**
	希望	-1.744(0.176)	0.000**	-2.101(0.122)	0.000**	-0.184(0.832)	0.000**
担心将未老	很担心	-1.872(0.154)	0.000**	-1.309(0.270)	0.068*	-0.600(0.549)	0.059*
	比较担心	-0.45(0.638)	0.000**	-0.501(0.606)	0.035*	-0.316(0.729)	0.037*
-2Log Likelihood				445.377			
NagelkerkeR²				0.603			

*P<0.1，**P<0.05

注：性别以"女性"为参照组，年龄以"80岁及以上"为参照组，教育程度以"硕士及以上"为参照组，参保时间以"30年以上"为参照组，养老金满足基本生活开销情况以"不能满足"为参照组，是否希望增加养老金以"无所谓"为参照组，是否担心将未老问题以"不担心"为参照组。

181

在模型Ⅰ的基础上,剔除变量"退休前所在单位性质",分别将家庭属性和经济收入变量纳入模型,以考察这两类变量对养老金满意度是否具有显著影响,以"不满意"为因变量参照组,模型结果均为无显著性差异,在此不详细报告。将模型Ⅰ剔除变量"退休前所在单位性质",进一步纳入"养老保险现状评价及预期"变量构建模型Ⅱ,以"不满意"为因变量参照组,模型结果如表5-43所示。纳入"养老保险现状评价及预期"变量后,模型Ⅱ的-2Log Likelihood变小,NagelkerkeR^{2}变大,这说明模型的解释能力有所增强。从纳入的"养老保险现状评价及预期"变量的影响看,参保时间对满意度不存在明显影响,而"养老金满足基本生活开销情况""是否希望增加养老金"和"是否担心将来养老问题",直接影响到受访者对养老金的满意度。从"养老金满足基本生活开销情况"看,"完全满足"的受访者选择"非常满意"而非"不满意"的机会是"不能满足"的受访者的26.6倍;"基本满足"的受访者选择"非常满意"而非"不满意"的机会是"不能满足"的受访者的7.599倍。从"是否希望增加养老金"看,"非常希望"增加养老金的受访者选择"不满意"而非"非常满意"的机会是选择"无所谓"的受访者的1/0.049即20.41倍;"希望"增加养老金的受访者选择"不满意"而非"非常满意"的机会是选择"无所谓"的受访者的1/0.176即5.68倍。从"是否担心将来的养老问题"看,"很担心"的受访者选择"不满意"而非"非常满意"的机会是选择"不担心"的受访者的1/0.154即6.49倍;"比较担心"的受访者选择"不满意"而非"非常满意"的机会是选择"不担心"的受访者的1/0.638即1.57倍。这说明越是基本养老金足以满足基本生活开销的受访者,越是不担心将来的养老问题,对增加养老金的愿望不是很迫切,对养老金的满意度也较高。

6. 研究结论

研究结果表明，受访退休人群对现有养老金标准的满意度尚可，"非常满意"和"满意"分别为8.6%和29.6%，认为"一般"的占51.3%，"不满意"的比例为10.6%；当问到"所领取的基本养老金能否满足基本生活开销"时，分别有12.8%和61.9%的受访者选择了"完全满足"和"基本满足"，仍有16.7%的受访者"差一点不能满足"，8.6%的受访者明确"不能满足"；当问到"是否希望增加养老金"时，39.8%的受访者选择"非常希望"，57.0%的受访者选择"希望"增加养老金，仅有3.2%的人群表示"无所谓"，这说明退休人员普遍希望提高养老金标准和改善生活质量。关于养老金调整机制，75.8%的受访者希望能够跟随物价指数进行调整，21.7%的受访者希望能够跟在职人员工资进行调整，可以看出，退休人群对调整养老金标准的要求并不高，希望养老金涨幅能够抵消通货膨胀、保持适当购买力者居多。对于"是否担心将来的养老问题"，有15.4%的受访者表示"很担心"，49.8%的受访者"比较担心"，表示"不担心"的比例为34.8%。

综合交叉分析和回归分析的结果，养老金满意度不具有性别差异；部分退休前所在单位并不相同的退休者在养老金满意度方面表现出相似性，这超出了本研究预期假设；养老金满意度依受访者年龄变化，但并非单向变化关系；文化程度变量对养老金满意度具有显著性影响，总体呈现正向变化关系，即文化程度越高，对养老金的满意度越高。研究表明，家庭属性和经济收入变量对养老金满意度不具有显著性影响，而"养老保险现状评价及预期"变量的影响较为明显，总体而言，现有养老金标准不能满足基本生活开销的受访者，比较担心将来的养老问题，增加养老金的愿望较为迫切，对政府养老金的满意度较低。

第六章　上海基本养老保险替代率风险测度与评估

一、基本养老保险替代率风险的孕育与形成

风险表现为损失发生的不确定性，也就是说，风险作为一种潜在的危机，有一个长期潜伏和孕育的过程，如果对风险缺乏有效的管理和控制，一旦时机成熟，隐性的风险便会转化成显性的危害，基本养老保险替代率风险也不例外。因此，研究基本养老保险替代率风险，目的是在风险测度评估的基础上，建立起完善的风险管理体系，以促进养老保险制度的健康发展。

如前所述，基本养老保险替代率过高，可能带来沉重的缴费压力和财政负担，替代率过低，则不能保障老年人基本生活质量，无法实现政策设计的初衷。基本养老保险的基本功能是为退休人群提供基本的收入保障，避免其陷入生活困难、造成老年贫困，在我国还没有普遍建立企业年金和个人养老储蓄计划的情况下，这项功能显得尤为重要。理论上讲，基本养老保险替代率风险既包括替代率过高的风险，也包括替代率过低的风险，鉴于现行制度中以社会平均工资测度的替代率主要表现为不断下降或在低位徘徊，本书侧重研究基本养老保险替代率过低的风险。

1. 转轨成本问题未能合理解决构成基本养老保险替代率下降的风险要素

养老保险制度从现收现付制转向部分积累制，势必会产生制度转轨成本。尽管2005年国务院颁布的《国务院关于完善企业职工基本养老保险制度的决定》（国发〔2005〕38号）指出，在养老保险基金方面要"划清中央与地方、政府与企业及个人的责任"，"根据经济发展水平和各方面承受能力，合理确定基本养老金水平"，但转轨成本由谁承担始终没有落实。我国现行基本养老保险制度由社会统筹和个人账户两个部分组成，社会统筹部分执行"现收现付制"，个人账户部分遵循"基金积累制"。根据2005年国务院颁布的《国务院关于完善企业职工基本养老保险制度的决定》（国发〔2005〕38号），企业缴纳工资总额的20%进入社会统筹，个人则按个人工资额缴纳8%进入个人账户，可见，"社会统筹"占有较大比例。现实情况是，政府未能在制度建立后承担起制度转轨成本，"老人"以及陆续退休的"中人"的退休金基本依靠在职一代的缴费，不仅造成缴费率畸高，企业和个人负担加重，在统筹账户不足的情况下，还动用了大量的个人账户金额，造成个人账户空账运转。在养老基金入不敷出的情况下，养老金替代率下滑成为必然。

2. 部分积累制下养老金替代率与相关指标的逻辑关系

当前我国"统账结合"的基本养老保险制度属于"部分积累制"，社会统筹部分执行"现收现付制"，个人账户部分遵循"基金积累制"，需要分别考察两种财务筹资模式下养老金替代率与相关指标的逻辑关系。

（1）现收现付制：缴费率、社会平均工资替代率与制度赡养率的关系

现收现付制是一种代际赡养制度，这种养老保险筹资模式的特

点是：在职职工缴费，老年人领取退休金；即期收入，即期支出，不进行积累；养老保险待遇不与个人缴费关联。该筹资模式以"收支平衡、以支定收"为基本原则，以"待遇确定"为给付模式特征。如果当年入不敷出，应当由政府财政补偿差额，承担最后的给付责任。

在现收现付制条件下，一个国家或者地区要达到养老保险基金收支平衡，应当符合以下公式要求：

基本养老保险费收入 = 基本养老保险金支出 (6.1)

基本养老保险费收入 = 缴费职工人数×职工平均工资×缴费率
(6.2)

基本养老保险金支出 = 退休职工人数×平均养老金 (6.3)

由以上等式可以推导出：

缴费职工人数×职工平均工资×缴费率 = 退休职工人数×平均养老金 (6.4)

缴费率 = （人均养老金/职工平均工资）×（退休职工人数/缴费职工人数）

= 社会平均工资替代率×制度赡养率 (6.5)

社会平均工资替代率 = 缴费率/制度赡养率 (6.6)

公式（6.5）表明，缴费率与社会平均工资替代率和制度赡养率有关。当制度赡养率不变时，所要求的替代率越高，缴费率就应当越高；当社会平均工资替代率不变时，系统老龄化越严重，制度赡养率越高，缴费率也应当越高。公式（6.6）表明，社会平均工资替代率与缴费率呈正相关，与制度赡养率呈负相关。当制度赡养率不变时，缴费率越高，实现的替代率水平就应当越高；当缴费率不变时，系统越年轻化，制度赡养率越低，能够实现的替代率就越高，而如果系统老龄化越严重，制度赡养率就越高，能够实现的替代率自然就越低。总之，缴费率与社会平均工资替代率和制度赡养率三个指标是此消彼长的关系。

我国基本养老保险制度由"现收现付制"转向"部分积累制"的推动力之一，是为了规避人口老龄化带来的制度赡养率提高的风险。但是，"统账结合"模式中"现收现付制"仍然占有较大比例，这意味着现行制度不可避免地会继续经受人口老龄化的考验。以上海为例，1993—2015年期间，基本养老保险制度的赡养率从34.16%提高到2004年的77.04%，之后在60%左右波动，在2011年外来从业人员综合保险并入"城保"后降至39.26%，2015年回升至44.54%，在缴费率未做大幅调整的情况下，大大降低了政府财政补贴额度，而社会平均工资替代率从55.67%降低到44%左右，之后回升至50%左右。这从另一个侧面反映了基金收支平衡视角下，缴费率、社会平均工资替代率和制度赡养率三个指标之间的逻辑关系，社会平均工资替代率下降的风险与缴费率、制度背后的人口结构等多个因素相关。

（2）基金积累制下缴费率、自我工资替代率与自我负担系数的关系

基金积累制是指为劳动者个人设立基金账户，按照既定的缴费比率逐月缴费，缴费本金和投资收益形成个人账户基金总额，退休待遇同个人账户基金总积累规模紧密联系的一种养老保险筹资模式。该模式以"收支平衡、以收定支"为基本原则，如果个人账户基金收不抵支，政府通常给予必要的补助，以防范退休者的养老风险。基金积累制度下，基金收支的精算平衡较为复杂。若基金收益率＝工资增长率，则有：

缴费率＝自我工资替代率×自我负担系数　　　　　　(6.7)

其中，自我负担系数为养老金领取年限与缴费年限的比值。

公式（6.7）表明，缴费率与自我工资替代率和自我负担系数有关。当自我负担系数不变时（退休年龄不变），所要求的自我工资替

代率越高，缴费率就应当越高；当自我工资替代率不变时，退休年龄越低，自我负担系数越高，缴费率也应当越高。当自我负担系数不变时，缴费率越高，实现的替代率水平就应当越高；当缴费率不变时，越是晚退休，自我负担系数越低，能够实现的替代率就越高，而退休年龄偏早会导致自我负担系数偏高，能够实现的替代率自然就越低。

若基金收益率 ≠ 工资增长率，则有：

缴费率 ≈ 自我工资替代率×自我负担系数×增长系数　　(6.8)

其中，增长系数为工资增长率与基金收益率的比值。

显然，如果工资增长率高于基金收益率，增长系数大于1，要达到同样的替代率，需要的缴费率将更高。也就是说，基金积累制下，替代率下降的风险高低受缴费率、退休年龄、工资增长率、基金收益率等多个因素的影响。

3. 从制度设计看替代率下降的内在机理

目前新基本养老保险制度建立后参加工作的"新人"尚未达到退休年龄，享受基本养老保险待遇的主要是"老人"和"中人"。制度规定，"老人"执行老办法，其养老金包括两部分：一是退休金，即退休前一年工资的固定比例；二是调整部分，因此"老人"的社会平均工资替代率也可以分为两部分。第一部分的退休金金额固定，而社会平均工资持续增长，替代率必然下降；第二部分，按照1997年26号文提出的"要按照国家规定进一步完善基本养老金正常调整机制"和2005年38号文提出的"根据职工工资和物价变动等情况，国务院适时调整企业退休人员基本养老金水平"，各地每年的调整幅度不同，早期的调整在10%左右，伴随经济增速下行，2016年和2017年的调整幅度分别为6.5%和5%左右，养老金涨幅始终跟不上工资增长速度，自然不能阻止替代率的下滑。

制度规定,"中人"逐步过渡,养老金包括四部分:基础养老金(统筹部分)、个人账户养老金(个人账户部分)、过渡性养老金和过渡性调节金。过渡性调节金的情况与"老人"的调整部分类似,无法阻止替代率下滑。基础养老金和个人账户养老金的计发主要依据是2005年38号文,过渡性养老金在各地执行存在差异,部分地区将其折算为视同缴费年限。上海的过渡性养老金月标准以本人指数化月平均缴费工资为基数,"统账结合"前的缴费年限每满1年发给1.2%。

从养老金制度改革演变看,1997年的26号文和2005年的38号文是我国"统账结合"养老保险模式的两个最重要的制度性文件。因此,"中人"的养老金替代率发展经历了两个阶段、两种计发办法。根据26号文规定,参加工作的职工缴费累计满15年,退休后按月发给基本养老金。基本养老金由基础养老金和个人账户养老金组成。基础养老金月标准为当地上年度职工月平均工资的20%,个人账户月标准为本人账户储存额除以120。根据38号文规定:基本养老金由基础养老金和个人账户养老金组成,退休时的基础养老金月标准以当地上年度在岗职工月平均工资和本人指数化月平均缴费工资的平均值为基数,缴费每满1年发给1%;个人账户养老金月标准为个人账户储存额除以计发月数,计发月数根据职工退休时城镇人口平均预期寿命、本人退休年龄、利息等因素确定。可以对比26号文和38号文所设计的基础养老金和个人账户养老金的社会平均工资替代率,见表6-1。

表6-1　两种计发办法下的社会平均工资替代率

项目	26号文	38号文
统筹部分	$\dfrac{0.2}{(1+g)}$	$\dfrac{n*(1+g)^t + n*a*t}{200*(1+g)^t}$

（续表）

项目		26号文	38号文
个人账户部分	$r \neq g$	$\dfrac{1}{10*(1+g)^{t-1}}*\Delta$	$\dfrac{12}{m*(1+g)^{t-1}}*\Delta$
	$r = g$	$\dfrac{1}{10*(1+g)^{t-1}}*a*c*f*n$	$\dfrac{12}{m*(1+g)^{t-1}}*a*c*f*n$
过渡性养老金		$a*f*1.2\%*n/(1+g)^{t-1}$	

注：统筹账户和个人账户部分引自李珍、王海东：《基本养老保险替代率下降机理与政策意义》，载《人口与经济》，2010年第6期。这里的对比采取一种相对平均状态，即个人工资与社会平均工资增长率相等，$e=1$；$\Delta = a*c*f*(1+r)*[(1+r)^n - (1+g)^n]/[(r-g)*(1+g)^n]$；$g$为社会平均工资增长率，$n$为缴费年限，$c$为缴费率，$a$为缴费工资率，即个人缴费工资基数占自我工资的比例，f为参保当年个人月工资水平与当地月社会平均工资水平的比值，r为个人账户收益率，t表示退休后第t年，e为个人工资年增长率与社会平均工资年增长率之比。

根据26号文，统筹部分养老金确定为上年度当地社会平均工资的20%。如果工资增长率g不变，则该部分替代率将稳定在0.2/（1+g），不会下降；由于个人账户部分的养老金为固定值，所以该部分的替代率随社会平均工资的增长而下降。根据目前执行的38号文，无论是统筹部分、个人账户部分，还是过渡性养老金，对应的替代率必将随着社会平均工资的增长而下降。尽管2005年的38号文旨在增强缴费与待遇的联系，体现"多缴多得，长缴多得"原则，个人账户养老金由于计发月数的大幅提高而下降，只要调整部分跟不上社会平均工资增长幅度，替代率下降在所难免，并可能导致基本养老保险的保障能力不足。

二、基本养老保险替代率风险评估指标体系的建立

基于基本养老保险建立和运行的程序安排，基本养老保险替代

率风险包括两个方面：制度设计风险和制度运行风险。基本养老保险替代率风险评价指标体系如表6-2所示。

表6-2　基本养老保险替代率风险评估指标体系

第一层		第二层	指标
基本养老保险替代率风险	制度设计风险 U_1	缴费基数风险 U_{11}	养老金缴费基数
		缴费年限风险 U_{12}	养老金最低缴费年限
		缴费率风险 U_{13}	养老金缴费率
		计发系数风险 U_{14}	个人账户养老金计发月数
		老龄化风险 U_{15}	老化系数
	制度运行风险 U_2	扩大制度覆盖面风险 U_{21}	制度覆盖率
		基金征缴难度风险 U_{22}	基金征缴率
		市场通货膨胀风险 U_{23}	实际利率
		个人账户的记账利率风险 U_{24}	个人账户的记账利率
		职工工资增长率风险 U_{25}	职工工资增长率
		投资风险 U_{26}	投资收益率
		外部环境风险 U_{27}	政治、经济、灾害

1. 制度设计风险

（1）缴费基数风险

缴费基数风险主要是缴费基数不实，主要体现为实际缴费工资总额偏离规定的缴费工资总额。养老保险缴费基数是单位和个人缴纳社会保险费的依据，根据《社会保险法》第二章第十二条规定，用人单位应当按照国家规定的本单位职工工资总额的比例缴纳基本养老保险费，计入基本养老保险统筹基金；职工应当按照国家规定的本人工资的比例缴纳基本养老保险费，计入个人账户。职工当年个人缴费基数按其本人上年度月平均工资性收入确定，高于上年度全市职工月平均工资收入300%以上的部分不计入缴费基数，低于上年度全市职工月平均工资收入60%的，按60%确定缴费基数。按照此标准，2017年上海基本养老保险缴费基数为3902—19512元。在岗职工工资总额（即工资性收入）包括计时工资、计件工资、奖金、津贴和补贴、加班加点工资和其他工资。实际征管中，由于各种原因，少报、错报缴费基数，部分用人单位以基础工资标准作为缴纳社会保险费的基数，奖金、津贴和补贴缴费等不纳入缴费工资，这种拆分工资结构、只按其中某部分工资来核定社保基数的情况时有发生，使实际缴费基数低于规定缴费基数，甚至部分单位为了缩减用工成本，只缴纳最低保险费，缴费基数与职工工资严重不符。按规定，单位缴纳养老保险费的比例为20%，全部纳入社会统筹，职工缴纳养老保险费的比例为8%，全部计入个人账户。如果缴费工资低于规定缴费工资进行低缴费，将不可避免导致低养老金待遇，低替代率，使得职工在退休后的养老金与在职工作时的工资落差很大。另外，缴费基数总额直接与基本养老保险费征缴总量相关，如果缴费基数大而实，那么缴费率相对就会低；反之，缴费基数小而虚，缴费率相对就会高。目前基本养老保险缴费率已经属于较高水平，如果再提高缴费率，将会继续加大企业劳动用工成本，使企业不堪重负。而且，缴费基数直接影响养老基金征缴额，缴费基数不实会导致养老基金缺口，带来支付风险。

（2）缴费年限风险

现行制度规定，法定退休年龄为：男60岁，女干部55岁，女职工50岁。《社会保险法》规定，参加基本养老保险的个人，达到法定退休年龄且累计缴费满15年的，按月领取基本养老金。基本养老保险的最低缴费年限设定为15年，这意味着男性最低可以从45岁开始缴费，女性最低可以从40岁开始缴费，而事实上，大多数人从20多岁开始工作，缴费年限可以达到30年左右。根据现行制度规定，养老保险的权利与义务相对应，退休收入水平与缴费年限相关，遵循"多缴多得，长缴多得"原则，缴费年限越长，退休金越高，替代率越高；缴费期越短，退休金越低，替代率就越低。如果按照最低累计缴费年限 15 年的标准，只缴纳 15 年就可以领取退休金，养老金替代率水平将非常低。养老金待遇主要与参保人退休时的社会平均工资、退休年龄、缴费基数和缴费年限有关。在同等条件下，缴费年限比别人少，养老金也会比别人少。参保人缴费的基数越高，缴纳的年限越长，退休后领取的养老金相应也就越多。根据现行制度规定，基本养老金包括两部分：基础养老金和个人账户金，在满足最低缴费 15 年后，每多缴一年，计发基础养老金待遇也将相应提高 1 个百分点。个人缴费全部计入个人账户，也就是说个人账户的数额越高，退休后领取的养老金就越高，在个人账户金额发完后，只要参保人健在，也将继续按照之前的标准发放至参保人死亡为止。也就是说，只要满足累计缴费 15 年的规定后，参保人的长寿风险会转嫁给政府承担。

(3) 缴费率风险

缴费率是指缴纳的社会保险费用相当于工资或者工资总额的比例。目前我国多数统筹地区的养老保险缴费率为 28%，其中用人单位 20%，个人 8%。养老保险基金筹措义务由个人、用人单位、政府三方共担，基金收入征缴来自用人单位和个人，政府扮演"守夜人"角色。缴费率高低在一定程度上决定了保障水平，过高和过低都会产生问题。如果缴费率过低，参保人退休后不能得到足够的养老金，不能保障退休人员基本生活水平，丧失了养老保险的存在意义；如果缴费率过高，退休后领取的养老金越多，养老金替代率高，但需要以提高个人和用人单位负担为代价。缴费率不仅关系到在职职工的当期消费，而且直接影响其养老金待遇，也是衡量和考察某一收入水平下个人经济承受能力的重要依据，同时缴费率也对用人单位产生影响。我国属于基本养老保险缴费率较高的国家之一，虽然"名义缴费率"很高，但却被道德风险引致的较低费基所抵消，并没有提供与之相对应的替代率。而如果调低"名义缴费率"，由于费基不实增加了养老基金收支平衡的风险，不得不维持较高的"名义缴费率"。欧洲国家的高福利往往建立在高税收或高缴费率的基础上，超出了社会经济发展可以承受的能力，造成政府财政压力，经济发展举步维艰，所以在确定缴费率时，应当慎重考虑负担均衡、权利义务对等和可持续发展等因素，将其确定在一个合理区间，并与经济发展水平相适应。

(4) 计发系数风险

个人账户计发系数也称计发月数，是国家根据平均预期寿命测算、统一规定的，简单来说，就是退休人员在该年龄时点退休对应的余命，与实际领取的月数无关。计发月数根据退休时间确定，退休越晚、退休年龄越大，计发月数越小，相应的个人账户领取额就越多。根据现行规定，1999年1月1日以后参加工作的员工，退休时的月基本养老保险金由基础养老保险金和个人账户养老保险金构成，其中个人账户养老金月标准 = $\dfrac{个人账户储存额}{计发月数}$。个人账户不存在互济性，如果退休者死亡时个人账户仍有余额，是可以继承的。如果个人账户养老金计发月数过高，将会导致退休者死亡后个人账户养老金还未发放完毕，出现剩余，且替代率低，而个人账户养老金计发系数过低，会导致参保人未死亡时，个人账户养老金就提前支付完毕，剩余由国家支付，造成财政负担，出现给付风险。退休年龄60岁对应的计发月数是139，70岁对应的计发月数是56。以60岁退休为例，60岁退休的人平均又生存了139个月，在139个月后个人账户金额支付完毕，由于养老金支付终身，如果参保人没有死亡，在其有生之年的养老金将由国家全额支付。

(5) 老龄化风险

国际上通常把60岁以上的人口占总人口比例达到10%,或65岁以上人口占总人口的比重达到7%作为国家或地区进入老龄化社会的标准。按照户籍人口统计口径,上海自1979年进入人口老龄化之后,近年来老龄化水平不断提高,2016年底,60岁以上和65岁以上人口占总人口比例已分别达到31.6%和20.6%,未来10—15年上海老龄人口的绝对规模和相对水平仍将大幅提高。首先,人口老龄化降低家庭养老的功能。由于计划生育政策,家庭规模的缩小,家庭的抚养和赡养结构大多呈"4-2-1"型,家庭结构变化带来了养老资源的锐减,家庭养老功能减弱。其次,人口老龄化导致社会养老负担加重,人口红利逐渐消失。根据现收现付制下养老保险三个核心参数之间的关系:缴费率=社会平均工资替代率×制度赡养率,由于人口老龄化,制度赡养率提高,假设替代率保持不变,则制度赡养率越高,缴费率就越高,加重社会养老负担。若是缴费率不变,替代率就必须降低,过低的替代率则会失去养老保障的基本意义。预测结果显示,在维持现行户籍政策和退休政策不变的情况下,户籍人口深度老龄化态势已成定局,到2020年,上海的赡养率将急剧上升至72%,而到2030年,将接近80%,人口结构变化带来的养老压力明显增加。最后,人口老龄化导致养老保险基金支出迅猛增加,存在收不抵支的风险。按照户籍人口统计口径,上海基本养老保险早已处于入不敷出的状态。2009年,养老保险的基金缺口91.86亿元,当年财政补贴突破了100亿元。2011年,《社会保险法》颁布之后,"综保"和"镇保"并入"城保",保险范围扩大,当年征缴收入909.17亿元,支出944.23亿元,缺口为35.06亿元,财政补贴仍然接近百亿(99.56亿元)。尽管近几年扩面效果显现,收支状况有所改观,但随着退休人数增加,制度赡养率提高,养老金支出增长迅猛,基本养老保险制度的财务长期可持续发展将面临巨大挑战。

2. 制度运行风险

(1) 扩大制度覆盖面风险

理论上讲,一个国家的社会保险制度应当覆盖全体就业人员,否则难以应对劳动者面临的各种风险。扩大养老保险覆盖面是深化养老保险制度改革,实现劳动者养老保险主体地位和充分享受养老权利的需要,也是当前扩大养老保险筹资渠道,增强养老保险供款能力,缓解养老保险基金支付压力的需要。从这个意义上说,养老保险的扩面征缴是实现养老保险可持续发展的重要环节。近年来人力资源和社会保障部不断加强养老保险的扩面征缴工作,主要以非公单位员工、灵活就业人员、农民工和被征地农民为重点,从全国范围看,基本养老保险制度的高速扩面期已基本结束。上海最有力度的扩面当属 2011 年将外来从业人员综合保险和小城镇社会保险纳入城镇职工社会保险。城镇就业人员养老保险覆盖率取得突破性进展,2010 年养老保险覆盖率为 51.52%,2015 年上升到 75.68%。实际上,扩大制度覆盖面面临一定的风险,一方面,扩面能够改善参保人口年龄结构,使得制度赡养率下降,增加养老保险缴费收入;另一方面,将非公单位员工、灵活就业人员、农民工和被征地农民纳入养老保险体系,这部分人群的总体缴费能力不强,可能会增加征缴难度,而且从长远看会加重养老保险基金支出的负担,影响制度的财务可持续性。

(2) 基金征缴难度风险

社会保险费征缴困难的问题由来已久,有些企业是因为经营困难等客观原因,但也有恶意拖欠和逃避缴纳保险费的情况。随着市场经济的建立,有的企业不适应市场经济的要求,经济效益下降,资金周转困难,甚至严重亏损,没有能力按时缴纳社会保险费。部分破产转制企业欠费更加难以追缴。尽管按照规定企业破产清偿债务时,职工工资和社会保险费排在优先位置,但是现实中可能因为无资产可变现,或者企业借改制之机,想法设法逃避缴纳欠费,最终使缴费落空。有的企业不与职工签订劳动合同,社保意识淡薄,不为职工缴纳社会保险费。企业拖欠社保缴费,不仅影响社保基金的收入和支付能力,也影响员工的劳动关系,使员工无法续保甚至重新就业,不利于维护社会稳定。此外,扩面征缴后部分群体缴费能力不足,也增加了基金征缴的难度。

(3) 市场通货膨胀风险

经济增长与通货膨胀共存共生。养老保险的对象是退休人员,除退休金之外,退休人员一般缺乏能与市场同步调整的收入来源,通货膨胀对他们的威胁更大。通货膨胀一方面削弱了退休者的购买力,造成养老金的贬值,另一方面加大了对政府财政的要求。王乔、周渭兵 (2007)[①] 认为,对于一个20岁开始参加基本养老保险计划且在60岁退休的男性职工,当缴费期间的平均通货膨胀率为1%时,其全部个人账户基金将贬值21.03%;当平均通货膨胀率为20%时,贬值达2562.2%。养老金的贬值将导致基本养老保险实际替代率的下降,且在退休之后发生,退休人员缺乏与通货膨胀率共增长的收入,将难以抵御贬值风险,丧失了基本养老保险的存在意义。上海通货膨胀水平(以CPI指数反映,以1978年为100)在1978—1984年基本上呈稳步攀升态势,在1985—1992年间出现小幅上升,在1993—1997年大幅震荡,1998年至今继续上涨,通货膨胀已成为常态,其影响不容忽视。为了应对通货膨胀风险,保证养老金水平不

---

① 王乔、周渭兵:《通货膨胀、通货紧缩对基本养老保险个人账户基金的影响及对策》,载《财贸经济》,2007年第1期,第54—56页。

因通货膨胀而下降，世界各国一般规定养老金的调整机制，并在法律上加以保证，即养老金待遇与物价变动挂钩或者说养老金待遇跟随物价进行指数化调整。

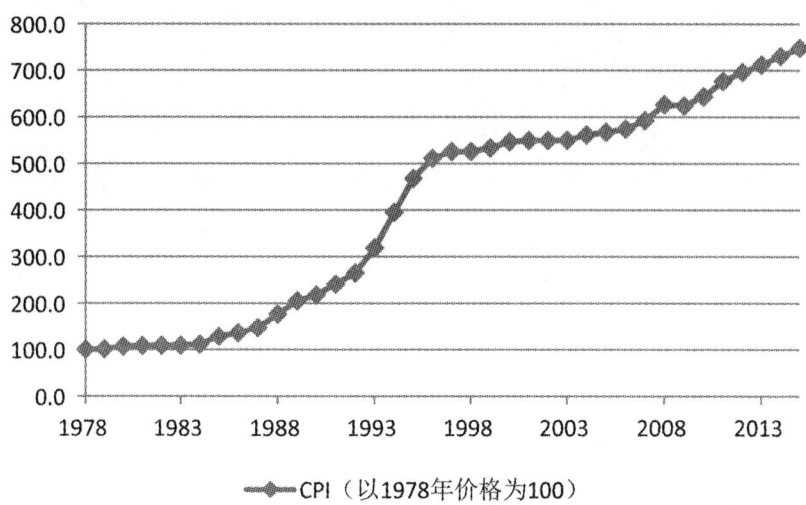

图6-1　1978—2015年上海居民消费价格指数

（4）个人账户的记账利率风险

个人账户养老金的发放标准是以个人账户储存额为基数，而储存额的大小则取决于记账利率的大小。如果记账利率过小，则不能保障个人账户基金保值增值，无法抵御通货膨胀风险，丧失基本养老保险存在意义。1997年《关于建立统一的企业职工基本养老保险制度的决定》要求个人账户储存额每年参考银行同期存款利率计算利息，2005年《关于完善企业职工基本养老保险制度的决定》继续沿用这一规定，2010年《社会保险法》规定基本养老保险个人账户不得提前支取，记账利率不得低于银行定期存款利率，免征利息税。如表6-3所示，除2006年和2010年外，上海个人账户的记账利率一直略高于银行1年定期存款利率，但与物价指数相比，仍处于缩水和贬值状态，银行1年定期存款利率无法抵御通货膨胀，通货膨胀程度越高,个人账户实际记账利率越低,甚至出现负增长;通货膨胀程度越低,情况则相反。在未来很长一段时间内,通货膨胀现象将持续存在。2017年4月,人力资源社会保障部和财政部发布《统一和规范职工养老保险个人账户记账利率办法》,明确统一机关事业单位和企业职工基本养老保险个人账户记账利率,每年由国家统一公布,并指出记账利率应主要考虑职工工资增长率和基金平衡状况等因素研究确定,并通过合理的系数进行调整,记账利率不得低于银行定期存款利率。2017年6月,《人力资源和社会保障部办公厅财政部办公厅关于公布2016年职工基本养老保险个人账户记账利率等参数的通知》发布:2016年城镇职工基本养老保险(含机关事业单位和企业职工基本养老保险)个人账户记账利率为8.31%,并指出该参数用于计发养老待遇,政策性强,精确操作要求高。该利率水平主要参考了工资增长率等因素,为近年来基本养老保险个人账户记账利率的最高水平,可以在一定程度上提高退休人员个人账户待遇水平,对个人缴费形成制度激励,稳定"统账结合"的制度模式,也有利于提高统筹层次。当然,统一记账利率的提高对养老金已"入不敷出"的地区构成压力,影响财政可持续性。

表6-3 银行1年定期存款利率、上海个人账户记账利率

年份	银行1年定期存款利率	上海个人账户的记账利率
2006	2.52%	2.25%
2007	2.79%—4.14%	3.12%
2008	2.25—3.87%	4.14%
2009	2.25%	2.25%
2010	2.5%—2.75%	2.25%
2011	3.0%—3.5%	3.5%
2013	3.0%	3.0%

(续表)

年份	银行1年定期存款利率	上海个人账户的记账利率
2015	2.5%—2.75%	2.75%

数据来源：历年上海统计年鉴和上海市人力资源和社会保障局网站。

(5) 职工工资增长率风险

在职职工工资随着市场灵活进行调整，养老金则由地方政府每年进行调整。前已述及，2001—2006年上海养老金的增长率低于职工工资增长率，2007—2015年，上海养老金的增长率高于职工工资增长率，但由于基数不同，养老金上涨幅度存有差别。根据"社会平均工资替代率＝当年月人均养老金/当年月社会平均工资"，当职工工资越大时，养老金替代率就越低。因此，若要保持一定水平的基本养老保险替代率，那么养老金应当随社会平均工资上涨而适当调整。工资和养老金均具有刚性特征，易升不易降，易增不易减。工资变动受到市场变化、政府政策等多个因素影响，而养老金调整主要在于政府政策。职工工资增长率风险表现在在职职工工资上涨，政府势必要根据工资增长率的一定比例或参考居民消费价格指数对退休人员养老金进行调整，在人口老龄化加速、制度赡养率不断提高的背景之下，退休老年群体扩容带来的调整压力不断加大。以上海2015年415万离退休人群计算，如果将退休人员的每月养老金提高100元，那么政府基本养老保险基金每年就要多支出49.8亿元，加大了财政补贴压力。

(6) 投资风险

我国退休人群养老金的主要来源是国家基本养老保险，养老基金作为劳动者退休后几乎唯一的收入来源，在投资运营时必须坚持审慎投资的原则。在2015年《基本养老保险基金投资管理办法》出台之前，根据国家规定，养老保险基金在留足2个月的支付准备金后，只能以购买国债或存入银行的方式保值增值。基于安全性考虑将养老基金全部投资于低风险资产，收益势必低下，养老基金积累不足，有可能造成给付风险。为提高基本养老保险基金收益，国家出台《基本养老保险基金投资管理办法》，推动基本养老保险基金的市场化运营。截至2017年6月底，北京、上海、河南、湖北、广西、云南、陕西、安徽8省市已经与全国社会保障基金理事会签署了委托投资合同，合同总金额4100亿元。基本养老保险基金相对于全国社会保障基金、企业年金和职业年金，更注重安全性，风险偏好更低。全国社会保障基金自运作以来年均收益率8.37%，2016年的投资收益率仅为1.73%；企业年金的加权收益率为7.57%，2016年的投资收益率为3.03%。国家确定的2016年基本养老保险个人账户记账利率为8.31%，远远高于2016年全国社会保障基金和企业年金的收益率，可能对养老基金的市场化运营产生压力。

（7）外部环境风险

政治经济因素的不确定性可能是造成基本养老保险替代率风险的重要因素。政治风险难以识别、影响力大，基本养老保险在一定程度上可以说是政治决策的产物，尽管这类风险的发生概率较低，但一旦发生，对基本养老保险替代率将产生巨大影响。因为我国尚未形成基本养老保险的指数化调整机制，为避免养老金替代率大幅度下滑，政府利用行政手段连续多年干预养老金替代率，上调养老金名义待遇水平，控制养老金水平和在职职工工资之间不断扩大的差距，提高退休职工的养老保障水平。这是非常必要的，但关键在于我国的基本养老保险制度缺乏制度内生的调节机制，政府调节的随意性大。郑秉文（2011）[①]认为人为干预替代率将产生负面影响，

---

① 郑秉文：《中国基本养老保险制度可持续性面临五大风险》，见《社保财务理论与实践》，北京：中国财政经济出版社2011年版，第16—31页。

其一，强化了政府的行政职能，弱化了养老保险制度自身的调节功能；其二，扩大了社会统筹部分的功能和大锅饭的因素，弱化了个人账户制度多缴多得的精算约束和激励机制；其三，强调了国家在养老金制度中的保护作用，忽视了养老保险制度建设的重要性；其四，破坏了养老金制度中各个参数之间的关系，将养老金的潜在财务问题推向了未来。未来经济发展的不确定性，特别是经济由高速增长转为中低速增长后养老保障经济支撑能力被削弱，再加上个人账户空账运行，财产积累规模有限，较高的名义缴费率下缴费基数不实，地区经济发展和养老基金差异极不均衡，致使制度的财务可持续性十分脆弱。

三、基本养老保险替代率风险评估

层次分析法（The Analytic Hierarchy Process，AHP）是美国著名运筹学家，匹兹堡大学教授 T.L.Saaty 在 20 世纪 70 年代中期提出的一种决策方法。层次分析法体现了决策思维的基本特征：分解、判断、计算、综合，具有适应性、简洁性、实用性和系统性的特点，其基本原理是将复杂的问题分解为各个组成因素，将这些因素按支配关系分组形成有序的递阶层次结构。根据一定的比率标度，通过两两比较的方法，将判断定量化，形成判断矩阵，计算确定层次中诸元素的相对重要性，然后综合各个判断以决定决策诸因素相对重要性的总顺序。根据本研究所建立的基本养老保险替代率风险评估指标体系，第一层包括 2 个因素，即 $U = \{U_1, U_2\}$；第二层包括 12 个因素，即 $U_1 = \{U_{11}, U_{12}, U_{13}, U_{14}, U_{15}\}$，$U_2 = \{U_{21}, U_{22}, U_{23}, U_{24}, U_{25}, U_{26}, U_{27}\}$。

1. 构造判断矩阵

层次分析法在两两比较中采取比率标度的形式。人们一般习惯于采用相同、强、较强、很强、极强的语言对重要程度进行区分，1、3、5、7、9分别对应同等重要、稍微重要、较重要、非常重要、绝对重要，在这相邻的标度值中间再插入一个区分度，则形成9个级别（表6-4）。多数人对不同事物在相同属性上差别的分辨能力一般在5—9级之间，采用1—9的标度可以反映多数人的判断能力。

表6-4 层次分析法两两比较判断标准

判断尺度	定义
1	两个指标相比，具有同等重要程度
3	两个指标相比，一个指标比另一个指标稍微重要
5	两个指标相比，一个指标比另一个指标较重要
7	两个指标相比，一个指标比另一个指标非常重要
9	两个指标相比，一个指标比另一个指标绝对重要
2，4，6，8	重要程度介于上述两相邻判断尺度之间
倒数	重要程度与上述相反

本研究遴选了10位社会保障领域的专家，获取评估指标体系两两比较判断赋值，以其平均值作为基本养老保险替代率风险评估指标体系权重矩阵的评分值计算权重，结果如表6-5所示。

表6-5 第一层次U的判断矩阵

评估层面	制度设计风险 U_1	制度运行风险 U_2
制度设计风险 U_1	1.00	0.80
制度运行风险 U_2	1.25	1.00

由于第一层次只有两个风险因素，RI = 0，无需进行一致性检验，通过归一化处理得到 U_1 和 U_2 的权重为 w =（0.4444，0.5556）。

表 6-6 第二层次 U1 的判断矩阵

评估层面	U_{11}	U_{12}	U_{13}	U_{14}	U_{15}
U_{11}	1.00	2.60	0.56	0.32	0.40
U_{12}	0.38	1.00	0.21	0.53	0.53
U_{13}	1.80	4.80	1.00	1.00	2.00
U_{14}	3.10	1.90	1.00	1.00	1.00
U_{15}	2.50	1.90	0.50	1.00	1.00

表 6-7 第二层次 U2 的判断矩阵

评估层面	U_{21}	U_{22}	U_{23}	U_{24}	U_{25}	U_{26}	U_{27}
U_{21}	1.00	0.40	0.56	0.32	0.40	0.56	0.4
U_{22}	2.50	1.00	1.4	0.83	0.91	1.5	1.00
U_{23}	1.80	0.71	1.00	0.59	0.71	1.00	0.71
U_{24}	3.10	1.20	1.70	1.00	1.20	1.80	1.20
U_{25}	2.50	1.1	1.40	0.83	1.00	1.50	1.00
U_{26}	1.80	0.67	1.00	0.56	0.67	1.00	0.83
U_{27}	2.5	1.00	1.40	0.83	1.00	1.20	1.00

2. 求解特征向量 W

根据方根法求解,以第二层次 U_1 = {U_{11}, U_{12}, U_{13}, U_{14}, U_{15}} 为例。

表 6-8 平均随机一致性指标 RI 的值

n	1	2	3	4	5	6	7	8	9
RI	0	0	0.58	0.9	1.12	1.24	1.32	1.41	1.45

(1) 计算矩阵每一行元素的乘积 M_i

M = (0.1864, 0.0224, 17.28, 5.89, 2.375)

(2) 计算 M_i 的5次方根 $Ni = \sqrt[5]{M_i}$

N = (0.7146, 0.4678, 1.7681, 1.4257, 1.1889)

(3) 将方根向量归一化，计算向量 $W_i = \dfrac{N_i}{\sum\limits_{i=1}^{n} N_i}$

W = (0.1284, 0.0841, 0.3177, 0.2562, 0.2136)

3. 一致性检验

以上特征向量是否是合理的权重分配，需要进行一致性检验。

(1) 计算判断矩阵的最大特征值 λ_{max}

$$\lambda_{max} = \sum_{i=1}^{n} \frac{(BW)_i}{nW_i}$$

$$BW = \begin{bmatrix} 1.00 & 2.60 & 0.56 & 0.32 & 0.40 \\ 0.38 & 1.00 & 0.21 & 0.53 & 0.53 \\ 1.80 & 4.80 & 1.00 & 1.00 & 2.00 \\ 3.10 & 1.90 & 1.00 & 1.00 & 1.00 \\ 2.50 & 1.90 & 0.50 & 1.00 & 1.00 \end{bmatrix} * \begin{bmatrix} 0.1284 \\ 0.0841 \\ 0.3177 \\ 0.2562 \\ 0.2136 \end{bmatrix}$$

$$= \begin{bmatrix} (BW)_1 \\ (BW)_2 \\ (BW)_3 \\ (BW)_4 \\ (BW)_5 \end{bmatrix}$$

BW = (0.6923, 0.4486, 1.6358, 1.3453, 1.1094)

$$\lambda_{max} = \sum_{i=1}^{n} \frac{(BW)_i}{nW_i} = \frac{\sum_{i=1}^{n} \frac{(BW)_i}{W_i}}{n} = 5.2642$$

(2) 一致性检验

$$CR = \frac{CI}{RI}, \quad CI = \frac{\lambda_{max} - n}{n - 1}$$

n=5，CI=0.066，RI=1.12，得 CR=0.0590<0.1

结果表明判断矩阵符合一致性要求，所以 W=（0.1284，0.0841，0.3177，0.2562，0.2136）可以作为制度设计风险 U_1 各指标的权重系数。

4. 计算第二层次的权重集

按照上述方法可得制度运行风险 U2 中各项指标的权重 W=（0.0658，0.1650，0.1180，0.2021，0.1695，0.1178，0.1619），λ_{max}=7.0047，N=7，CI=0.66，RI=1.32，得 CR=0.00078<0.1，表明判断矩阵符合一致性要求。

5. 层次总排序

层次总排序从上到下逐层进行，二级指标的相对权重分别乘以上一级指标中支配的元素的权重，就可以得到二级指标各元素的绝对权重。制度设计风险 U1 和制度运行风险 U2 的相对权重为（0.4444，0.5556），制度设计风险 U_1 对第二层次指标的权重为（0.1284，0.0841，0.3177，0.2562，0.2136），制度运行风险 U_2 对第二层次指标的权重为（0.0658，0.1650，0.1180，0.2021，0.1695，0.1178，0.1619），可以得到第二层次指标对基本养老保险替代率风险总指标的权重如表6-9所示。

表 6-9　基本养老保险替代率风险评估指标体系及权重表

第一层	第二层	指标	指标权重
基本养老保险替代率风险	制度设计风险 U_1 0.4444	缴费基数风险 U_{11}	养老金缴费基数	0.0571
		缴费年限风险 U_{12}	养老金最低缴费年限	0.0374
		缴费率风险 U_{13}	养老金缴费率	0.1412
		计发系数风险 U_{14}	个人账户养老金计发月数	0.1138
		老龄化风险 U_{15}	老化系数	0.0949
	制度设计风险 U_2 0.5556	扩大制度覆盖面风险 U_{21}	制度覆盖率	0.0366
		基金征缴难度风险 U_{22}	基金征缴率	0.0916
		市场通货膨胀风险 U_{23}	实际利率	0.0655
		个人账户的记账利率风险 U_{24}	个人账户的记账利率	0.1123
		职工工资增长率风险 U_{25}	职工工资增长率	0.0942
		投资风险 U_{26}	投资收益率	0.0654
		外部环境风险 U_{27}	政治、经济、灾害	0.0900

6. 结果说明

在建立起基本养老保险替代率风险评估指标体系，确定各指标权重之后，获取指标数值，即可对基本养老保险替代率的具体风险水平进行评估。在各项指标中，有定量和定性两类指标，定性指标如外部环境风险，其对应下一级指标包括政治风险、经济风险和灾害风险，这一类指标的风险值评估难度极高，涉及要素繁杂，且难以量化，如果要对其进行测评，可采用德尔菲法征集专家意见，并需要将定性指标转化为定量指标。在定量指标中，即使有相应的指标数据，还需要采用适当的方法对指标进行无量纲化处理，并涉及指标数据的优劣评判，标准选择也带有主观性。由于数据获取条件所限，本研究无法确定指标具体风险值。根据专家对各项指标权重的评价结果，缴费率风险、计发系数风险和个人账户的记账利率风险权重较高，其次是老龄化风险、职工工资增长率风险和基金征缴难度风险，这说明这几类风险对基本养老保险替代率，乃至基本养老保险制度本身有着较直接的影响，明确界定政府、用人单位和劳动者个人在基金筹资中的责任义务并厘定合理的缴费率，正确核定个人账户养老金计发月数，统一确定适当的个人账户的记账利率并进行动态调整，改善养老保险体系的赡养结构，改革现有养老金征缴体制机制、提高基金征缴率，是有效管理和控制基本养老保险替代率风险、改革完善基本养老保险制度的着眼点。

第七章 基本养老保险替代率风险的化解策略

"统账结合"的养老保险模式下,养老金替代率由两部分组成:基础养老金替代率和个人账户养老金替代率。基础养老金替代率和个人账户养老金替代率的风险机理及化解策略有所不同。

一、延迟退休与基础养老金替代率风险化解

1. 延迟退休与基本养老保险制度发展

从世界范围来看,社会保障待遇的刚性特征、人口老龄化快速发展等多重因素对养老金的给付造成了巨大压力。通过延迟退休年龄来缓解养老金给付危机,已成为多数发达国家的经验做法。同样,延迟退休年龄与否在我国也受到广泛的关注。多数学者从人口预期寿命延长、人口老龄化、养老金支付压力、减轻企业负担、人力资源充分利用等角度出发,对我国延迟退休年龄表示赞同。但少数学者从我国就业形势严峻、劳动力资源利用的情况、个人账户"空账"现象严重等角度出发,认为目前延迟退休年龄时机还未成熟,建议我国保持现在的退休政策不变。

自20世纪90年代初期社会化改革以来,中国城镇企业职工基本养老保险制度覆盖面逐步扩大,参保人数不断增加,待遇水平稳

步提高,在保障人民生活、促进经济发展和维护社会和谐稳定等方面发挥了重要作用。"十三五"规划中提出,要建立更加公平更可持续的社会保障制度。这也同时提出了养老保险面临的两个问题,一是如何使养老保险的公平性更强,二是如何使养老保险更具有可持续性。中国养老保险制度的持续健康稳定运行所面临的挑战,突出表现在养老保险基金收支平衡面临着一定压力,养老保险制度未来存在着财务平衡风险。究其原因,除了从现收现付制转向部分积累制带来的转轨成本未能明确解决、养老保险基金统筹层次相对较低等因素以外,人口老龄化引起的制度赡养率提高是造成养老保险基金收支平衡压力的最主要原因。

人口老龄化包括两方面的含义:一是指老年人口相对增加,在总人口中所占比例不断上升的过程;二是指社会人口结构呈现老年状态,进入老龄化社会。中国人口老龄化的特点可以概括为:基数大、速度快、底子薄、负担重,相较于发达国家,属于"未富先老"。当前,中国的人口老龄化形势已经十分严峻。全国第六次人口普查数据显示,2010年中国60岁以上老年人口为1.78亿人,占总人口的13.26%,65岁以上老年人口已达到1.19亿人,占总人口的8.87%。2015年末,中国60岁及以上老年人口达到2.22亿人,65岁及以上老年人口为1.44亿人,65岁及以上老年人口比重增长到了10.5%,是世界上唯一老年人口超过1亿的国家,因而是发展中国家人口老龄化最严峻的国家。中国人口老龄化的快速发展,最直接的表现就是老年人口规模的迅速膨胀导致抚养结构发生根本性转变,造成养老金缴费者相对减少和领取者急速增多,养老金供需矛盾日益尖锐,直接冲击中国的养老保障制度。随着人口老龄化速度加快和养老保险覆盖面不断扩大,养老保险基金的支出规模逐年加大,再加上人口老龄化的快速发展,这将会使养老金的需求规模呈直线上升,对养老金给付造成空前的压力。我国目前的养老保险缴费率已处于较高水平,提高养老金缴费水平并不可行。显而易见,在转轨成本已十分巨大的改革过渡时期,中国养老保险体系已无力应对"银发"浪潮的冲击。

正是基于中国人口老龄化速度快和代际养老负担沉重的背景,基本养老保险制度从传统的现收现付制向社会统筹与个人账户相结合的部分积累制模式转轨。在制度转轨过程中,"现收现付制"下的隐性债务逐步显性化,制度转轨成本问题未能合理解决,导致计入"统账结合"模式下的个人账户被用来支付当期退休人员的养老金,造成个人账户是"空账"运行。这种做法偏离了"部分积累制"的设计初衷,而是向现收现付制的回归,不但无法缓解养老金支付压力,甚至可能加速基本养老保险制度的崩溃,在中国人口老龄化进入高峰时,养老保险体系将不堪一击。

此外,从养老保险制度的政策设计和操作层面上看,不同程度地存在着基金征缴率偏低、统筹层次较低、管理手段相对落后、法律监督体系不健全等问题。国际上许多发达国家的公共养老金制度也因种种原因陷入财务危机,面临巨大的财政压力,纷纷进行养老保险制度的改革。尽管各国养老保险制度改革的内容不尽相同,但都普遍推行养老金制度的参数式改革,逐步提高法定退休年龄。因为延迟退休年龄不仅可以通过增加缴费人数和延长缴费年限来增加养老保险基金的收入,而且可以通过推迟养老金的给付时间来增加养老保险基金的积累,即推迟退休年龄是从多收、少支两条渠道来"开源节流",改善养老金的收支不均衡状况。关于延迟退休与养老保险基金的问题,在2000年原劳动和社会保障部社会保险研究所的《中国养老保险基金测算与管理》研究报告中首次提出,理由是延迟退休年龄能够缓解我国养老金给付压力。该项报告测算结果显示:我国城镇企业职工退休年龄每延长一年,养老统筹基金可增收40亿元，减支 160 亿元，减缓基金缺口 200 亿元。①

综合来看，我国延迟退休年龄是大势所趋。与养老保险制度相联系，延迟退休的目的在于应对人口老龄化带来的制度赡养率提高、缓解养老金给付压力等问题。延迟退休意味着缴费年限增加、给付年限减少，重新划分了参保者在养老保险制度中的权利和义务。因此，是否延迟退休年龄、如何延迟退休年龄，主要依据在于参保者的缴费义务和享受养老金给付的权利是否对等。根据现行制度，城镇职工养老保险金由两部分组成，分别是基础养老金和个人账户养老金②。其中，基础养老金由统筹基金支付，个人账户养老金由个人账户基金支付。根据基础养老金计发办法，对于一个工资水平相当于社会平均工资的参保者而言，工作年限每延迟 1 年，基础养老金替代率将提高 1 个百分点。延迟退休对基础养老金替代率和个人账户养老金替代率均会产生影响。

2. 延迟退休对基础养老金替代率的影响

基础养老金由统筹基金支付，而统筹基金的财务筹资模式为"现收现付制"。"现收现付制"下，三个核心参数之间的逻辑关系为：社会平均工资替代率＝缴费率/制度赡养率。当制度赡养率不变时，所要求的替代率越高，缴费率就应当越高；当社会平均工资替代率不变时，系统老龄化越严重，制度赡养率越高，缴费率也应当越高。面对人口老龄化快速发展，统筹基金缺口逐渐扩大的局面，社会各界提出四种解决方案：一是延迟退休年龄；二是提高养老保险缴费率；三是减少退休金、降低养老金替代率；四是增加政府补

---

① 叶铁桥：《推迟退休年龄的几次争议》，载《中国青年报》，2008 年 11 月 26 日。

② "中人"还包括"过渡性养老金"，基础养老金和过渡性养老金均由统筹基金支付，本研究仅考虑基础养老金。

贴。第二种方案加重了在职人员的缴费负担,第三种方案降低了退休人员的养老福利和保障水平,所以可执行度较低。第四种方案虽然可以在短期内执行,但从长期看,政府财力毕竟有限,特别是经济进入新常态和中低速增长后难以维持。延迟退休年龄通过延长参保者的缴费年限、缩短退休金领取时间,达到增收减支、缓解老龄化压力的目的。对于延退的参保人员而言,虽然多缴纳了养老保险金,但退休后可以获得更多的退休金。鉴于我国目前退休年龄过于低龄化的现状①,以及人口快速老龄化的发展态势,通过延迟退休年龄来破解老龄化的困局不失为经济有效的可行方案。

面对人口老龄化问题,西方发达国家通常通过延长退休年龄来应对。而我国的人口老龄化与西方发达国家有所不同。发达国家人口老龄化往往与劳动力短缺相伴而生,而我国老龄化初期与劳动适龄人口高峰期相叠加,就业问题也必需引起高度重视。一方面,我国老龄化水平不断提高、养老保险基金支付压力增大、经济持续健康发展对延长退休年龄具有潜在需求;另一方面,在劳动适龄人口处于峰值、劳动力资源极为丰富的情况下,延长退休年龄可能会加剧劳动力市场竞争,导致失业率上升。那么,如何协调二者之间的关系?2013年11月12日中国共产党第十八届中央委员会第三次全体会议通过《中共中央关于全面深化改革若干重大问题的决定》提出"研究制定渐进式延迟退休年龄政策",明确了顶层设计,延迟退休政策渐行渐进。渐进延迟退休年龄,意在保持相对稳定合理的制度赡养率,既可以在一定程度上缓解养老保险基金的给付压力,又

---

① 2012年7月,社会科学文献出版社和中国人事科学研究院发布了《人力资源发展报告(2011—2012)》。报告显示,中国当前城市人口总体的平均退休年龄为56.1岁,其中男性平均退休年龄为58.3岁,女性为52.4岁。报告认为,中国退休年龄偏低,因为在这个年龄段中,大多数劳动者依然身体比较健康,精力比较充沛,这种过低的退休年龄造成了人力资源的浪费。

不对年轻人就业产生明显的冲击。

(1) 基本思路

退休年龄主要受平均预期寿命和人口年龄结构的影响。如果一定时期内平均预期寿命变化不大、人口年龄结构比较均衡，退休年龄可以保持相对稳定。而退休年龄调整对社会经济发展的影响主要表现在：一是对就业的影响；二是对社会保障特别是养老保险产生的影响。在养老保险制度中，退休年龄是影响保障水平的重要参数，一般可以看作是职工享受养老金待遇的标准线，也是工作人群与退休人群的分界线。养老保险模式通常分为三类：现收现付制、基金积累制和部分积累制。从基金平衡的角度看，现收现付制对退休人群与工作人群之间的比例关系要求最高，即使是基金积累制和部分积累制，也需要退休人群与工作人群之间保持合理的赡养比。目前的做法是退休年龄保持不变，不同时期的赡养比不同，赡养比指标随老龄化水平的提高而降低。而本研究的思路是，将赡养比确定为某一合理水平，退休年龄则呈现动态变化，在人口呈现老龄化的趋势下，退休年龄逐步提高（如图7-1、图7-2所示），在此称之为"动态退休年龄"，作为渐进延迟退休年龄的参考标准。

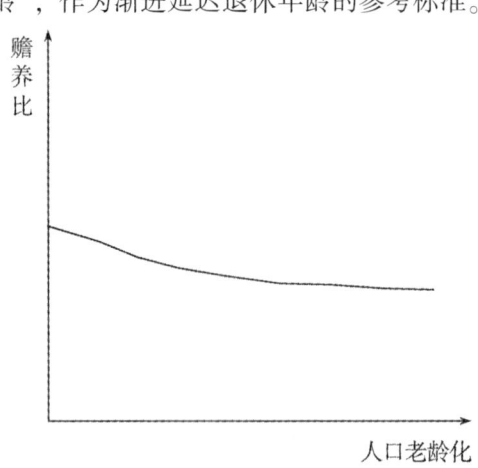

图7-1 退休年龄保持不变（目前做法）

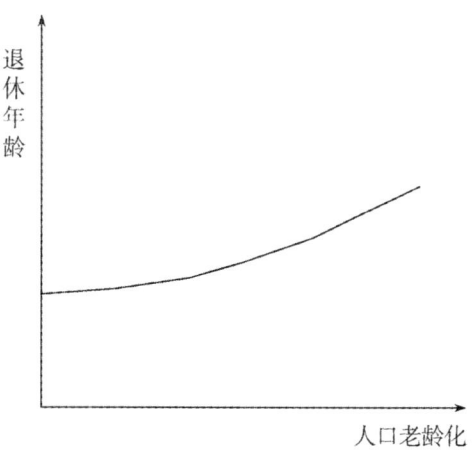

图7-2 赡养比保持不变（本研究思路）

制度赡养率的倒数为"制度赡养比"，本研究正是基于合理的制度赡养比的假定，在人口预测的基础上，确定动态退休年龄。其中，合理的制度赡养比的确定方法分为直接法和间接法。

直接法：根据赡养比的经验值，利用人口预测数据，搜寻确定退休年龄动态值。

间接法：假设个人追求效用最大化、企业追求利润最大化、政府追求社会总福利最大化，三者之间的利益均衡表现为函数联立方程组的均衡解，设定参数并计算赡养比，再利用人口预测数据，搜寻确定退休年龄动态值。

（2）模型的建立

符号规定如下：

$P_{i,t}$：表示第 t 年 i 岁的总人口数；

$^1P_{i,t}$：表示第 t 年 i 岁的男性人口数；

$^2P_{i,t}$：表示第 t 年 i 岁的女性人口数；

R_t：表示第 t 年的退休年龄；

MWg：表示男女退休年龄的差（即男性退休年龄减去女性退休年龄）；

w_t：表示 t 期工作人群的工资；

S_t：表示 t 期工作人群的储蓄；

s_t：表示 t 年工作人群的储蓄率；

θ：表示养老保险缴费率；

r_t：表示 t 年的利率；

N_t：表示 t 年的赡养比；

n：表示人口代际增长率，即工作一代相对于退休一代的人口增长率；

g_t：表示 t 年的工资增长率；

ρ：表示个人对未来效用的主观贴现因子；

σ：表示政府对退休人群效用的主观相对贴现因子（相对于工作人群）；

γ：表示常相对风险规避系数；

k_t：表示单位有效劳动的资本；

α：表示资本的产出弹性。

设 t 年男性的退休年龄为 R_t 岁，女性退休年龄为 $R_t - MWg$ 岁。利用人口预测数据，采用渐近算法，通过开发计算机软件，寻找使赡养比达到 N^* 的退休年龄，模型表示为：

如果满足下列条件：

$$\frac{\sum_{i=21}^{m-1} {}^1P_{i,t} + \sum_{i=21}^{m-1-MWg} {}^2P_{i,t}}{\sum_{i=m}^{100+} {}^1P_{i,t} + \sum_{i=m-MWg}^{100+} {}^2P_{i,t}} = N^* \qquad (7.1)$$

则可以判断符合条件的男性退休年龄为 m 岁，女性退休年龄为 $m - MWg$ 岁。

如果满足下列条件：

$$\begin{cases}\dfrac{\sum\limits_{i=21}^{m-1}{}^1P_{i,t}+\sum\limits_{i=21}^{m-1-MWg}{}^2P_{i,t}}{\sum\limits_{i=m}^{100+}{}^1P_{i,t}+\sum\limits_{i=m-MWg}^{100+}{}^2P_{i,t}}\langle N^*\\[2ex]\dfrac{\sum\limits_{i=21}^{m}{}^1P_{i,t}+\sum\limits_{i=21}^{m-MWg}{}^2P_{i,t}}{\sum\limits_{i=m+1}^{100+}{}^1P_{i,t}+\sum\limits_{i=m-MWg+1}^{100+}{}^2P_{i,t}}\rangle N^*\end{cases}\qquad(7.2)$$

则可以判断符合条件的男性退休年龄在 m 岁所在组内,女性退休年龄在 $m-MWg$ 岁所在组内。假定所在组的人口均匀分布,可进一步将该年龄组人口划分为12个月份,采用无限逼近的方法将测算结果精确到"月",确定退休年龄的具体数值,用小数形式表示。

以 m 岁所在组为例,第 j 个月的人口数为:

$$P_{mj}=\frac{P_{m,t}}{12}j=1,2,\cdots,12 \qquad(7.3)$$

如果满足下列条件:

$$\frac{\sum\limits_{i=21}^{m-1}{}^1P_{i,t}+\sum\limits_{j=1}^{n}{}^1P_{mj,t}+\sum\limits_{i=21}^{m-1-MWg}{}^2P_{i,t}+\sum\limits_{j=1}^{n}{}^2P_{(m-MWg)j,t}}{\sum\limits_{i=m+1}^{100+}{}^1P_{i,t}+\sum\limits_{j=n+1}^{12}{}^1P_{mj,t}+\sum\limits_{i=m+1-MWg}^{100+}{}^2P_{i,t}+\sum\limits_{j=n+1}^{12}{}^2P_{(m-MWg)j,t}}=N^*$$

$$(7.4)$$

则

$$R_t=m+\frac{n}{12} \qquad(7.5)$$

如果满足下列条件:

$$\begin{cases} \dfrac{\sum_{i=21}^{m-1} {}^1P_{i,t} + \sum_{j=1}^{n-1} {}^1P_{mj,t} + \sum_{i=21}^{m-1-MWg} {}^2P_{i,t} + \sum_{j=1}^{n-1} {}^2P_{(m-MWg)j,t}}{\sum_{i=m+1}^{100+} {}^1P_{i,t} + \sum_{j=n}^{12} {}^1P_{mj,t} + \sum_{i=m+1-MWg}^{100+} {}^2P_{i,t} + \sum_{j=n}^{12} {}^2P_{(m-MWg)j,t}} < N^* \\[2ex] \dfrac{\sum_{i=21}^{m-1} {}^1P_{i,t} + \sum_{j=1}^{n} {}^1P_{mj,t} + \sum_{i=21}^{m-1-MWg} {}^2P_{i,t} + \sum_{j=1}^{n} {}^2P_{(m-MWg)j,t}}{\sum_{i=m+1}^{100+} {}^1P_{i,t} + \sum_{j=n+1}^{12} {}^1P_{mj,t} + \sum_{i=m+1-MWg}^{100+} {}^2P_{i,t} + \sum_{j=n+1}^{12} {}^2P_{(m-MWg)j,t}} > N^* \end{cases}$$

(7.6)

则可以判断 N^* 在男性 m 岁的第 n 个月，进一步测算 N^* 对应退休年龄的具体位置。

记

$$a = \left| \dfrac{\sum_{i=21}^{m-1} {}^1P_{i,t} + \sum_{j=1}^{n-1} {}^1P_{mj,t} + \sum_{i=21}^{m-1-MWg} {}^2P_{i,t} + \sum_{j=1}^{n-1} {}^2P_{(m-MWg)j,t}}{\sum_{i=m+1}^{100+} {}^1P_{i,t} + \sum_{j=n}^{12} {}^1P_{mj,t} + \sum_{i=m+1-MWg}^{100+} {}^2P_{i,t} + \sum_{j=n}^{12} {}^2P_{(m-MWg)j,t}} - N^* \right|$$

(7.7)

$$b = \left| \dfrac{\sum_{i=21}^{m-1} {}^1P_{i,t} + \sum_{j=1}^{n} {}^1P_{mj,t} + \sum_{i=21}^{m-1-MWg} {}^2P_{i,t} + \sum_{j=1}^{n} {}^2P_{(m-MWg)j,t}}{\sum_{i=m+1}^{100+} {}^1P_{i,t} + \sum_{j=n+1}^{12} {}^1P_{mj,t} + \sum_{i=m+1-MWg}^{100+} {}^2P_{i,t} + \sum_{j=n+1}^{12} {}^2P_{(m-MWg)j,t}} - N^* \right|$$

(7.8)

如果

$$a < b \tag{7.9}$$

则

$$R_t = m + \dfrac{n-1}{12} \tag{7.10}$$

如果

$$a > b \tag{7.11}$$

则

$$R_t = m + \frac{n}{12} \tag{7.12}$$

如果

$$a = b \tag{7.13}$$

则

$$R_t = m + \frac{n - 0.5}{12} \tag{7.14}$$

(3) 模型的求解

动态退休年龄模型的求解步骤为：第一，确定工作人群与退休人群之间的赡养比；第二，利用人口预测得到的分年龄数据，搜寻确定与赡养比对应的退休年龄的具体数值。这一过程通过编写计算机软件完成，流程图如下：

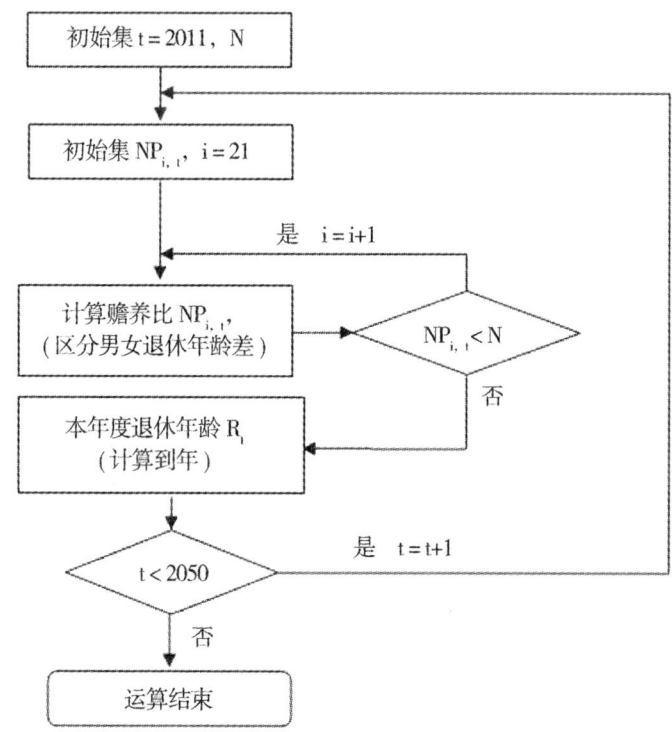

图 7-3 动态退休年龄运算流程图 1（判断组）

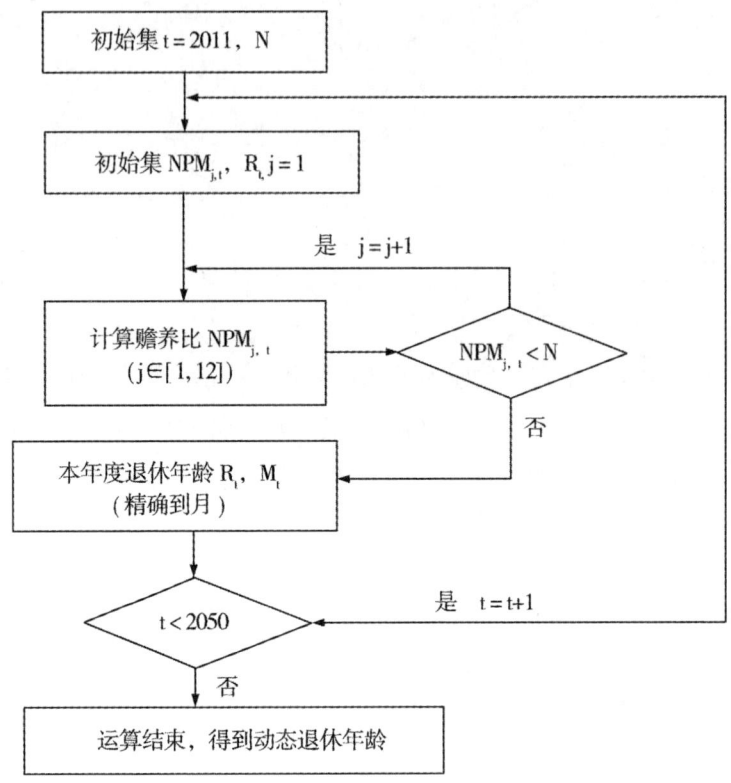

图 7-4 动态退休年龄运算流程图 2（精确到月）

根据赡养比的确定思路，本研究采取两种方法：直接法和间接法。

a. 直接法

即根据国内外所采用的工作人群与退休人群之间赡养比的经验值，为 N^* 赋值。本研究基于现收现付制，主要考察养老保险制度的可持续性对赡养比的要求，因此，可以参照制度内赡养比对 N^* 赋值。

表 7-1 1996-2015 年上海与全国的基本养老保险制度赡养比

年份	上海	全国	年份	上海	全国
1996	2.40	3.71	2006	1.63	3.05
1997	2.10	3.42	2007	1.56	3.06
1998	1.90	3.11	2008	1.53	3.13
1999	1.82	3.19	2009	1.50	3.06
2000	1.67	3.30	2010	1.54	3.08
2001	1.56	3.20	2011	2.55	3.16
2002	1.51	3.10	2012	2.51	3.09
2003	1.45	3.02	2013	2.44	3.01
2004	1.30	2.99	2014	2.40	2.97
2005	1.51	3.00	2015	2.25	2.87

数据来源：根据历年《上海统计年鉴》、《中国统计年鉴》相关数据计算。

如表 7-1 所示，1996—2013 年，我国基本养老保险制度赡养比基本在 3.00 以上，2014 年降到 3.00 以下，总体呈缓慢下降趋势，这与我国人口和劳动力年龄结构演化直接相关，当前我国正处于人口红利的高利期，赡养比的值较高。上海的基本养老保险制度赡养比多数年份在 2.00 以下，这与户籍人口老龄化较早有关，2011 年"综保""镇保"并入"城保"之后，制度赡养比上升到 2.55，近两年略有下降。本研究假定合理的赡养比为 2.50。考虑到现阶段男女法定退休年龄不同，对 MWg 赋不同的值，可以观察分析男女退休年龄差距的影响。根据生育率方案 2、流动人口低流入的人口预测结果，可搜寻到各个时期、对应不同的男女退休年龄差距的退休年龄的动态值。限于篇幅，表 4 仅列 MWg 为 0、3、5 三种情况。

表7-2　2020—2030年上海退休年龄动态值预测（$N^* = 2.50$）

年份	退休年龄 （$MWg = 0$ 岁）		退休年龄 （$MWg = 3$ 岁）		退休年龄 （$MWg = 5$ 岁）	
	男	女	男	女	男	女
2020	63.43	63.43	65.12	62.12	66.03	61.03
2025	65.81	65.81	67.13	64.13	68.36	63.36
2030	67.76	67.76	69.38	66.38	70.39	65.39

结果显示，如果在工作人群与退休人群之间始终保持 2.50∶1 的赡养比，由于受到人口年龄结构演化过程中老龄化程度逐步加深的影响，上海退休年龄动态值将持续提高。如果男女同龄退休，2020 年平均退休年龄要达到 63.43 岁，2030 年提高到 67.76 岁；如果女性比男性早 3 年退休，2030 年女性的退休年龄为 66.38 岁，男性退休年龄为 69.38 岁；如果女性比男性早 5 年退休，2030 年男性和女性的退休年龄分别为 70.39 岁和 65.39 岁。

b. 间接法

通过构造个人效用函数、企业效用函数、政府效用函数，假设个人追求效用最大化、企业追求利润最大化、政府追求社会总福利最大化①，政府、个人、企业三部门最优化问题所得到的各变量的解析式为：

利率：$r = v + \dfrac{\sigma(1+n)(1+g)^{\gamma}}{\rho}$ （7.15）

每个有效劳动单位资本：

---

① 封进：《人口结构变动的福利效应——一个包含社会保险的模型及解释》，载《经济科学》，2004 年第 1 期，第 1—14 页。

$$k = \sqrt[(\alpha-1)]{\frac{v + \frac{\sigma(1+n)(1+g)^{\gamma}}{\rho}}{\alpha}} \tag{7.16}$$

每个有效劳动单位工资：

$$w = (1-\alpha)\left(\frac{v + \frac{\sigma(1+n)(1+g)^{\gamma}}{\rho}}{\alpha}\right)^{\frac{\alpha}{\alpha-1}} \tag{7.17}$$

最优储蓄率：

$$s = \frac{S}{w} = \frac{\alpha}{1-\alpha} * \frac{1+v}{v + \frac{\sigma(1+n)(1+g)^{\gamma}}{\rho}} \tag{7.18}$$

最优社会保险税率：

$$\theta = \frac{1}{1+(1+v)[\rho(1+r)]^{-\frac{1}{\gamma}}} * \left[1 - \frac{S}{w}(1+\rho^{-\frac{1}{\gamma}}(1+r)^{\frac{\gamma-1}{\gamma}})\right] \tag{7.19}$$

上述公式中 $(1+n)$ 为工作一代与退休一代的比值，也就是赡养比，具体到养老保险而言，社会保险税率即为养老保险缴费率。

记

$$1 + n = N \tag{7.20}$$

由 $1+v = (1+n)(1+g)$ 及 N 定义可得：

$$v = N(1+g) - 1 \tag{7.21}$$

可得到最优储蓄率和赡养比：

$$\begin{cases} s_t = \frac{\alpha}{1-\alpha} * \frac{N_t(1+g)}{[N_t(1+g)-1] + \frac{\sigma N_t(1+g)^{\gamma}}{\rho}} \\ N_t = \frac{\frac{1 - s_t \times [1 + \rho^{-\frac{1}{\gamma}}(1+r)^{\frac{\gamma}{\gamma-1}}]}{\theta} - 1}{[\rho(1+r)]^{-\frac{1}{\gamma}}(1+g)} \end{cases} \tag{7.22}$$

参数设定如下：假定个体对当期消费和未来消费的偏好差别不大，个人主观贴现因子 ρ 为 0.95；假定政府对工作人群和退休人群的效用权重差别不大，政府的主观贴现因子 σ 为 0.95；资本产出弹性 α 为 0.2；工资平均增长率 g 为 4%；利率 r 设为 1 年期存款利率为 3.25%；常相对风险规避系数 γ 为 2；养老保险缴费率 θ 分别为 18%、20%。①

根据（7.22）式可以计算与不同的养老保险缴费率对应的赡养比，见表 7-3。

表 7-3　不同养老保险缴费率下的赡养比

θ	N_t^*
$\theta_1 = 18\%$	$N_1^* = 2.739$
$\theta_2 = 20\%$	$N_2^* = 2.305$

根据生育率方案 2、流动人口低流入的人口预测结果，可以搜寻确定各个时期、对应不同的男女退休年龄差距的退休年龄的动态值，如表 7-4、表 7-5 所示。结果显示，在 18% 的缴费率下，若使工作人群与退休人群的赡养比保持在 2.739 : 1 的水平上，上海退休年龄动态值将持续提高。如果男女同龄退休，2020 年平均退休年龄为 63.58 岁，2030 年提高到 68.08 岁；如果女性比男性早 3 年退休，2020 年、2030 年女性的退休年龄分别为 62.73 岁和 66.92 岁，男性退休年龄分别为 65.73 岁和 69.92 岁；如果女性比男性早 5 年退休，2020 年、2030 年女性的退休年龄分别为 61.54 岁和 65.74 岁，男性

---

① 目前我国城镇职工养老保险制度中，企业养老保险缴费率为 20%。根据王增文、邓大松的测算，中国国有工业企业能够承受的社会保障统筹缴费的最高限度为 24.51%，适度缴费限度为 20.56%。参见王增文、邓大松：《基金缺口、缴费比率与财政负担能力：基于对社会保障主体的缴费能力研究》，载《中国软科学》，2009 年第 10 期，第 73—81 页。

退休年龄则分别达到 66.54 岁和 70.74 岁。在 20% 的缴费率下,若使工作人群与退休人群的赡养比保持在 2.305∶1 的水平上,如果男女同龄退休,2020 年平均退休年龄为 62.01 岁,2030 年提高到 66.35 岁;如果女性比男性早 3 年退休,2020 年、2030 年女性的退休年龄分别为 60.98 岁和 64.95 岁,男性退休年龄分别为 63.98 岁和 67.95 岁;如果女性比男性早 5 年退休,2020 年、2030 年女性的退休年龄分别为 59.53 岁和 63.61 岁,男性退休年龄则分别达到 64.53 岁和 68.61 岁。

表 7-4　2020—2030 年上海退休年龄动态值预测（$N^* = 2.739$）

年份	退休年龄 ($MWg = 0$ 岁)		退休年龄 ($MWg = 3$ 岁)		退休年龄 ($MWg = 5$ 岁)	
	男	女	男	女	男	女
2020	63.58	63.58	65.73	62.73	66.54	61.54
2025	65.92	65.92	67.69	64.69	68.73	63.73
2030	68.08	68.08	69.92	66.92	70.74	65.74

表 7-5　2020—2030 年上海退休年龄动态值预测（$N^* = 2.305$）

年份	退休年龄 ($MWg = 0$ 岁)		退休年龄 ($MWg = 3$ 岁)		退休年龄 ($MWg = 5$ 岁)	
	男	女	男	女	男	女
2020	62.01	62.01	63.98	60.98	64.53	59.53
2025	64.46	64.46	65.97	62.97	66.69	61.69
2030	66.35	66.35	67.95	64.95	68.61	63.61

根据"现收现付制"下三个参数之间的逻辑关系:社会平均工资替代率=缴费率×制度赡养率,"制度赡养率"与"制度赡养比"互为倒数,也就是,社会平均工资替代率=缴费率×制度赡养比,可

以计算不同的缴费率和制度赡养比对应的养老金替代率。如表7-6所示，假设个人追求效用最大化、企业追求利润最大化、政府追求社会总福利最大化，18%的缴费率水平，要求的制度赡养比为2.739：1，这时能够提供的基础养老金替代率为49.30%；19.15%的缴费率水平，所要求的制度赡养比为2.739：1，能够提供47.88%的基础养老金替代率；20%的缴费率水平，所要求的制度赡养比为2.305：1，能够提供46.10%的基础养老金替代率。

表7-6 缴费率、制度赡养比与养老金替代率的对应关系

缴费率	制度赡养比	社会平均工资替代率
18%	2.739	49.30%
19.15%	2.50	47.88%
20%	2.305	46.10%

进一步分析缴费率对动态退休年龄的影响，假如其他参数不变，缴费率越高，所对应的制度赡养比就越低，同一年份的动态退休年龄也就越低。测算结果显示，即使按照20%的缴费率、2.305的制度赡养比、男女同龄退休，2020年上海的动态退休年龄已超过60岁；如果男女差别年龄退休，男性的退休年龄将更高。这说明对于像上海这种老龄化较早、老龄化水平较高的地区，一方面，应该尽早调整退休年龄、改善养老保险的制度赡养结构；另一方面，单纯依靠延迟退休年龄和改善制度赡养结构，不能彻底解决养老保险统筹基金缺口的问题，在缴费率已处于较高水平、没有提升空间的情况下，需要政府财政补贴以弥补基金缺口。

二、个人账户养老金替代率的影响因素及风险化解

1. 模型的建立

养老保险基金给付模式主要包括待遇确定型和缴费确定型。理论上,缴费确定型给付模式与缴费之间的联系也分为两种:个人纵向平衡方式和同代人横向平衡方式。其中,个人纵向平衡方式是指采用个人账户的记账和管理方式,遵循个人养老金缴费义务和权利相对等的基本原则,即职工个人工作期间的缴费总额和投资收益等于其退休后领取养老金的总额。

根据个人账户养老基金平衡的基本原理,结合职工个人缴费工资、缴费率、利率和工资增长率等参数,可以计算个人账户养老金的月给付标准。假设职工个人的初始工作年龄为 a 周岁,退休年龄为 b 周岁,预期寿命为 d 周岁,个人 a 周岁的年工资总额为 W_a,缴费率为 c,工资增长率为 g,利率为 r,R 为养老金替代率,与个人账户养老金计发月数对应的领取年限为 m。当职工退休时,职工个人账户积累的养老金总额为:

$$M = c*W_a*(1+r)^{b-a} + c*W_a*(1+g)(1+r)^{b-a-1} + \cdots + c*W_a*(1+g)^{b-a-1}(1+r) \quad (7.23)$$

$$M = c*W_a*(1+r)[(1+r)^{b-a} - (1+g)^{b-a}]/(r-g) \quad (r \neq g) \quad (7.24)$$

$$M = c*W_a*(b-a)(1+r)^{b-a} \quad (r = g) \quad (7.25)$$

设 N 代表职工个人退休后领取的个人账户养老金的精算现值总额,K 代表职工每年能够领取的个人账户养老金的给付额。

第一种情况:根据退休年龄确定个人账户养老金领取年限 m(将现行制度中与退休年龄对应的计发月数折算为年),计算职工个人所领取的个人账户养老金的精算现值,用公式表示为:

$$N = K + \frac{K}{1+r} + \frac{K}{(1+r)^2} + \frac{K}{(1+r)^3} + \cdots + \frac{K}{(1+r)^{m-1}}$$
$$= K \times [(1+r)^m - 1]/[r * (1+r)^{m-1}] \quad (7.26)$$

第二种情况：计算职工个人在退休到死亡这段时期内所领取的个人账户养老金的精算现值，用公式表示为：

$$N = K + \frac{K}{1+r} + \frac{K}{(1+r)^2} + \frac{K}{(1+r)^3} + \cdots + \frac{K}{(1+r)^{d-b-1}} = K \times [(1+r)^{d-b} - 1]/[r * (1+r)^{d-b-1}] \quad (7.27)$$

养老保险制度"统账结合"模式中，社会统筹重在体现社会成员之间横向的收入调剂和风险分担，而个人账户则主要体现劳动者个人一生收入的纵向调剂和风险分担，目的在于保障职工个人一生的储蓄与消费实现优化组合配置。个人账户的资金归个人所有，利益机制的引入可以有效地减少负外部性和道德风险的发生。这种机制的优点在于，一是增强了劳动者个人的自我保障意识与参与监督意识；二是体现权利与义务相统一、享受与贡献相对应的原则，使养老保险制度兼具保障和激励的双重职能。根据个人账户养老金收支平衡原理，劳动者个人在工作期间个人账户的储蓄总额等于其退休后领取个人账户养老金总额的精算现值，即 $M = N$。具体分两种情况，第一种情况：根据现行养老金计发办法，个人账户养老金发放时间取决于制度规定的计发月数，与退休年龄相对应；第二种情况：个人账户养老金发放时间等于职工从退休到去世的间隔时间。

当 $r \neq g$ 时，有：

第一种情况：

$$K = \frac{c * w_a * r * (1+r)^m * [(1+r)^{b-a} - (1+g)^{b-a}]}{(r-g) * [(1+r)^m - 1]} \quad (7.28)$$

根据个人账户养老金替代率=个人账户养老金/职工退休前工资水平，有：

$$R = \frac{c * r * (1+r)^m * [(1+r)^{b-a} - (1+g)^{b-a}]}{(1+g)^{b-a-1}(r-g) * [(1+r)^m - 1]} \qquad (7.29)$$

第二种情况：

$$K = \frac{c * w_a * r * (1+r)^{d-b} * [(1+r)^{b-a} - (1+g)^{b-a}]}{(r-g) * [(1+r)^{d-b} - 1]} \qquad (7.30)$$

根据个人账户养老金替代率=个人账户养老金/职工退休前工资水平，有：

$$R = \frac{c * r * (1+r)^{d-b} * [(1+r)^{b-a} - (1+g)^{b-a}]}{(1+g)^{b-a-1}(r-g) * [(1+r)^{d-b} - 1]} \qquad (7.31)$$

当 $r = g$ 时，有：

第一种情况：

$$K = \frac{c * w_a * r * (b-a) * (1+r)^{b-a+m-1}}{(1+r)^m - 1} \qquad (7.32)$$

根据个人账户养老金替代率=个人账户养老金/职工退休前工资水平，有：

$$R = \frac{c * r * (b-a) * (1+r)^m}{(1+r)^m - 1} \qquad (7.33)$$

第二种情况：

$$K = \frac{c * w_a * r * (b-a) * (1+r)^{d-a-1}}{(1+r)^{d-b} - 1} \qquad (7.34)$$

根据个人账户养老金替代率=个人账户养老金/职工退休前工资水平，有：

$$R = \frac{c * r * (b-a) * (1+r)^{d-b}}{(1+r)^{d-b} - 1} \qquad (7.35)$$

可以看出，个人账户养老金替代率与缴费率、初始工作年龄与退休年龄决定的参保年限和领取年限、工资增长率、利率（或投资收益率）等多个因素有关，可以分析各因素对个人账户养老金替代率的影响。

2. 基准情景的参数设定

根据国务院2005年38号文规定,"老人"的养老金仍然按照国家原有标准和计发办法发放,不涉及个人账户养老金的问题;"中人"除基础养老金外,还包括过渡性养老金和个人账户养老金,"中人"年龄越大,其个人账户养老金积累越少;而对"新人"而言,养老金由基础养老金和个人账户养老金共同组成,个人账户养老金是其基本养老金重要的组成部分。本研究以"新人"为研究对象,分析测算各因素对个人账户养老金替代率的影响,以及个人账户养老金替代率的风险化解策略。同时,本研究建立在"个人账户"为实账积累的前提下,个人账户缴费率为8%,目的在于研究"部分基金积累制"下个人账户养老金替代率的影响因素,进而量化个人账户养老金所体现出的职工个人养老保险的权利和义务。

(1) 初始工作年龄

初始工作年龄主要受到受教育状况、劳动者家庭经济情况和个人意愿、动机等因素的影响。随着我国受教育年限的持续延长,劳动者步入职业岗位的年龄也逐步推迟,这意味我国职工个人初始工作年龄(a)呈增长态势。统计数据显示,近年来我国享受高等教育的人口规模在持续扩大,受教育年限也在持续延长。根据《中华人民共和国义务教育法》的规定,凡满六周岁的儿童均应由其父母或其他法定监护人送其入学并接受九年义务教育;贫困地区可适当推迟到七周岁。假设以6周岁开始计算直到本科毕业,受教育年限共计16年,那么初始工作年龄为22周岁。考虑到上海作为全球城市,从业人员中接受高等教育的劳动者占比较高,将22周岁设定为初始工作年龄的基准情景值。

(2) 退休年龄

我国现行的法定退休年龄主要分为以下几类情况:第一种,企业职工退休年龄男年满 60 周岁,女工人年满 50 周岁、女干部年满 55 周岁;第二种,从事井下、高温、高空等特殊行业或岗位的,退休年龄男年满 55 周岁,女年满 45 周岁,同企业职工的退休年龄相比男女均降低 5 周岁;第三种:因特殊身体原因等不能继续从事劳动工作的,经医院鉴定,退休年龄为男年满 50 周岁,女年满 45 周岁,退休年龄比从事特殊行业或岗位的再降低 5 周岁。考虑到城镇职工基本养老保险制度所覆盖的人群以城镇企业职工为主,本研究假设基准情景的退休年龄为:男 60 周岁、女 50 周岁。

(3) 个人账户养老金领取年限

目前,个人账户养老金领取年限根据退休年龄对应的计发月数确定。国务院 2005 年 38 号文《国务院关于完善企业职工基本养老保险制度的决定》所规定的计发月数如表 7-7 所示。如果 60 岁退休,对应的领取月数为 139 个月,折算为 11.58 年;如果 50 岁退休,对应的领取月数为 195 个月,折算为 16.25 年,以此作为第一种情况个人账户养老金领取年限的基准情景值。第二种情况下的个人账户养老金领取年限根据退休年龄和预期寿命确定。

表 7-7 城镇企业职工基本养老保险个人账户养老金计发月数表

退休年龄	计发月数	退休年龄	计发月数
40	233	56	164
41	230	57	158
42	226	58	152
43	223	59	145
44	220	60	139
45	216	61	132
46	212	62	125
47	208	63	117

(续表)

退休年龄	计发月数	退休年龄	计发月数
48	204	64	109
49	199	65	101
50	195	66	93
51	190	67	84
52	185	68	75
53	180	69	65
54	175	70	56
55	170		

（4）预期寿命

根据2010年第六次人口普查数据显示，我国人口平均预期寿命为74.83周岁，男性人口平均预期寿命为72.38周岁，女性人口平均预期寿命为77.37周岁。上海是我国人口老龄化严重的城市之一，也是人口平均预期寿命最高的地区。截至2016年底，上海户籍人口平均预期寿命为83.13周岁，男性人口平均预期寿命为80.83周岁，而女性平均预期寿命则高达85.61周岁。本研究基准情景将男性职工预期寿命设为80周岁，女性职工平均预期寿命设为85周岁。

（5）利率

1997年《关于建立统一的企业职工基本养老保险制度的决定》要求个人账户储存额每年参考银行同期存款利率计算利息，2005年《关于完善企业职工基本养老保险制度的决定》继续沿用这一规定，2010年《社会保险法》规定基本养老保险个人账户记账利率不得低于银行定期存款利率，免征利息税。2017年《人力资源社会保障部办公厅财政部办公厅关于公布2016年职工基本养老保险个人账户记账利率等参数的通知》发布：2016年城镇职工基本养老保险（含机关事业单位和企业职工基本养老保险）个人账户记账利率为8.31%。2015年之前，上海个人账户记账利率变动频繁，大约在2.5%—4%之间波动。2001—2016年的16年间，全国社会保障基金的年均投资收益率为8.37%。本研究基准情景将利率水平设为3%。

（6）工资增长率

工资增长率有两种口径：平均工资指数和平均实际工资指数，其中平均工资指数是一种相对指数，旨在衡量不同时期劳动者货币工资水平的变动情况；而平均实际工资指数剔除了物价变动因素的影响，能够客观反映就业人员货币工资实际的变动情况。考虑到工资增长率主要影响缴费基数和缴费金额，而缴费基数是以货币工资计算，故在此不扣除物价变动因素。根据《上海统计年鉴》数据资料，2000—2015年上海市职工平均工资增长率为10.74%，2010—2015年降为8.79%。为简化计算，本研究将工资增长率的基准情景值设为8%。

3. 各因素对个人账户养老金替代率的影响

（1）初始工作年龄的影响

在其他参数不变的情况下，职工个人初始工作年龄推迟，工作年限减少，缴费年限缩短，个人账户养老金给付额必然降低。经测算，第一种情况的基准情景下，男性职工个人账户养老金替代率为14.93%，女性职工因退休早、预期寿命长，个人账户养老金替代率为9.99%；第二种情况的基准情景下，由于发放时间延长，男性职工个人账户养老金替代率为9.70%，女性职工个人账户养老金替代率仅为5.91%。表7-8和表7-9的测算结果表明，初始工作年龄与个人账户养老金替代率反向变化，敏感性系数的绝对水平不高。与男性相比，同一年龄参加工作，女性职工个人账户养老金替代率明显偏低；因发放时间延长，第二种情况的个人账户养老金替代率比第一种情况（现行计发办法）明显偏低。无论是第一种情况还是第二种情况，与改革目标所设定的24.2%的个人账户养老金替代率水平相去甚远。

表7-8 初始工作年龄变动对男性个人账户养老金替代率的影响

初始工作年龄a	第一种情况		第二种情况	
	个人账户养老金替代率	敏感性系数	个人账户养老金替代率	敏感性系数
基准情景(22)	14.93%	—	9.70%	—
23	14.79%	-0.2112	9.60%	-0.2112
24	14.64%	-0.2337	9.51%	-0.2337
25	14.48%	-0.2584	9.40%	-0.2584
26	14.32%	-0.2853	9.30%	-0.2853
27	14.14%	-0.3147	9.18%	-0.3147
28	13.96%	-0.3468	9.07%	-0.3468
29	13.77%	-0.3820	8.94%	-0.3820
30	13.57%	-0.4206	8.81%	-0.4206

表7-9 初始工作年龄变动对女性个人账户养老金替代率的影响

初始工作年龄a	第一种情况		第二种情况	
	个人账户养老金替代率	敏感性系数	个人账户养老金替代率	敏感性系数
基准情景(22)	9.99%	—	5.91%	—
23	9.81%	-0.3854	5.81%	-0.3854
24	9.63%	-0.4301	5.70%	-0.4301
25	9.44%	-0.4795	5.58%	-0.4795
26	9.23%	-0.5344	5.46%	-0.5344

(续表)

初始工作年龄 a	第一种情况		第二种情况	
	个人账户养老金替代率	敏感性系数	个人账户养老金替代率	敏感性系数
27	9.02%	-0.5955	5.34%	-0.5955
28	8.80%	-0.6636	5.21%	-0.6636
29	8.57%	-0.7398	5.07%	-0.7398
30	8.32%	-0.8252	4.93%	-0.8252

（2）退休年龄的影响

在其他参数不变的前提下，延迟退休年龄意味着职工个人的养老保险缴费年限增加，退休后职工领取养老保险的年限减少，使得个人账户养老金替代率水平明显提升。假如其他参数不变，根据现行计发办法，若男性退休年龄从60岁延迟到65岁，个人账户养老金替代率可以从14.93%提高到20.46%，若男性退休年龄延迟到67岁，个人账户养老金替代率可以达到24.45%，实现预定的改革目标。与第一种情况相比，第二种情况由于领取时间大幅度延长，个人账户养老金替代率明显降低。因男性和女性退休年龄相差悬殊，且女性预期寿命较长，女性的养老金替代率偏低。第一种情况下，如果男女同龄退休，个人账户的养老金替代率水平没有差异，只是女性寿命较男性长，在个人账户基金领取完毕之后，由于养老金支付终生，如果参保人没有死亡，在其有生之年的养老金将由国家全额支付，其长寿风险由国家负担。测算结果表明，延迟退休年龄对个人账户养老金替代率的正向影响较大，敏感性系数较高。比如，第一种情况下，假定其他参数不变，男性退休年龄从60岁延迟到61岁，个人账户养老金替代率的变化率是退休年龄变化率的3.2279倍，这说明延迟退休年龄不失为提高养老金替代率的有效措施之一。

表7-10 退休年龄变动对男性个人账户养老金替代率的影响

退休年龄 b	第一种情况		第二种情况	
	个人账户养老金替代率	敏感性系数	个人账户养老金替代率	敏感性系数
基准情景(60)	14.93%	—	9.70%	—
61	15.74%	3.2279	10.16%	2.8897
62	16.62%	3.4272	10.68%	3.0790
63	17.74%	4.1768	11.25%	3.2959
64	19.01%	4.5314	11.88%	3.5454
65	20.46%	4.8761	12.59%	3.8340
66	22.18%	5.4361	13.40%	4.1697
67	24.45%	6.7698	14.32%	4.5632
68	27.26%	7.7015	15.40%	5.0288
69	31.25%	9.9415	16.66%	5.5860
70	36.07%	10.6633	18.18%	6.2621

表7-11 退休年龄变动对女性个人账户养老金替代率的影响

退休年龄 b	第一种情况		第二种情况	
	个人账户养老金替代率	敏感性系数	个人账户养老金替代率	敏感性系数
基准情景(50)	9.99%	—	5.91%	—
51	10.36%	1.8866	6.11%	1.6904
52	10.75%	1.8800	6.31%	1.7124
53	11.14%	1.9321	6.53%	1.7410
54	11.56%	1.9637	6.74%	1.7764
55	11.98%	1.9693	6.97%	1.8190

(续表)

退休年龄 b	第一种情况		第二种情况	
	个人账户养老金替代率	敏感性系数	个人账户养老金替代率	敏感性系数
56	12.48%	2.3142	7.21%	1.8691
57	13.02%	2.3925	7.46%	1.9274
58	13.58%	2.4811	7.72%	1.9944
59	14.28%	2.9561	7.99%	2.0710
60	14.93%	2.7130	8.29%	2.1581
61	15.74%	3.2279	8.60%	2.2568
62	16.62%	3.4272	8.93%	2.3684
63	17.74%	4.1768	9.29%	2.4945
64	19.01%	4.5314	9.68%	2.6369
65	20.46%	4.8761	10.10%	2.7980

(3) 预期寿命的影响

随着我国经济社会的不断发展，医疗技术进步和人民生活水平不断提高，我国人口的平均预期寿命不断延长。第一种情况下，个人账户养老金发放时间根据退休年龄确定，所以养老金替代率不受预期寿命的影响。第二种情况下，如果退休年龄不变，预期寿命延长意味着老年退休职工领取个人账户养老金的年限也在持续增加。如果缴费年限不变、给付年限增加，这必然导致个人账户养老金给付额和养老金替代率的降低。预期寿命对个人账户养老金替代率具有负向影响，以男性为例，预期寿命从80岁提高到81岁，个人账户养老金替代率由9.70%降为9.36%，其变化率是退休年龄变化率的2.7897倍。与女性相比，因男性职工个人账户养老金给付年限短，敏感性系数更高。

表7-12 预期寿命变动对个人账户养老金替代率的影响

男性			女性		
预期寿命 d	个人账户养老金替代率	敏感性系数	预期寿命 d	个人账户养老金替代率	敏感性系数
基准情景（80）	9.70%	—	基准情景（85）	5.91%	—
81	9.36%	-2.7897	86	5.82%	-1.3433
82	9.05%	-2.6525	87	5.73%	-1.2996
83	8.77%	-2.5267	88	5.65%	-1.2580
84	8.52%	-2.4109	89	5.57%	-1.2183
85	8.29%	-2.3039	90	5.49%	-1.1804
86	8.07%	-2.2048	91	5.42%	-1.1441
87	7.87%	-2.1125	92	5.36%	-1.1094
88	7.69%	-2.0265	93	5.29%	-1.0762

（4）利率的影响

测算结果表明，记账利率或投资收益率对个人账户养老金替代率的正向影响明显。同样条件下，女性职工的个人账户养老金替代率水平低于男性职工。以第一种情况为例，假如其他参数不变，如果投资收益率水平达到6%，男性职工的个人账户养老金替代率将达到26.86%，超过预设的24.2%的改革目标；如果投资收益率水平从7%提高到8%，男性职工的个人账户养老金替代率将从33.15%提高到41.23%，养老金替代率的增长率是利率增长率的1.7054倍，这说明提高记账利率或投资收益率是提高个人账户养老金替代率的有效措施。

表 7-13 利率变动对男性个人账户养老金替代率的影响

利率 r	第一种情况		第二种情况	
	个人账户养老金替代率	敏感性系数	个人账户养老金替代率	敏感性系数
基准情景(3%)	14.93%	—	9.70%	—
4%	18.03%	0.6221	12.11%	0.7451
5%	21.92%	0.8643	15.19%	1.0180
6%	26.86%	1.1256	19.15%	1.3055
7%	33.15%	1.4061	24.28%	1.6079
8%	41.23%	1.7054	30.96%	1.9251
9%	51.65%	2.0223	39.70%	2.2562
10%	65.17%	2.3549	51.16%	2.5997

表 7-14 利率变动对女性个人账户养老金替代率的影响

利率 r	第一种情况		第二种情况	
	个人账户养老金替代率	敏感性系数	个人账户养老金替代率	敏感性系数
基准情景(3%)	9.99%	—	5.91%	—
4%	11.96%	0.5928	7.55%	0.8331
5%	14.35%	0.7998	9.60%	1.0841
6%	17.26%	1.0122	12.14%	1.3262
7%	20.79%	1.2298	15.30%	1.5616
8%	25.11%	1.4527	19.22%	1.7924
9%	30.38%	1.6805	24.07%	2.0203
10%	36.84%	1.9128	30.08%	2.2466

（4）工资增长率的影响

这里讨论的是在初始工作年龄、养老金给付时间、利率水平一定的前提下，工资增长率的变动对个人账户养老金替代率的影响。测算结果显示，在个人生命周期内，如果缴费率和利率不变，工资增长率与个人账户养老金替代率呈现反向变化。[①] 以第一种情况为例，假如其他参数为基准情景值，如果工资增长率为6%，对应的男性职工的个人账户养老金替代率为19.43%，若工资增长率从6%提高到7%，男性职工的个人账户养老金替代率降为16.94%，敏感性系数为-0.7681，说明个人账户养老金替代率的变化率低于工资增长率的变化率。同等条件下，女性职工的个人账户养老金替代率低于男性职工，敏感性系数也相对较低。

表7-15 工资增长率变动对男性个人账户养老金替代率的影响

工资增长率 g	第一种情况		第二种情况	
	个人账户养老金替代率	敏感性系数	个人账户养老金替代率	敏感性系数
6%	19.43%	—	12.62%	—
7%	16.94%	-0.7681	11.00%	-0.7681
基准情景(8%)	14.93%	-0.8304	9.70%	-0.8304
9%	13.29%	-0.8785	8.63%	-0.8785
10%	11.94%	-0.9145	7.76%	-0.9145
11%	10.82%	-0.9403	7.03%	-0.9403
12%	9.88%	-0.9578	6.41%	-0.9578

---

① 鉴于个人账户养老金替代率为个人账户养老金领取金额与退休前个人工资之比，是一个相对指标，工资增长率的变动对个人账户养老金的影响是正向的，而对个人账户养老金替代率的影响则是反向的。工资增长率提高，个人账户养老金给付额增加，但个人账户养老金替代率却在降低。

(续表)

工资增长率 g	第一种情况		第二种情况	
	个人账户养老金替代率	敏感性系数	个人账户养老金替代率	敏感性系数
13%	9.08%	−0.9685	5.90%	−0.9685
14%	8.40%	−0.9739	5.45%	−0.9739
15%	7.81%	−0.9751	5.07%	−0.9751

表7-16 工资增长率变动对女性个人账户养老金替代率的影响

工资增长率 g	第一种情况		第二种情况	
	个人账户养老金替代率	敏感性系数	个人账户养老金替代率	敏感性系数
6%	12.28%	—	7.27%	—
7%	11.04%	−0.6067	6.53%	−0.6067
基准情景(8%)	9.99%	−0.6677	5.91%	−0.6677
9%	9.09%	−0.7193	5.38%	−0.7193
10%	8.32%	−0.7623	4.92%	−0.7623
11%	7.66%	−0.7978	4.53%	−0.7978
12%	7.08%	−0.8265	4.19%	−0.8265
13%	6.58%	−0.8492	3.89%	−0.8492
14%	6.14%	−0.8668	3.63%	−0.8668
15%	5.75%	−0.8800	3.40%	−0.8800

综上，我国现行"统账结合"养老保险模式下，养老金替代率由基础养老金替代率和个人账户养老金替代率组成。通常，基础养老金替代率用"社会平均工资替代率"衡量，个人账户养老金替代率用"自我工资替代率"测度。现收现付制下，基于社会平均工资

替代率与缴费率、制度赡养率的逻辑关系，在人口老龄化背景下，如果保持社会平均工资替代率水平不下降，势必需要提高缴费率或降低养老保险制度赡养率。在我国养老保险缴费率已处于较高水平的情况下，较为可行的办法是延迟法定退休年龄，降低制度赡养率。个人账户养老金替代率受初始工作年龄、预期寿命、养老保险缴费率、给付年限、退休年龄、记账利率（或投资收益率）、工资增长率的综合影响，各因素对个人账户养老金替代率的影响方向不同，其中，初始工作年龄、给付年限、预期寿命和工资增长率为负向因素，初始工作年龄越大、预期寿命越长、给付年限越长、工资增长率越高，个人账户养老金替代率就越低；养老保险缴费率、退休年龄、记账利率（或投资收益率）为正向因素，也就是说，养老保险缴费率越高、退休年龄越大、记账利率（或投资收益率）越高，个人账户养老金替代率就越高。除缴费率外，从其他因素对个人账户养老金替代率的影响程度来看，退休年龄、预期寿命、利率水平的敏感性系数较高，初始工作年龄、工资增长率的敏感性系数较低。从能否进行政策干预和控制的角度看，初始工作年龄、预期寿命为不可控因素，退休年龄、记账利率或投资收益率、工资增长率为可控因素，而工资增长率的影响是双向的，工资增长率的变动对个人账户养老金的影响是正向的，而对个人账户养老金替代率的影响则是反向的。因此，本研究认为，基于精算模型视角，延迟退休、提高养老金投资收益率或记账利率，是控制基本养老保险替代率下降风险的有效措施。

第八章　研究结论与对策建议

一、研究结论与趋势判断

1. 主要研究结论

第一，根据上海基本养老金替代率的现有水平，基本养老保险的"保基本"目标已经实现。养老保险制度是为老年人提供定期收入保障的社会制度，基本养老保险的功能定位是保障社会成员的生存权，保障公民的基本生活水平。近年来上海基本养老保险替代率在44%—55%之间波动，基本养老金替代率总体水平不高，若劳动者仅依靠基本养老保险维持退休后的生活，只能保障基本生活，将会与退休前生活水准产生一定的落差。根据上海基本养老金现有替代率水平，所设定的基本养老保险的"保基本"目标已经实现。笔者采用 ELES 模型测算上海基本养老保险替代率的警戒线，不同年份的测算结果存在差异，第一口径的替代率警戒值相对稳定，基本在22%—28%之间波动，现有水平与警戒值尚有一定差距和调整空间，近期内不会触及警戒线，但应继续保持基本养老保险替代率适度水平，控制养老金替代率持续下降的风险。调查发现，1/3 的受访者对政府养老金现行发放标准满意，有 10% 的受访者不满意。

尽管我国养老保险体系以"多层次"结构为建设目标，但一直以来第一支柱的基本养老保险一枝独大，第二支柱的企业年金或职业年金规模有限，尚未成为有效保障，第三支柱的个人储蓄型养老保险还没有真正建立起来，政府基本养老保险占到退休者收入的绝大比例。有将近一半的退休人群没有完成足够的养老储蓄，有接近20%的退休者选择退休后继续参加工作来弥补收入不足，有1/4的受访者认为基本养老金不能完全满足生活开销，只有1/3的退休者对购买商业养老保险有兴趣。绝大多数受访者在养老方面对政府的依赖程度较高，虽然也愿意通过自身努力和其他渠道改善退休生活，但仍希望政府增加财政补贴和及时调整养老金，对商业养老保险的兴趣和信任度不高。

第二，人口老龄化已成为常态，老龄化水平的不断提高将对上海基本养老保险制度的财务可持续性产生巨大压力，可能加剧养老金替代率下降的风险。测算结果显示，因为将外来从业人员综合保险和小城镇社会保险纳入城镇职工社会保险，前期的扩面效应较为突出，但随着退休人数增加，制度赡养率提高，养老金支出快速增长，离退休人数增加导致"规模效应"的贡献率在25%—40%左右，多数年份"待遇效应"的贡献率在70%左右，2019年开始，基金征缴收入与养老金支出的差额由正变负。需要注意的是，尽管从近期看，外来从业人员是养老保险制度的贡献者，但从长远看，随着就业地改变和养老保险基金转出，以及常住者未来给付压力增加，基本养老保险制度的财务长期可持续发展必须予以关注。

第三，基本养老保险替代率的风险源是多元的，从基本养老保险制度建立和运行的程序安排看，基本养老保险替代率风险包括"制度设计风险"和"制度运行风险"。养老保险制度改革的转轨成本问题一直未能合理得以解决，构成基本养老保险替代率下降的风险要素。我国基本养老保险制度由"现收现付制"转向"部分积累制"的推动力之一,是为了规避人口老龄化带来的制度赡养率提高的风险。但是,"统账结合"模式中"现收现付制"仍然占有较大比例,这意味着现行制度会继续经受人口老龄化的考验;基金积累制的"个人账户"替代率下降的风险高低受缴费率、自我负担系数以及工资增长率、基金收益率等多个因素的影响。我国基本养老保险替代率下滑具有制度内生性,缴费基数不实、缴费年限偏低、实际缴费率与名义缴费率不符、计发系数偏低、老龄化导致的制度赡养率提高等构成了基本养老保险替代率的制度设计风险;扩面的双重影响、基金征缴难度、通货膨胀、记账利率和工资增长率的波动、投资收益以及外部环境的不确定性等构成了基本养老保险替代率的制度运行风险。根据专家对各项指标权重的评价结果,缴费率风险、计发系数风险、个人账户的记账利率风险权重较高,其次是老龄化风险、职工工资增长率风险和基金征缴难度风险,这说明这几类风险对基本养老保险替代率,乃至基本养老保险制度本身有着较为直接的影响。因此,明确界定筹资主体的责任义务并厘定合理的缴费比例,正确核定个人账户养老金计发月数及记账利率,改善养老保险体系的赡养结构,提高基金征缴率,是有效管理和控制基本养老保险替代率风险、改革完善基本养老保险制度的着眼点。

第四,我国现行"统账结合"养老保险模式下,延迟退休、提高养老金投资收益率,是控制基本养老保险替代率下降风险的有效措施。"统账结合"模式下,养老金替代率由基础养老金替代率和个人账户养老金替代率组成。根据基础养老金替代率与缴费率、制度赡养率的逻辑关系,人口老龄化背景下,如果保持替代率水平不下降,需要提高缴费率或降低制度赡养率,在我国养老保险缴费率已处于较高水平的情况下,通过延迟法定退休年龄降低制度赡养率更为可行。个人账户养老金替代率受多个因素的影响,延迟退休年龄、提高投资收益率（或记账利率）均为正向影响、敏感性高，是防控个人账户养老金替代率下降风险的有效措施。

2. 我国未来调节养老金替代率的基本趋势

迄今为止，我国已经建立起覆盖城乡全体劳动者的养老保险体系，形成了职工养老保险和城乡居民养老保险两大制度平台，确立了以"统账结合"为基础的养老保险模式和相关政策体系，养老保险改革与建制的初级阶段已经结束。养老金替代率是养老保险制度设计和制度运行的关键要素，替代率水平是否合理，将直接影响到养老保险的制度安排和政策取向，合理调节养老金替代率，将成为未来养老保险制度建设和完善制度运行的重点之一。

第一，宏观政策对未来养老金替代率具有全局性和决定性的影响。

尽管从劳动者个体看，影响养老金替代率的因素包括个人参保年限、缴费工资基数、工资增长率等，国家一般不会因某个个体的养老金水平过低而实行不同的政策，而是关注养老金替代率的总体水平及其变化。影响养老金替代率的国家政策因素主要有：（1）国家制定养老保险制度时确定的按全社会平均水平计算的基本替代率，国务院 2005 年 38 号文设定的目标替代率水平是 59.2%；（2）国家根据基本养老保险目标替代率测算制定的企业和职工个人的缴费率；(3) 国家对养老金计发办法的修改；（4）国家根据经济发展水平、在职职工工资增长率、通货膨胀率、人口老龄化发展态势，以及国家财政收入状况等对养老金替代率进行的调整；（5）国家对不同行业、不同群体的养老金差距进行的调控。很显然，我国对城镇职工基本养老保险替代率进行了多次调节，未来随着人口老龄化向深度发展、基础养老金实现全国统筹，国家政策对养老金替代率的影响仍然是全局性的和决定性的。

第二，未来养老金替代率的调节将主要依靠外部资金特别是财政资金的投入。

基本养老保险的社会统筹部分采用"待遇确定型"给付模式，遵循"以支定收、略有结余、留有部分积累"的基本原则。最初城镇企业职工基本养老金替代率的设计综合考虑了企业和职工的缴费负担以及现收现支的压力，但地区之间差异巨大，东北地区、中西部地区较早出现了养老保险基金"收不抵支"的现象，尽管部分年份情况有所好转，但基本属于因为扩大覆盖面使得参保人群的制度赡养比有所改善，或者是加大财政投入的结果。可以预见，随着人口老龄化加剧并向深度发展，制度赡养率提高，再加上通货膨胀带来的养老金调节需求，依靠养老保险基金自身进行替代率的调节是不可能的，政府必然要承担起调节养老金替代率的责任，中央和地方财政投入将必然成为调节养老金替代率的主要资金来源。

第三，未来养老金替代率的调节取决于经济发展及财政对养老保险的支撑能力。

现阶段我国城镇企业职工养老金替代率水平总体不高，且在波动中呈下降态势。在第二支柱的企业年金或职业年金尚未成为有效保障、第三支柱的个人储蓄型养老保险还没有真正建立起来的情况下，退休者对政府基本养老保险依赖程度很高，养老金的保障水平具有"刚性"特征，由于养老金替代率总体水平不高，客观上存在向上调整的需求。但是，由于难以依靠养老保险基金自身进行替代率的调节，政府财政投入将成为调节养老金替代率的主要资金来源。因此，未来养老金替代率的调节取决于经济发展的水平及增速，以及财政对养老保险的支撑能力。如果经济发展进入中低速增长周期，势必会影响到财政收入及其养老保险的支撑能力。为了解决未来调节养老金替代率所需的资金问题，除了尽可能增加财政收入外，合理调整财政支出结构，通过发行债券、国有股减持或将部分国有资产变现，将有助于缓解由调节养老金替代率所引起的财政支出的压力。

二、控制基本养老保险替代率风险的对策建议

1. 继续完善多支柱养老保险体系，发挥第二支柱和第三支柱养老保障作用

世界银行在1994年首次提出由"公共养老金计划"（第一支柱）、"职业养老保险计划"（第二支柱）和"个人储蓄计划"（第三支柱）构成的"三支柱"养老保险体系。我国所建立的养老保险体系属于"三支柱"模式，但长期以来第二支柱和第三支柱的发展和保障作用有限。从我国养老保险体系现状看，目前三支柱发展失衡十分明显。2015年底，第一支柱的基本养老保险基金资金量3.53万亿元，各统筹地区分散管理，在《基本养老保险基金投资管理办法》出台之前，主要投资于银行存款和国债，投资渠道狭窄，平均投资收益率在2%左右，保值增值能力较差，养老基金保值增值目标难以实现；第二支柱的企业年金2015年底资金累计结存9526亿元，大型企业一般采取定制化的账户管理，小型计划正逐步向标准化转移，按照国际主流的信托管理模式，以固定收益类资产配置为主，平均投资收益率为7.6%，受资本市场波动的影响相对明显；第三支柱个人储蓄型养老保险在我国发展落后，规模极小。单一支柱的养老保险制度存在责任过度集中和制度单一化的弊端，导致养老保险政策制定和调整难度加大，也不利于实现社会公平。建立发展企业年金和个人储蓄型养老保险，可以在相当程度上提高职工退休后的养老金待遇水平，解决由于基本养老保险替代率逐年下降而造成的职工退休前后收入差距过大，弥补基本养老保险保障水平上的不足，发挥第二支柱和第三支柱的补充保障作用。

因此,如果要提高养老保险替代率总体水平,必须改变基本养老保险一枝独秀的格局,通过发展企业年金、职业年金和个人储蓄型养老保险等以形成对基本养老金的部分替代,补充基本养老保险替代率。政府应鼓励支持企业年金和个人储蓄型养老保险。企业可以根据自身经济效益状况自愿建立企业年金,具体方案由企业自主制定,政府在政策上予以支持、在税费上给予适当优惠、在管理上给予指导,促使和推动有条件的企业建立企业年金。对于个人储蓄型养老保险,需要更多地宣传扶植,增强人们的自我保障意识,提高个人的养老责任感,政府在政策指导和税费优惠等方面给予积极支持。

2. 加大政府工作决心和力度,积极推动延迟退休政策的实施

我国当前的退休年龄规定是在20世纪五六十年代确立的,退休年龄政策已经严重滞后于人口现状。同时,伴随着新生代受教育年限的增长,在很大程度上缩减了个人工作年限占整个生命周期的比重,从而影响着劳动力价值的发挥,阻碍了养老保险体系的财务可持续性,也违背了代际公平的原则。随着人口预期寿命延长和老龄化水平的提高,我国法定退休年龄的调整是必然的。现有的研究资料表明,许多发达国家在调整退休年龄时都要提前若干年向社会公告,对不同群体采取差别化政策,并以"小步慢走"的方式实施,以减少负面影响。这种退休方式对于养老保险制度的优势在于,在增加养老保险基金收入、统筹使用当期社会养老保险基金并提高资金使用效率的同时,更加尊重不同行业劳动者的行业差异,更具人性化。采取循序渐进的方式提高退休年龄,重点在于能够确保延迟退休政策被慢慢适应并接受,使得公众最终在心理上广泛认可和支持。更重要的是,采用渐进的阶梯式退休制度不会给社会经济发展带来巨大的动荡。

本研究认为，我国调整退休年龄的基本思路应该是渐进式、阶段性提高退休年龄，具体应根据各个时期的人口年龄结构、所选择的养老保险模式、企业和个人的缴费能力等因素具体确定，需要着重考虑以下几个方面的问题：第一，选择什么时间调整较为合适？从国家层面看，需要综合考虑劳动适龄人口就业压力和人口老龄化的步伐。老龄人口规模加速增长和劳动适龄人口快速萎缩相叠加的阶段应为推行延迟退休的关键时期，且以渐进调整的做法为宜。为保证劳动者充分享受经济社会发展成果，存在延迟退休的年龄上限。第二，男女退休年龄差别化还是趋同？根据联合国2002年166个国家退休年龄的统计数据，有62%的国家和地区实行了男女同龄退休，而在实行男女差别退休年龄的国家中，中国男女退休年龄差距是最高的①。欧洲许多国家都致力于提高女性退休年龄，使之与男性退休年龄一致。2002年，OECD国家平均退休年龄男性为65.08岁，女性为64.11岁，男女差距仅为0.97岁；男女同龄退休是主要趋势，23个国家中只有6个国家实行男女差别退休，其余17个国家均实行男女同龄退休。我国女性平均预期寿命的延长、受教育程度的不断提高为缩小男女退休年龄差距、进而实现同龄退休提供了条件。从公平和效率的角度看，统一男女退休年龄不仅有利于维护男女权益平等，也有利于改善养老保险的财务状况。第三，企业对缴费率的承受能力有多大？社会保障缴费是企业用工成本的一个重要组成部分。目前我国企业为职工缴纳的社会保险费率为30%左右（包括养老、医疗、失业、工伤、生育保险），其中养老保险费率为20%，企业负担较重，提高缴费率的难度较大，而在老龄化加速背景下，该指标下降的余地较小。

---

① 樊明等：《退休行为与退休政策》，北京：社会科学文献出版社2008年版，第22页。

近期我国政府尚无明确推进延迟退休的时间表，延迟退休方案仍停留在研究层面。由于我国人口学条件及养老保险制度的复杂性和特殊性，即使是在延迟退休政策的酝酿阶段也会遇到诸多的障碍和困难。关于延迟退休年龄的提案被屡次搁置，关键在于大部分职工对延迟退休与养老保险的关系缺乏全面、客观的认识，片面地认为延长退休年龄等同于缴费年限增加、给付年限缩短，个人承担养老保险的义务远远大于权利。研究测算表明，延迟退休年龄是养老金替代率的增函数，即提高退休年龄，养老金待遇和替代率水平也会随之提高。

因此，政府及相关职能部门需要综合考虑我国的人口年龄结构演化、劳动力供求现状和人口平均预期寿命、养老保险制度发展需求等多重因素，制定科学的延迟退休方案，并合理界定职工个人在养老保险中的权利和义务，加大关于延迟退休政策的宣传，使延迟退休政策被科学、理性、全面地认识和接受。具体的实施步骤如下：第一，对延迟退休政策进行深入研究和调查论证，尽快出台延迟退休的推进时间表和实施的具体方案；第二，待确定延迟退休的具体实施方案后，政府应该尽快向社会公开，预留足够的缓冲期。

3. 建立城镇退休职工基本养老金动态调整机制

我国自建立社会化的城镇企业职工养老保险制度起，就提出了要对养老金进行正常调整，但从具体的政策实践看，每次调整都是政府部门专门发文，调整的参照标准、调整的比例或额度受政策的影响很大，具有相当大的随意性，始终没有形成稳定的调整机制。1995年以来，企业退休人员基本养老金的调整基本是以当地上年度在岗职工平均工资增长率的40%—60%为标准执行，这就导致随着养老金的不断调整，企业退休人员养老金的绝对金额虽然不断提高，但社会平均工资替代率却呈现出迅速下降的趋势。老年人应当与在职职工一同分享社会经济发展成果,这是社会安定的必要条件。社会保险待遇与工资水平或物价指数挂钩,是国际通行的原则。考虑到养老金替代率作为衡量养老保险制度保障水平之核心参数的重要地位,应当以基本养老金合意替代率区间为参照系,建立企业退休人员基本养老金的正常调整机制。

养老金的自我工资替代率是指一个人退休后,月养老金收入与其退休前月均工资收入的比值。该指标应该保持在一个合意的范围内,既要保证退休者维持一定的生活水平,又要与在职的劳动者保持合理的相对距离。研究表明,由于退休后与工作相关的开支、自身人力资源投资的费用、交通费用、住房按揭、所得税和社会保障税费会减少,通常不用再负有抚养的责任,也不需要再为将来进行储蓄,因此老年人的总支出会减少;但同时其医疗费用将有大幅度增长,因此,相当于工作期间收入70%—80%(中值为75%)的养老金可使参保者在退休后保持与退休前大体相当的生活水平。养老金合意替代率的区间范围与养老保险体系直接相关。在一个由基本养老保险、企业年金(或职业年金)和个人储蓄型养老保险构成的三支柱的养老保险体系中,第二支柱和第三支柱的替代率水平越高,则第一支柱的替代率就越低。比如,美国 2004 年参保年限、缴费额、退休年龄都符合标准方案设计的参保者,不同收入水平的退休者,其养老金总替代率的区间范围是 75%—89%,但其对应的基本养老金部分的替代率仅为 33%—65%,平均在 42% 左右;低收入群体的社会养老保险金部分的替代率高而私人养老金部分的替代率低,高收入群体则正好相反。

根据现行制度设计,我国基本养老金的目标替代率为 59.2%,企业年金提供的替代率为 20%,二者合计为 79.2%,在尚未考虑第三支柱的情况下,替代率水平就已经超过了上面所说的 75% 的合意替代率中值,制度设计的目标替代率似乎是偏高的。但从制度运行的实际情况看，我国的企业年金规模有限、覆盖面低，个人储蓄型养老保险发展极为缓慢，退休者的生活保障几乎全部依靠基本养老保险，因此当前基本养老保险的替代率水平不能太低。从另外一个角度讲，在养老保险制度改革的过渡期内，需要对"老人""已退休的中人""未退休的中人"和"新人"加以区分，对应不同的养老金调整机制。对于目前已经退休的"老人"和"中人"来说，基本养老金实际上是其全部养老金收入，因此必须保持相对较高的基本养老金替代率；而对于将来退休的"中人"和"新人"而言，如果第二支柱的企业年金和第三支柱的个人储蓄型养老保险得到适度发展，基本养老金只占其养老金收入的一部分，基本养老金替代率可以适当降低，也就是说，基本养老金合意替代率区间应该为动态值。

因此，在我国不断完善养老保险体系的过程中，应当综合考虑保障已退休人员的生活水平、制度转轨成本的代际负担，以及为发展第二支柱和第三支柱留出空间这三方面因素，动态地确定各个时期不同人群的基本养老金替代率标准，并进而确定养老金调整机制。本研究认为，不妨以制度设计的目标替代率59.2%作为合意替代率的上限，以国际劳工组织规定的40%作为下限，基本思路是：首先近期将基本养老金的替代率回升到合意替代率上限，之后伴随着企业年金和个人储蓄型养老保险的充分发展，第二支柱和第三支柱所提供的替代率水平不断提高，基本养老保险替代率再逐步下降，在此过程中，对不同的人群采取不同的基本养老金调整方式，最后基本养老保险替代率稳定在下限水平并持续保持。

4. 以养老金入市为契机，提高养老基金投资收益率

基本养老保险制度改革的目的在于为老年人提供稳定可靠的养老金替代率，避免陷入老年贫困。现行"部分积累制"下，个人账

户的优势就在于随着基金累积规模不断扩大而获得超过通货膨胀率的投资收益，实现保值增值的目标。为了防止基本养老保险替代率过快下滑，应当采取有效措施，切实提高基金增值率，保护退休人群的应有权益。

面对快速老龄化和深度老龄化的严峻现实，上海养老基金的支付风险加大，养老基金保值增值压力俱增，且在通货膨胀背景下，银行存款、国债等投资渠道收益率低，抵御风险的能力不足。因此，政府应在控制投资风险的同时，改革现行的基金投资体制，拓宽投资渠道，加强养老基金的多元化和市场化投资。2011年之前，上海养老保险的制度抚养比为1.4∶1，养老基金负担较重，自2011年将"外来人员综合保险"和"小城镇社会保险"全部纳入"城镇职工社会保险"体系后，社会养老保险扩大覆盖面成效明显，2011当年养老基金基本消除赤字，自2012年起养老基金累计结余不断增加，客观上存在扩大投资渠道、提高投资收益率的内在需求。对于养老基金，扩大覆盖面和提高缴费比例，这两者几乎已无上升空间，确保养老基金保值增值只有在提高养老基金投资收益率方面进行。

本研究测算结果表明，投资收益率对个人账户养老金替代率的正向影响明显。假如养老金未入市投资运营，投资收益率为3%，按照现行计发办法，男性职工个人账户的替代率为14.93%，女性职工个人账户的替代率仅为9.99%；假如其他参数不变，如果投资收益率水平达到6%，男性职工的个人账户养老金替代率将达到26.86%，超过预设的24.2%的改革目标，个人账户养老金替代率对投资收益率变动的敏感性系数较高，这说明提高投资收益率是提高个人账户养老金替代率的有效措施。因此，对于城镇职工基本养老保险个人账户而言，只有把账户做实才能发挥积累制的优势，"空账"下无法进行投资，只能低水平计息，起不到基本的保障作用。"个人账户实账"是必然的选择。同时，做实的个人账户基金必须进行市场化运营获取较高的投资收益率，才能提供较为可靠的替代率。

2015年8月23日，国务院印发《基本养老保险基金投资管理办法》，明确了养老金投资方向及具体细则，养老金入市已成定局。该办法确定养老金多元化投资方向，养老金投资将坚持市场化的原则，由专业的投资机构按照市场规律进行投资运营，除了继续购买国债、存入银行以外，会选择一些效益比较好、有升值前景的项目进行投资。同时，对进入股市的资金比例将有所限制。显然，在养老金缺口压力不断增大的背景下，基金市场化运营刻不容缓。从当前进展情况看，地方基本养老保险基金委托投资进入实际操作阶段。同时，国家层面的养老保险基金归集方案已经出台，随着签约省份的增加和所归集资金规模的不断扩大，投资收益率的提高将对抑制养老保险替代率风险发挥重要作用。

5. 推进全面二孩政策的落实，缓解人口老龄化、改善制度赡养结构

研究表明，人口老龄化对上海的基本养老保险替代率乃至整个养老保险制度的可持续发展将产生深远影响。上海人口老龄化受到生育率转变和死亡率转变的双重影响，具有"少子老龄化"的特征，最直接的表现就是老年人口规模的迅速膨胀和出生人口的大幅度减少，导致养老保险制度抚养结构发生根本性转变，造成养老金缴费者急剧减少、领取者加速增多，养老金供需矛盾日益尖锐，直接冲击着养老保障制度。目前全面二孩政策已经落地实施，但由于受市民生育观念、事业发展、经济负担等各种因素的影响，短时期内政策并没有达到预期效果。目前的担心不是生育意愿过高和出生人口大幅增长出现生育堆积的问题，而是生育意愿太低而容易陷入超低生育率陷阱的担忧。全面二孩政策的落实，既需要包括医疗卫生、

教育、社会保障等公共资源的合理及优化配置，也离不开包括卫生计生服务管理、劳动就业、社会福利及财政等相关政策的配套支持，应采取办法鼓励符合条件的人群按政策生育二孩，以改善地区人口结构、增强经济发展活力，同时提升家庭抵御风险的能力，完善家庭发展能力。

考虑到上海在全国率先进入老龄化，老龄化水平最高且目前已进入加速期，而生育意愿和实际生育水平偏低，上海地方政府应该在公共政策领域给予强力支持，提升生育意愿和实际生育水平。比如，加强医疗资源、教育资源等公共资源的合理配置，建立起完善的面向新型计划生育家庭的社会福利政策体系，为符合条件的家庭生育二孩提供有力的财政支持；等等。这些举措在缓解户籍人口重度老龄化局面、扩大劳动力潜在供给量、改善养老保险制度赡养结构、提高养老保险体系的财务可持续性的同时，也可以避免家庭结构畸形发展，降低家庭风险，提高微观家庭的可持续发展能力。可以预见，全面二孩政策对于调整上海的低生育率，优化人口年龄结构，改善养老保险制度赡养结构在长期内是可行的。

6. 明确各级政府在制度转轨成本和做实个人账户方面的责任

养老保险制度改革的转轨成本是困扰我国养老保险制度发展的核心问题，也是影响基本养老保险替代率水平的重要因素。一直以来，未能厘清制度转轨成本应该由谁承担的问题。从社会保险的基本原理看，社会统筹是政府责任，而个人账户是个人和企业的共同责任。在现行养老保险机制上，政府承担基金平衡的全部责任，企业、个人在基金支付方面不承担责任。转轨成本是旧体制遗留的政府责任，必须明确该成本由政府承担，并采取多种方式化解养老金隐性债务和转轨成本。现行制度中，政府希望通过提高新制度中统筹部分的缴费水平来消化转轨成本，这意味着企业要同时承担退休职工养老和为在职职工积累养老金的双重任务，造成现有企业和职工"双重负担"、缴费率高企，使得体现政府职能的统筹基金根本无力承受，只能挪用个人账户资金，致使产生大量空账。在统筹基金入不敷出的情况下，必然难以维持较高的基本养老保险替代率，导致养老金替代率水平下滑。因此，化解养老保险制度改革的转轨成本与做实"个人账户"密切相关，也是实现养老保险制度可持续发展的关键所在。转轨成本是旧体制遗留的政府责任，这部分成本是转轨期内逐步显性化的养老金隐性债务，其显性化过程呈现出先上升后下降的趋势。因而在寻求化解策略时，应结合我国养老金隐性债务显性化过程的流量特点，分析各种偿还手段实施的前提条件以及对社会经济发展的影响，制定分阶段、组合式偿债方案。

对于"个人账户空账"，主要原因是社会统筹基金收不抵支，个人账户基金被用于当期基础养老金的发放，可以分解为两部分：一是城镇企业职工视同缴费年限的存在，这部分空账属于制度转轨成本，应该用国有资产及其收益来弥补；二是各级财政未能全面履行在基础养老金中的兜底责任，这部分空账的直接责任人是政府，可以通过动用统筹地区基本养老保险基金累计结余和财政性资金来弥补。对于政府财政责任部分，考虑到不同省区的实际财政承受能力差异，对于财政承受能力强的省区，中央财政承担的比例略低一些，对于财政承受能力弱的省区，中央财政承担的比例略高一些。鉴于个人账户养老金无需一次性发放，可以设置10—20年左右的期限，用一个相对较长的时间段来逐步做实个人账户，既可以平衡政府在不同时期的财政压力，也可以避免一次性做实个人账户导致基金大幅度贬值和经济低效率。

7. 严格控制缴费年限、缴费基数、养老金计发办法等风险因素

研究表明，基本养老保险替代率的风险因素有很多，应当严格控制。首先，目前参保人累计最低缴费满 15 年即可领取养老金的规定可能带来"搭便车"的问题，这一时间远远低于平均工作周期，如果按照 15 年的缴费标准，所提供的养老金替代率将非常低。部分职工对缴费年限与养老金待遇的关系缺乏正确认识，甚至认为 45 岁时参保、60 岁退休最划算，既达到了 15 年的最低缴费年限，又可以按最新一年的社会平均工资标准领取养老金。因此，应加大对养老保险政策的宣传力度，严格遵循"缴费年限越长，缴费越多，养老金待遇就越高"，这是社会养老保险制度的基本法则。其次，由于"名义缴费率"过高对企业和个人形成负激励，致使缴费基数不实和"实际缴费率"不断下降。过高的缴费率，对于参保个人而言会抑制其当期消费，对于用人单位而言必将提高其用工成本，都将形成负激励而引发道德风险。因此，除了加强基金征缴管理、规范缴费基数、提高遵缴率之外，在制度设计中应突出"多缴多得"的激励机制，进一步提高基础养老金统筹层次，为降低缴费率赢得空间。再次，兼顾"代内公平"和"代际公平"，科学测算养老金计发系数。如果计发系数过高，将会导致参保者死亡后个人账户养老金还未发放完毕，出现剩余，而过低将会导致参保人未死亡时，个人账户养老金就提前支付完毕，造成政府财政负担，因此，应当充分利用精算技术，科学测算养老金计发系数。对于同一批退休职工，根据基本养老金合意替代率区间，并考虑其退休后社会平均工资增长率等参数，测算养老金计发系数。基于代内公平，对于同时期退休的同一批人，同一时期的基本养老金替代率水平相同，而这批人在其退休后平均余命的不同时点，具有不同的替代率水平，从而实现基本养老金替代率的动态调整；基于代际公平，对于不同时期退休的职

工，由于其所处的社会与经济发展状况不同，其基本养老金替代率水平也不同，替代率的动态化过程也是不同的。

8.引导劳动者做好个人养老规划，强化自身和家庭养老责任

从养老保险的三大支柱看，基本养老保险所提供的替代率水平较低，只能保障退休后的基本生活，企业年金属于非强制性养老保险，建立与否需要视企业经济状况而定，如果劳动者想要退休后的生活水准不下降，有必要参加个人储蓄型养老保险或进行个人养老储蓄，多渠道拓展退休后收入来源，使退休后收入结构更趋合理。近年来部分发达国家养老保险制度改革的一个突出特点是强调个人的养老责任。因此，在建立多层次养老保险体系方面，政府除了财政补贴、税费优惠、监管指导等政策支持之外，还要引导劳动者未雨绸缪，摒弃完全依靠政府养老的观念，尽早做好个人养老规划。

中国人自古有"养儿防老"的传统观念，主要表现为基于"孝文化"、以家庭为范围的代际养老。家庭养老依赖于家庭内部的积累和家庭内部的血缘关系，这种形式的养老有一个前提条件，即家庭年轻成员多于或等于家庭年长成员，家庭年轻成员能够分工承担养老责任，当家庭年轻成员少于家庭年长成员时，使家庭结构发生变化，代际养老关系可能产生危机，削弱家庭养老功能。家庭养老包括经济供养、生活照料和精神慰藉等。在经济供养方面，家庭养老是代际之间的经济转移，以家庭为载体，自然实现保障功能，自然完成保障过程。随着我国计划生育政策的实施，家庭结构、代际关系发生变化，生育率下降、人均寿命延长直接导致家庭供养资源减少，子女养老的人均负担成倍增长，家庭养老功能逐步弱化。

必须强调的是，伴随我国人口老龄化乃至高龄化趋势的发展，家庭养老保障仍然具有不可替代的重要地位。本研究显示，尽管受访者均参与基本养老保险，从退休后的收入来源渠道看，依靠

儿女赡养的比例为23.4%,这说明政府基本养老保险不能够完全保障老年人退休生活,仍需要子女提供一定的经济支持。随着全球人口老龄化的发展,重视家庭养老的重要性,对家庭养老给予政策支持已经成为世界各国应对人口老龄化的共识。无论是基于我国基本国情的需要,还是完善我国养老保障体系的需要,建立在"孝道"文化基础上的家庭养老应该继续发挥作用并迸发出它的生命力。

附录1　1993—2018年上海市养老保险相关政策文本

年份	文号	名称
城镇职工养老保险		
1993	沪府发3号	《上海市城镇职工养老保险制度改革实施方案》
1994	上海市人民政府令第63号	《上海市城镇职工养老保险办法》
1995	沪府发4号	《上海市城镇私营企业职工养老保险办法》
1995	沪府发5号	《上海市城镇个体工商户及其帮工养老保险办法》
1995	沪府发6号	《关于对本市外商投资企业中国职工的养老保险实行统一管理的通知》
1995	沪社保业一发22号	《关于本市征地劳动力养老保险若干问题处理意见》
1996	沪府发56号	《上海市人民政府关于本市城镇单位1996年以后退休（职）人员计发养老金办法的通知》
1996	沪社保业一发18号	《关于本市企业1996年以后离退休（职）人员计发养老金的实施办法》

(续表)

年份	文号	名称
1996	沪社保业二发 20 号	《关于本市机关事业单位 1996 年 1 月 1 日以后离退休人员计发养老金若干问题的处理意见》
1997	国务院 26 号	《国务院关于建立统一的企业职工基本养老保险制度的决定》
1997	沪社保业一发 3 号	《关于本市失业人员在失业期间到达退休年龄办理退休手续若干问题的通知》
1998	沪社保业一发 7 号	《关于机关、事业单位改制为企业后办理退休手续人员养老金计发办法的通知》
1998	上海市人民政府令第 59 号	《关于修改〈上海市城镇职工养老保险办法〉的决定》
1998	沪府发 12 号	《关于调整本市城镇职工养老保险办法部分内容的通知》
1998	沪府发 36 号	《上海市人民政府关于本市城镇单位 1998 年以后退休人员计发养老金办法的通知》
1998	沪劳保业一发 39 号	《关于颁发本市从事自由职业人员养老、医疗保险若干问题试行意见的通知》
1998	沪劳保业一发 47 号	《关于 1993 年以后从外省市调入本市的职工个人养老保险账户若干问题试行意见的处理意见的通知》
1999	中华人民共和国国务院令第 259 号	《社会保险费征缴暂行条例》
2000	上海市人大常务委员会第 42 号	《上海市城镇职工社会保险费征缴若干规定》
2000	沪府办发 114 号	《上海市人民政府办公厅关于调整本市城镇单位缴纳社会保险费比例的通知》
2000	沪劳保养发 23 号	《关于调整单位缴纳社会保险费基数有关问题的通知》

(续表)

年份	文号	名称
2000	沪劳保养发 29 号	《关于本市从事特殊工种人员办理退休手续若干问题的通知》
2001	沪劳保养发 9 号	《关于邻近退休年龄调入机关事业单位工作的人员计发养老金问题的通知》
2001	沪劳保基发 7 号	《上海市劳动和社会保障局关于社会保险费征缴若干问题的处理意见》
2002	上海市人民政府令第 117 号	《上海市社会保险费征缴实施办法》
2002	沪民社综 8 号	《关于社会团体和民办非企业单位专职人员社会保险问题的通知》
2002	上海市人民政府令第 123 号	《上海市外来从业人员综合保险暂行办法》
2002	沪府发 68 号	《关于本市郊区开展小城镇社会保险试点意见的通知》
2003	沪府发 65 号	《上海市小城镇社会保险暂行办法》
2003	沪府发 66 号	《关于印发〈上海市被征用农民集体所有土地农业人员就业和社会保障管理办法〉的通知》
2003	沪镇保办发 1 号	《上海镇保工作协调推进联席会议办公室、市劳动保障局等六单位关于实施〈上海市小城镇社会保险暂行办法〉若干问题处理意见的通知》
2003	沪劳保福发 47 号	《上海市劳动保障局关于本市小城镇补充社会保险规范管理有关问题的通知》
2003	沪劳保养发 38 号	《关于调整本市个体工商户及其帮工等从业人员缴纳城镇社会保险费比例的通知》
2003	沪府办发 49 号	《关于 2003 年调整本市机关事业单位工作人员工资标准和增加本市机关事业单位退休人员退休费等三个实施办法的通知》

（续表）

年份	文号	名称
2004	劳动和社会保障部令第20号	《企业年金试行办法》
2004	劳动和社会保障部令第23号	《企业年金基金管理试行办法》
2004	上海市人民政府令第34号	《关于修改〈上海市外来从业人员综合保险暂行办法〉的决定》
2004	沪劳保养发9号	《上海市劳动保障局关于本市劳务型公司及由其输出的劳务人员参加社会保险若干问题的通知》
2004	沪劳保农发1号	《上海市劳动保障局、市医疗保险局关于本市从业人员社会保险关系转移衔接有关问题的通知》
2005	国务院38号	《国务院关于完善企业职工基本养老保险制度的决定》
2005	沪劳保养发29号	《上海市劳动保障局、市医疗保险局关于超过法定退休年龄的本市城镇户籍人员社会保险若干问题的通知》
2005	沪劳保福发45号	《关于调整小城镇社会保险生活补贴费缴纳标准等若干问题的通知》
2005	沪劳保就发8号	关于贯彻《上海市外来从业人员综合保险暂行办法》的实施细则
2006	沪劳保养发6号	《关于农村社会养老保险和小城镇社会保险计发养老金问题的通知》
2006	沪府发12号	《上海市政府关于调整本市城镇企业基本养老金计发办法的通知》
2006	沪府发19号	《上海市人民政府关于实施城镇养老保险"虚账实记"若干事项的通知》
2006	沪劳保养发2号	《关于实施〈上海市人民政府关于完善本市城镇企业基本养老金计发办法的通知〉若干问题处理意见的通知》

(续表)

年份	文号	名称
2006	沪劳保养发 32 号	《关于 2006 年按本市企业退休人员养老金的通知》
2006	沪劳保基发 7 号	《关于确定缴纳社会保险费工资基数的通知》
2006	沪劳保基发 12 号	《关于贯彻执行劳动保障部〈关于企业年金方案和基金管理合同备案有关问题的通知〉的实施意见》
2007	沪府发 27 号	《关于调整本市城镇企业基本养老金计发办法的通知》
2007	沪劳保养发 39 号	《上海市劳动保障局关于 2007 年本市小城镇社会保险领取养老金人员增加养老金的通知》
2007	沪劳保养发 43 号	《上海市劳动保障局关于 2007 年按照本市小城镇社会保险办法计发养老金若干问题的补充通知》
2007	沪劳保养发 1 号	《上海市劳动保障局等五部门关于上海市机关 2006 年工资制度改革后离退休人员计发离退休费实施办法的通知》
2007	沪劳保养发 40 号	《上海市劳动保障局关于实施〈上海市政府关于调整本市城镇企业基本养老金计发办法的通知〉若干问题处理意见的通知》
2007	沪劳保养发 56 号	《上海市劳动保障局关于 2008 年元旦春节期间对本市"城保"离退休人员、"镇保"按月领取养老金人员一次性发放生活补助费的通知》
2008	人社部发 102 号	《人力资源社会保障部、财政部关于 2009 年调整企业退休人员基本养老金的通知》
2008	沪劳保养发 3 号	《上海劳动保障局关于 2008 年调整本市城镇企事业单位退休人员基本养老金的通知》
2008	沪劳保养发 39 号	《上海劳动保障局关于 2008 年本市城镇企业基本养老金计发办法有关问题的通知》

(续表)

年份	文号	名称
2008	沪劳保养发 9 号	《上海劳动保障局关于 2008 年本市小城镇社会保险领取养老金人员增加养老金的通知》
2008	沪劳保养发 41 号	《上海劳动保障局关于 2008 年按照本市小城镇企业办法计发基本养老金的若干问题的补充通知》
2008	沪劳保养发 40 号	《上海劳动保障局关于 2008 年按照本市城镇企业办法计发基本养老金的若干问题的补充通知》
2008	沪人社养发 9 号	《上海市人力资源社会保障局关于 2009 年元旦春节期间对本市"城保"离退休人员、"镇保"按月领取养老金人员一次性发放生活补助费的通知》
2008	沪劳保基发 12 号	《市劳保局关于上海市企业年金方案和基金管理合同备案等工作的实施意见》
2009	沪人社养发 5 号	《上海市人力资源社会保障局关于 2009 年调整本市城镇企事业单位退休人员基本养老金的通知》
2009	沪人社养发 6 号	《上海市人力资源社会保障局关于 2009 年调整本市城镇企事业单位退休人员基本养老金若干具体问题的通知》
2009	沪人社养发 28 号	《关于 2009 年本市城镇企业基本养老金计发办法有关问题的通知》
2009	沪人社养发 29 号	《关于 2009 年按照本市城镇企业办法计发基本养老金的若干问题的补充通知》
2009	沪人社农发 1 号	《关于 2009 年本市小城镇社会保险领取养老金人员增加养老金的通知》
2009	沪人社农发 25 号	《关于 2009 年按照本市小城镇社会保险办法计发养老金若干问题的补充通知》
2009	沪人社养发 22 号	《关于外来从业人员参加本市城镇职工基本养老保险若干问题的通知》

(续表)

年份	文号	名称
2010	沪人社农发 12 号	《市人力资源社会保障局关于 2010 年本市小城镇社会保险领取养老金人员增加养老金的通知》
2010	沪人社农发 19 号	《市人力资源社会保障局关于 2010 年按照小城镇社会保险办法计发养老金若干问题的补充通知》
2010	主席令第 35 号	《中华人民共和国社会保险法》
2010	人社部发 106 号	《人力资源社会保障部、财政部关于 2011 年调整企业退休人员基本养老金的通知》
2010	沪人社养发 4 号	《市人力资源社会保障局关于 2010 年调整本市城镇企事业单位退休人员基本养老金的通知》
2010	沪人社养发 17 号	《市人力资源社会保障局关于 2010 年本市城镇企业基本养老金计发办法有关问题的通知》
2010	沪人社养发 47 号	《市人力资源社会保障局关于本市企业各类人才柔性延迟办理申领基本养老金手续的试行意见》
2010	沪人社养发 68 号	《市人力资源社会保障局关于贯彻〈城镇企业职工基本养老保险关系转移接续暂行办法〉若干问题处理意见的通知》
2010	沪人社养发 1744 号	《市人力资源社会保障局关于本市城镇基本养老保险停止缴费人员到达法定退休年龄办理申领基本养老金手续若干问题处理意见的通知》
2011	沪府发 26 号	《上海市人民政府关于外来从业人员参加本市城镇职工基本养老保险有关问题的通知》
2011	沪府发 29 号	《上海市人民政府关于本市郊区用人单位及其从业人员参加城镇职工社会保险若干问题的通知》
2011	沪府发 31 号	《上海市人民政府关于贯彻实施〈社会保险法〉的调整本市现行有关养老保险政策的通知》
2011	沪社保业一发 18 号	《上海市社会保险管理局、上海市财政局关于印发〈上海市企业补充养老保险试行意见〉的通知》

(续表)

年份	文号	名称
2011	沪人社养发 35 号	《关于本市城镇企业职工基本养老金计发办法若干具体问题处理意见的补充通知》
2011	沪人社养发 64 号	《上海市人力资源和社会保障局关于 2012 年调整本市镇保领取养老金人员养老金的通知》
2011	沪人社养发 66 号	《上海市人力资源和社会保障局关于 2012 年元旦春节期间对本市"城保"离退休人员、"镇保"按月领取养老金人员一次性发放生活补助费的通知》
2011	沪人社农发 39 号	《上海市人力资源与社会保障局关于实施〈上海市人民政府关于本市郊区用人单位及其从业人员参加城镇职工社会保险若干问题的通知〉若干问题处理意见的通知》
2012	沪人社养发 20 号	《关于在沪施工企业外来从业人员参加本市城镇职工基本社会保险若干问题的通知》
2012	沪人社农发 38 号	《关于 2012 年本市计发小城镇社会保险养老金有关问题的补充通知》
2012	沪人社养发 37 号	《关于 2012 年本市计发城镇企业职工基本养老金有关问题的补充通知》
2013	沪人社养发 42 号	《关于医院外来护工参加本市城镇职工基本养老、医疗保险的试行意见》
2013	沪人社农发 20 号	《关于调整小城镇社会保险相关政策的通知》
2013	沪人社养发 22 号	《关于本市灵活就业人员参加本市城镇职工基本养老、医疗保险若干问题的通知》
2014	沪人社养发 24 号	《关于对本市 2014 年和 2015 年企业协保退休人员增加养老金补贴的通知》
2014	沪人社养发 21 号	《关于 1992 年底以前参加工作的参保人员延长缴纳城镇职工基本养老、医疗保险费有关问题的通知》

(续表)

年份	文号	名称
2014	沪人社养发 31 号	《关于转发〈人力资源社会保障部、财政部关于印发〈城乡养老保险制度衔接暂行办法〉的通知〉的通知》
2014	沪人社农发 50 号	《关于 2015 年调整本市镇保领取养老金人员养老金和征地养老人员生活费标准的通知》
2015	沪人社农发 37 号	《关于 2015 年本市计发小城镇社会保险养老金有关问题的补充通知》
2015	沪人社福发 32 号	《关于本市实施企业年金制度若干问题处理的意见》
2016	沪人社养发 31 号	《关于对本市 2016 年以后企业协保退休人员增加养老金补贴的通知》
2016	沪人社养发 9 号	《关于本市事业单位缴纳职业年金实行实账积累的通知》
2016	沪人社农发 37 号	《关于 2016 年本市计发小城镇社会保险养老金有关问题的补充通知》
2016	沪府发 32 号	《上海市人民政府关于贯彻实施<社会保险法>调整本市现行有关养老保险政策的通知》
2016	沪府发 31 号	《上海市政府关于外来从业人员参加本市城镇职工基本养老保险若干问题的通知》
2017	沪人社规 9 号	《关于本市原参加小城镇社会保险的被征地人员纳入职工基本养老、医疗保险若干问题处理意见的通知》
2017	沪人社规 5 号	《关于在沪施工企业外来从业人员参加本市城镇职工基本社会保险若干问题的通知》
2017	沪人社规 18 号	《关于 2017 年调整本市企业退休人员基本养老金的通知》
2017	沪人社规 31 号	《关于 2017 年本市计发企业退休人员基本养老金有关问题的补充通知》

(续表)

年份	文号	名称
2017	沪人社规 33 号	《关于实施〈上海市人民政府关于本市企业基本养老金计发办法的通知〉若干问题的处理意见》
2018	沪人社规 9 号	《关于实施〈上海市人民政府关于本市企业基本养老金计发办法的通知〉若干问题的补充处理意见》
2018	沪人社规 13 号	《关于延长〈关于本市灵活就业人员参加本市城镇职工基本养老、医疗保险若干问题的通知〉等 3 个行政规范性文件有效期的通知》
2018	沪人社规 16 号	《关于 2018 年调整本市企业退休人员基本养老金的通知》
城乡居民养老保险办法		
1996	上海市人民政府第 22 号令	《上海市农村养老保险办法》
2006	沪府发 81 号	《上海市人民政府关于将本市城镇高龄无保障老人纳入社会保障的通知》
2006	沪劳保养发 6 号	《关于农村社会养老保险和小城镇社会保险计发养老金问题的通知》
2007	沪府办 19 号	《上海市政府办公厅转发市农委等四部门关于调整本市老年农民养老金补贴标准实施意见的通知》
2007	沪府办 64 号	《上海市人民政府办公厅关于完善本市农村社会养老保险制度的通知》
2007	沪劳保养发 44 号	《上海市劳动保障局关于 2007 年本市农村社会养老保险领取养老金人员增加养老金的通知》
2008	沪劳保养发 10 号	《上海劳动保障局关于 2008 年本市农村社会养老保险领取养老金人员增加养老金的通知》
2009	国发 32 号	《国务院关于开展新型农村养老保险试点的指导意见》

(续表)

年份	文号	名称
2009	沪人社养发 6 号	《上海市人力资源社会保障局关于本市城镇老年居民养老保障若干具体问题的通知》
2009	沪人社农发 2 号	《上海市人力资源社会保障局关于 2009 年本市农村社会养老保险领取养老金人员增加养老金的通知》
2010	沪府发 39 号	《市政府贯彻国务院关于开展新型农村社会养老保险试点指导意见的实施意见》
2010	沪人社农发 11 号	《市人力资源社会保障局关于 2010 年农村社会养老保险领取养老金人员增加养老金的通知》
2010	沪人社农发 62 号	《市人力资源社会保障局、市财政局关于实施〈上海市人民政府贯彻国务院关于开展新型农村社会养老保险试点指导意见的实施意见〉若干问题的通知（一）》
2010	沪人社农发 63 号	《市人力资源社会保障局、市财政局关于实施〈上海市人民政府贯彻国务院关于开展新型农村社会养老保险试点指导意见的实施意见〉若干问题的通知（二）》
2010	沪人社农发 64 号	《市人力资源社会保障局关于印发〈上海市新型农村社会养老保险经办规程〉的通知》
2010	沪人社农发 70 号	《市人力资源社会保障局、市财政局关于实施〈上海市人民政府贯彻国务院关于开展新型农村社会养老保险试点指导意见的实施意见〉若干问题的通知（三）》
2011	人社部发 74 号	《人力资源和社会保障部关于做好城镇居民社会养老保险经办管理服务工作的通知》
2011	沪府发 88 号	《上海市人民政府贯彻国务院关于开展城镇居民社会养老保险试点指导意见的实施意见》
2012	沪人社农发 32 号	《关于实施〈上海市人民政府贯彻国务院关于开展城镇居民社会养老保险试点指导意见的实施意见〉若干问题处理意见的通知》

(续表)

年份	文号	名称
2012	沪人社农发 44 号	《关于做好本市新型农村和城镇居民社会养老保险制度与城乡居民最低生活保障农村五保供养优抚制度衔接工作的通知》
2013	沪人社农发 43 号	《关于本市因病或非因工死亡职工遗属等三类人员参加城居保、新农保有关问题的通知》
2014	沪人社农发 18 号	《关于实施〈上海市城乡居民基本养老保险办法〉若干问题处理意见的通知》
2014	沪人社农发 32 号	《关于本市城乡居民养老保险与小城镇社会保险衔接若干问题处理意见的通知》
2014	沪人社农发 49 号	《关于实施〈上海市城乡居民基本养老保险办法〉若干问题处理意见的通知》
2015	沪人社农发 7 号	《关于贯彻实施〈人力资源社会保障部、财政部关于提高全国城乡居民基本养老保险基础养老金最低标准的通知〉若干问题的通知》
2015	沪人社农发 48 号	《关于做好本市城乡居民基本养老保险制度与城乡居民最低生活保障农村五保供养优抚制度衔接工作的通知》
2016	沪人社农发 20 号	《关于本市因病或非因工死亡职工遗属等三类人员参加城乡居民养老保险有关问题的通知》
2017	沪人社规 20 号	《关于 2017 年调整本市城乡居民养老保险领取养老金人员养老金的通知》
2017	沪人社规 37 号	《关于调整本市城乡居民养老保险有关标准的通知》
2018	沪人社规 18 号	《关于 2018 年调整本市城乡居民养老保险领取养老金人员养老金的通知》

附录2　上海市基本养老保险状况及满意度调查问卷

如何为老年人提供足够的养老保障是目前急需解决的问题，也是我们的研究所探讨的问题，相信也是您所关心的问题。我们正在进行的调查，目的是了解上海老年人口的生活状况以及对上海市基本养老保险和相关政策的看法。本问卷调查对象为**在上海领取养老金的退休人群**。

您的合作对于我们了解有关情况和制定社会政策，有十分重要的意义。对于您的回答，我们将按照《统计法》的规定，严格保密，并且只用于统计分析，请您不要有任何顾虑。希望您协助我们完成这次访问，谢谢您的合作！

问卷编码：
地　　址：

A **基本信息**　　____区____镇（街道）____路____弄____村（居）委

A1　您的性别：_____

　　1. 男性　　　　　　　　2. 女性

A2　请问您的出生年月：_____年_____月

A3　请问您的文化程度是：_____

1. 没上过学   2. 小学

3. 初中   4. 高中（包括中专、技校、职校）

5. 大学本专科   6. 硕士及以上

A4 您是否有上海户口：_____

1. 没有   2. 有

A5 您目前的婚姻状况是：_____

1. 已婚（配偶健在）   2. 丧偶

3. 离异   4. 无婚姻经历

A6 您现在的居住情况是：_____

1. 自己单住   2. 夫妻同住

3. 和子女或成年孙辈一起住   4. 和未成年孙辈一起住

5. 其他

A7 您现在共住的家中有_____人，其中退休的有_____人，16 岁以下有_____人

A8 您有几个子女：_____

1. 无   2. 1 个

3. 2 个   4. 3 个

5. 3 个以上

A9 您现在日常起居生活主要由谁照顾：_____（可多选）

1. 自己   2. 配偶

3. 儿女子孙或其他亲属   4. 保姆/钟点工

5. 邻里帮助   6. 其他_____

A10 您退休前所在单位的性质是：_____

1. 机关   2. 事业单位

3. 国有企业   4. "三资"企业

5. 私人企业   6. 乡镇企业

7. 自我雇佣或自主创业   8. 自由职业

A11　您现在的养老方式是：_____（可多选）

　　1. 依靠子女　　　　　　2. 依靠自身过去积累

　　3. 依靠政府基本养老保险　4. 其他_____

A12　您以后会选择的养老方式：_____

　　1. 居家和儿女养老　　　2. 居家独住养老

　　3. 养老院养老　　　　　4. 异地养老

　　5. 合居养老　　　　　　6. 乡村养老

　　7. 其他_____

B 经济状况

B1　您退休后是否还参加工作：_____

　　1. 是　　　　　　　　　2. 否

B2　您退休前一年的月工资收入：_____

　　1. 1000 元以下　　　　　2. 1000—2000 元

　　3. 2000—3000 元　　　　4. 3000—4000 元

　　5. 4000—5000 元　　　　6. 5000 元以上

B3　您个人月平均收入是多少：_____

　　1. 1000 元以下　　　　　2. 1000—2000 元

　　3. 2000—3000 元　　　　4. 3000—4000 元

　　5. 4000—5000 元　　　　6. 5000 元以上

B4　您家庭退休人员总月收入是：_____

　　1. 3000 元以下　　　　　2. 3000—5000 元

　　3. 5000—8000 元　　　　4. 8000—10000 元

　　5. 10000 元以上

B5　您退休后的收入渠道是：_____（可多选）

　　1. 政府基本养老保险　　2. 保险公司的商业养老保险

　　3. 企业补充养老保险　　4. 个人存款

5. 投资产品（包括房屋租金和股份红利等）

6. 儿女赡养　　　　　　7. 老伴供养

8. 低保　　　　　　　　9. 个人劳动所得

10. 政府有关福利补助　　11. 其他：_____

B6　您家庭每月的基本生活费大约是多少：_____

[基本生活费包括水电煤费、食品支出费用、家庭用品及服务类费用、住房类费用（租房或物业管理费）、医疗费、子女教育费、交通通讯费、人际交往费、娱乐费用等]

1. 2000 元以下　　　　2. 2000—3000 元

3. 3000—4000 元　　　4. 4000—5000 元

5. 5000 元以上

B7　您是否认为在退休前就为老年生活完成足够的储蓄：_____

1. 绰绰有余　　　　　　2. 基本完成

3. 没有完成

C 养老保险现状评价及预期

C1　您是否有基本养老保险：_____（在上海退休并领取退休金均视为有基本养老保险）

1. 有　　　　　　　　　2. 没有（请直接跳至 C7）

C2　您参加基本养老保险的时间是：_____（1993 年之前退休的为工作时间，1993 年之后退休的为 1993 至退休为止的时间）

1. 15 年以下　　　　　 2. 15 年—20 年

3. 20 年—30 年　　　　4. 30 年以上

C3　您现在领取的养老保险有：_____（可多选）

1. 政府基本养老保险　　2. 保险公司商业养老保险

3. 企业补充养老保险

C4　您每月领取的基本养老金是否能够满足基本生活费的开

销：_____

  1. 完全满足   2. 基本满足

  3. 差一点不能满足 4. 不能满足

C5 对于不能满足，是否考虑过其他办法？_____

C6 您对政府养老金发放标准的满意度是：_____

  1. 非常满意   2. 满意

  3. 一般   4. 不满意

C7 您认为政府每年进行的养老补贴是否能够满足基本生活需求：_____

  1. 能够   2. 一般

  3. 不能够

C8 您是否希望政府财政对基本养老保险进行再补贴：_____

  1. 非常希望   2. 希望

  3. 无所谓

C9 您是否希望增加养老金：_____

  1. 非常希望   2. 希望

  3. 无所谓

C10 您希望增加的养老金数额：_____

  1. 500 元   2. 1000 元

  3. 1500 元   4. 2000 元

  5. 其他_____

C11 您希望养老金"跟随物价调整"还是"跟随在职人员工资调整"：_____

  1. 跟随物价   2. 跟随在职人员工资

  3. 其他_____

C12 您是否担心将来的养老问题：_____

  1. 很担心   2. 比较担心

3. 不担心

C13　如果回到 20 年前，您是否愿意多购买几份商业养老保险：_____

　　1. 愿意　　　　　　　2. 一般

　　3. 不愿意，觉得没有必要 4. 其他_____

C14　您认为养老问题应该由谁来承担：_____（可多选）

　　1. 政府　　　　　　　2. 个人

　　3. 子女　　　　　　　4. 社会组织

　　5. 其他_____

C15　您对政府基本养老保险有什么建议？（开放题，请填答）

_____

_____

_____

_____

参考文献

1. 邓大松主编：《社会保险》，北京：中国劳动社会保障出版社2009年版。

2. 邓大松：《中国社会保障若干重大问题研究》，深圳：海天出版社2000年版。

3. 樊明等：《退休行为与退休政策》，北京：社会科学文献出版社2008年版。

4. 佛朗哥·莫迪利亚尼、阿伦·莫拉利达尔：《养老金改革反思》，孙亚南译，北京：中国人民大学出版社2010年版。

5. 郭秀云：《城市人口发展与风险控制问题研究》，上海：上海人民出版社2010年版。

6. 郝勇：《养老金替代率适度水平的确定研究》，北京：高等教育出版社2015年版。

7. 何怀宏：《公平的正义（解读罗尔斯〈正义论〉）》，济南：山东人民出版社2002年版。

8. 何平：《企业改革中的社会保障制度》，北京：经济科学出版社2000年版。

9. 侯文若：《社会保险》，北京：中国劳动社会保障出版社2009年版。

10. 考斯塔·埃斯平·安德森：《福利资本主义的三个世界》，郑秉文译，北京：法律出版社 2003 年版。

11. 劳动和社会保障部社会保险研究所：《中国养老保险基金测算与管理》，北京：中国劳动社会保障出版社 2003 年版。

12. 李绍光：《深化社会保障制度改革的经济学分析》，北京：中国人民大学出版社 2006 年版。

13. 柳清瑞：《中国养老金替代率适度水平研究》，沈阳：辽宁大学出版社 2004 年版。

14. 罗伯特·霍尔茨曼、理查德·欣茨：《21 世纪的老年收入保障——养老金制度改革国际比较》，郑秉文译，北京：中国劳动养老保障出版社 2006 年版。

15. 穆怀中主编：《国际社会保障制度教程》，北京：中国人民大学出版社 2009 年版。

16. 穆怀中：《养老金调整指数研究研究》，北京：中国劳动社会保障出版社 2008 年版。

17. 尼古拉斯·巴尔：《福利国家经济学》，郑秉文、穆怀中等译，北京：中国劳动养老保障出版社 2003 年版。

18. 申曙光、彭浩然：《中国养老保险隐性债务问题研究》，北京：中山大学出版社 2009 年版。

19. 世界银行：《防止老龄危机》，北京：中国财政经济出版社 1998 年版。

20. 宋晓梧：《中国社会保障体制改革与发展报告》，北京：中国人民大学出版社 2001 年版。

21. 孙光德、董克用：《社会保障概论》，北京：中国人民大学出版社 2008 年版。

22. 王晓军：《社会保险精算管理——理论、模型与应用》，北京：科学出版社 2011 年版。

23. 王晓军：《社会保险精算原理与实务》，北京：中国人民大学出版社2009年版。

24. 于宁：《基本养老保障替代率水平研究》，上海：上海人民出版社2007年版。

25. 张广科：《社会保障基金——运营与监管》，上海：上海财经大学出版社2008年版。

26. 赵曼：《社会保障学》（第二版），北京：高等教育出版社2014年版。

27. 郑秉文：《中国养老金发展报告（2016）——"第二支柱"年金制度全面深化改革》，北京：经济管理出版社2016年版。

28. 郑功成：《中国社会保障制度变迁与评估》，北京：中国人民大学出版社2002年版。

29. 郑功成：《社会保障学——理念、制度、实践与思辨》，北京：商务印书馆2000年版。

30. 郑功成主编：《社会保障概论》，上海：复旦大学出版社2007年版。

31. 周弘：《国外社会福利制度》，北京：中国社会出版社2002年版。

32. 褚福灵：《养老保险金替代率研究》，载《北京市计划劳动管理干部学院学报》，2004年第3期。

33. 褚福灵：《论养老保险的缴费替代率与待遇替代率》，载《北京市计划劳动管理干部学院学报》，2006年第1期。

34. 邓大松、李琳：《新旧养老保险政策的替代率测算及其敏感性》，载《经济与管理》，2008年第7期。

35. 董克用：《从多层次到多支柱：养老保障体系改革再思考》，载《公共管理学报》，2011年第1期。

36. 董克用：《有关养老保险新政策的分析与评价》，载《人口与经济》,2001年第3期。

37. 封进:《人口结构变动的福利效应——一个包含社会保险的模型及解释》,载《经济科学》,2004年第1期。

38. 高建伟、丁克诠:《中国城镇职工养老保险替代率的精算模型及其实证分析》,载《华北电力大学学报(社会科学版)》,2004年第4期。

39. 高建伟、高明:《中国基本养老保险替代率精算模型及其应用》,载《数学的实践与认识》,2006年第5期。

40. 郭志刚等:《上海市近年人口发展状况分析》,载《中国人口科学》,2010年第6期。

41. 郝勇、周敏、郭丽娜:《适度的养老保险保障水平:基于弹性的养老金替代率的确定》,载《数量经济技术经济研究》,2010年第8期。

42. 贾洪波、高倚云:《基于帕累托优化的基本养老金替代率测算》,载《市场与人口分析》,2007年第1期。

43. 贾洪波、温源:《基本养老金替代率优化分析》,载《中国人口科学》,2005年第1期。

44. 李娟:《我国调整退休年龄研究综述》,载《甘肃社会科学》,2005年第5期。

45. 李社环:《我国基本养老金替代率高估问题及其解决途径》,载《经济体制改革》,2010年第2期。

46. 李珍、王海东:《基本养老保险替代率下降机理与政策意义》,载《人口与经济》,2010年第6期。

47. 李珍、王海东:《基本养老保险个人账户收益率与替代率关系定量分析》,载《公共管理学报》,2009年第4期。

48. 李珍、王海东:《基本养老保险目标替代率研究》,载《保险研究》,2012年第1期。

49. 李珍：《个账基金运营所面临的挑战和机遇》，载《中国社会保障》，2006 年第 12 期。

50. 梁君林、蔡慧、宋言奇：《中国养老保险隐性债务显性化研究》，载《中国人口科学》，2010 年第 5 期。

51. 林宝：《平均替代率、目标替代率与养老金压力估计》，载《人口与发展》，2013 年第 6 期。

52. 林宝：《中国退休年龄改革的时机和方案选择》，载《中国人口科学》，2001 年第 1 期。

53. 林东海、丁煜：《养老金新政：新旧养老保险政策的替代率测算》，载《人口与经济》，2001 年第 1 期。

54. 刘渝琳、陈书：《通货膨胀、养老保险与政府责任》，载《财经问题研究》，2012 年第 7 期。

55. 柳清瑞：《养老金替代率的自动调整机制研究》，载《中国人口科学》，2005 年第 3 期。

56. 柳清瑞、金刚：《人口红利转变、老龄化与提高退休年龄》，载《人口与发展》，2011 年第 4 期。

57. 陆杰华：《快速的中国人口老龄化进程：挑战与对策》，载《甘肃社会科学》，2007 年第 6 期。

58. 吕志勇：《我国基本养老保险金正常调整机制模型研究》，载《山东社会科学》，2009 年第 12 期。

59. 米红、邱晓蕾：《中国城镇社会养老保险替代率评估方法与实证研究——兼论不同收入群体替代率的比较》，载《数量经济技术经济研究》，2005 年第 2 期。

60. 潘锦棠：《世界男女退休年龄现状分析》，载《中国妇运》，2001 年第 9 期。

61. 邱苑华、高建伟：《个人账户中养老金给付精算模型及其应用》，载《北京航空航天大学学报》，2002 年第 9 期。

62. 荣莉、林健：《国外退休年龄研究及研究建议》，载《中国人力资源开发》，2011年第5期。

63. 沈小芳：《测算养老保险替代率的模型和方法》，载《黄冈师范学院学报》，2010年第3期。

64. 史柏年：《退休年龄与养老金支付》，载《人口与经济》，2001年第2期。

65. 苏卫东、邓航、李竟然：《国外个人账户养老金管理的启示》，载《中国社会保障》，2010年第10期。

66. 孙博、雍岚：《养老保险替代率警戒线测算模型及实证分析——以陕西省为例》，载《人口与经济》，2008年第5期。

67. 孙伟、黄培伦：《公平理论研究评述》，载《科技管理研究》，2004年第4期。

68. 孙玄：《关于退休年龄的思考》，载《人口与经济》，2005年第3期。

69. 汪朝霞、梁君林：《诠释与模拟：养老金隐性债务及其显性化》，载《人口与发展》，2008年第3期。

70. 王翠琴、薛惠元：《新型农村社会养老保险风险评估指标体系的设计与运用》，载《江西财经大学学报》，2011年第3期。

71. 王海东：《基本养老保险替代率下滑若干影响因素分析》，载《劳动保障世界》，2012年第9期。

72. 王海东：《我国退休年龄政策及其对个人账户养老金替代率的影响研究》，载《保险研究》，2013年第5期。

73. 王乔、周渭兵：《通货膨胀、通货紧缩对基本养老保险个人账户基金的影响及对策》，载《财贸经济》，2007年第1期。

74. 王清：《调整我国退休年龄的依据分析》，载《经济纵横》，2006年第6期。

75. 王清：《有关基本养老金替代率需澄清的几个问题》，载《天津商学院学报》，2000年第5期。

76. 王晓军：《对我国城镇职工基本养老保险制度收入替代率的定量模拟分析》，载《统计研究》，2002年第3期。

77. 王晓军、米海杰：《澄清对养老金替代率的误解》，载《统计研究》，2013年第11期。

78. 王晓军、王燕、康博威：《我国社会养老保险不同类型人群养老金替代率的测算》，载《统计与决策》，2009年第20期。

79. 王增文、邓大松：《基金缺口、缴费比率与财政负担能力：基于对社会保障主体的缴费能力研究》，载《中国软科学》，2009年第10期。

80. 邬沧萍、谢楠：《关于中国人口老龄化的理论思考》，载《北京社会科学》，2011年第1期。

81. 吴建森、曹超轶：《延迟退休与否对我国养老保险制度影响的初步研究》，载《太原师范学院学报》，2013年第1期。

82. 肖红梅：《养老金替代率问题探析》，载《北京市计划劳动管理干部学院学报》，2006年第1期。

83. 肖严华：《上海养老保险制度改革的路径分析与政策选择》，载《金融与保险》，2009年第9期。

84. 徐颖、王建梅：《对城镇基本养老保险制度设计替代率的评估分析》，载《人口与经济》，2009年第4期。

85. 杨再贵：《企业职工基本养老保险、养老金替代率和人口增长率》，载《统计研究》，2008年第5期。

86. 杨忠庆、秦森：《关于延迟退休年龄的方案比较》，载《中国社会保障》，2013年第1期。

87. 叶铁桥：《推迟退休年龄的几次争议》，载《中国青年报》，

2008 年 11 月 26 日。

88. 虞梅、王欧：《从养老金替代率角度分析企业职工基本养老保险保障水平》，载《财税金融》，2010 年第 4 期。

89. 袁中美：《延迟退休与养老金替代率的探讨》，载《人口与经济》，2013 年第 1 期。

90. 张光先：《基本养老保险合意替代率研究——基于杭州市的调查分析》，载《地方财政研究》，2011 年第 3 期。

91. 张翼：《人口转型与养老保险制度改革——中国可能从日本吸取的经验与教训》，载《河北学刊》，2012 年第 3 期。

92. 张勇、王美今：《中国个人账户养老金制度的协调机制研究》，载《南方经济》，2008 年第 1 期。

93. 赵俊康：《我国养老金目标替代率的统计研究》，载《山西财经大学学报》，2004 年第 10 期。

94. 郑秉文：《中国基本养老保险制度可持续性面临五大风险》，见《社保财务理论与实践》，北京：中国财政经济出版社 2011 年版。

95. 郑少春：《我国人口老龄化与养老保险体系的完善》，载《福建论坛·人文社会科学版》，2008 年第 2 期。

96. 周辉：《我国延迟退休年龄限制因素分析与建议》，载《学术交流》，2011 年第 2 期。

97. Amy Rehder Harris, John Sabelhaus, Mochael Simpson, "Social Security Benefit Uncertainty under Individual Accounts", *Contemporary Economic Policy*, Vol.23, 2005, pp.1–16.

98. Andrew G. Biggs, Glenn R. Springstead, "Alternate Measures of Replacement Rates for Social Security Benefits and Retirement Income", *Social Security Bulletin*, Vol.68, 2008, pp.1–19.

99. A.J. Auerbach, J. Gokhale, L.J. Kotlikoff, "Generational Account-

ing: A Meaningful Way to Evaluate Fiscal Policy", *The Journal of Economic Perspectives*, Vol.8, No.1, 1994, pp.73-94.

100.A.Barba, "Old Age Income Support in the 21st Century: An International Perspective on Pension Systems and Reform", *Contributions to Political Economy*, Vol.26, No.1, 2005, pp.114-121(8).

101.M.Dorfman, Y.Sin, "Social Security Reform, Technical Analysis of Strategic Options", *Human Development Network*, the World Bank.December, 2000.

102. Eugene Steuerle, Christopher Spiro, *No.15 in Series Straight Talk on Social Security and Retirement Policy*, Washington: The Urban Institute Press, 2000, pp.1-2.

103. R. P. Hagemann, G. Nicoletti, "Population aging: Economic Effects and Some Policy Implications for Financing Public Pensions", *OECD Economic Studies*, December, 1989.

104.R.Holzmann, "Financing the Transition to Multipillar", *Social Protection Discussion Papers*, 1998.

105.R.Holzmann, A.Zviniene, R.Palacios, "Implicit Pension Debt: Issues, Measurement, and Scope in International Perspective", *Social Protection Discussion Papers*, 2004.

106. Jacob Antler, Yehuda Kahane, "The Gross and Net Replacement Ratios in Designing Pension Schemes and in Financial Planning", *The Journal of Risk and Insurance*, Vol.54, No.2, 1987, pp.283-297.

107.E.James, "How can China Solve its Old-age Security Problem? The Interaction Between Pension, State Enterprise and Financial Market Reform", *Journal of Pensions Economics & Finance*, Vol.1, No.1, 2002, pp.53-75.

108.E.James, "New Models for Old Age Security - And How Can They be Applied in China?", Social Security Reform: Options for China, 2015.

109.E.James, "New Models for Old-age Security: Experiments, Evidence, and Unanswered Questions", *The World Bank Research Observer*, Vol.13, No.2, 1998, pp.271-301.

110.Jerrold Levy, Michael Young, "Replacement Ratio Redux", *Benefits Quarterly*, Vol.18, 2002, p.23.

111.D.C.Lindeman, "Provident Funds in Asia: Some Lessons for Pension Reformers", *International Social Security Review*, Vol.55, No.4, 2002, pp.55-70.

112.J.Ma, F.Zhai, "Financing China's Pension Reform", *Conference on Financial Sector Reform in China*, November, 2001.

113. F. Modigliani, R. Brumberg, Utility Analysis and the Consumption Function: An Interpretation of Cross-section Data, 1954.

114.P.Nathan, "Would Private Accounts Improve Social Security", *Journal of Policy Analysis and Management*, Vol.25, No.3, 2006, p.79.

115.R.Palacios, E.Whitehouse, "Civil-service Pension Schemes around the World", World Bank Social Protection Discussion Paper, 2006.

116.E.Ponds, C.Severinson, J.Yermo, "Implicit Debt in Public-sector Pension Plans: An International Comparison", *International Social Security Review*, Vol.65, No.2, 2012, pp.75-101.

117.Y.Sin, "China: Social Security Reform, Technical Analysis of Strategic Options", Human Development Network, The World Bank, 2000.

118.Sylvester J.Schreiber, "Retirement Income Adequacy", *Benefits*

Quarterly, Vol.20, 2004, pp.27-39.

119.Y.Wang, D.Xu, Z.Wang, et al., "Implicit Pension Debt, Transition Cost, Options, and Impact of China's Pension Reform: A Computable General Equilibrium Analysis", *Journal of Fisheries of China*, Vol.32, No.1, 1998, pp.105-127.

120.M.Werding, "Implicit Pension Debt and the Role of Public Pensions for Human Capital Accumulation: An Assessment for Germany", IFO Institute for Economic Research, 2006.

图书在版编目（CIP）数据

上海基本养老保险替代率风险评估：模型与实证 / 郭秀云著. —北京：中央编译出版社，2018.9

ISBN 978-7-5117-3624-6

Ⅰ.①上… Ⅱ.①郭… Ⅲ.①养老保险制度-研究-上海 Ⅳ.①F842.67

中国版本图书馆 CIP 数据核字（2018）第 217841 号

上海基本养老保险替代率风险评估：模型与实证

出 版 人：葛海彦
出版统筹：贾宇琰
责任编辑：李媛媛
责任印制：刘 慧
出版发行：中央编译出版社
地　　址：北京西城区车公庄大街乙 5 号鸿儒大厦 B 座（100044）
电　　话：(010) 52612345（总编室）　　(010) 52612335（编辑室）
　　　　　(010) 52612316（发行部）　　(010) 52612346（馆配部）
传　　真：(010) 66515838
经　　销：全国新华书店
印　　刷：北京紫瑞利印刷有限公司
开　　本：710 毫米×1000 毫米　1/16
字　　数：229 千字
印　　张：18.75
版　　次：2018 年 9 月第 1 版
印　　次：2018 年 9 月第 1 次印刷
定　　价：65.00 元

网　　址：www.cctphome.com　　邮　箱：cctp@cctphome.com
新浪微博：@中央编译出版社　　微　信：中央编译出版社（ID：cctphome）
淘宝店铺：中央编译出版社直销店（http://shop108367160.taobao.com）　　(010)55626985

本社常年法律顾问：北京市吴栾赵阎律师事务所律师　闫军　梁勤
凡有印装质量问题，本社负责调换。电话：(010)55626985